国家社会科学基金"十二五"规划2011年度教育学重点课题
"中小学生学科能力表现研究"（AHA110005）

学科核心素养丛书

国家出版基金项目
NATIONAL PUBLICATION FOUNDATION

丛书主编：王 磊

基于学生核心素养的数学学科能力研究

JIYU XUESHENG HEXIN SUYANG DE SHUXUE XUEKE NENGLI YANJIU

曹一鸣 冯启磊 陈鹏举 等著

北京师范大学未来教育高精尖创新中心成果

U0652207

数学

北京师范大学出版集团
BEIJING NORMAL UNIVERSITY PUBLISHING GROUP
北京师范大学出版社

图书在版编目(CIP)数据

基于学生核心素养的数学学科能力研究 / 曹一鸣等著. —北京:北京师范大学出版社,2017.10(2019.11重印)
(学科核心素养丛书/王磊主编)
ISBN 978-7-303-22501-9

Ⅰ.①基⋯　Ⅱ.①曹⋯　Ⅲ.①中学数学课—教学研究
Ⅳ.①G633.602

中国版本图书馆 CIP 数据核字(2017)第 137001 号

出版发行:北京师范大学出版社 www.bnupg.com
　　　　北京市西城区新街口外大街 12−3 号
　　　　邮政编码:100088

印　　刷:北京京师印务有限公司
经　　销:全国新华书店
开　　本:787 mm×1092 mm　1/16
印　　张:18.75
字　　数:270 千字
版　　次:2017 年 10 月第 1 版
印　　次:2019 年 11 月第 4 次印刷
定　　价:40.00 元

策划编辑:邓丽平　　　　　　责任编辑:赵　敏
美术编辑:王　蕊　　　　　　装帧设计:楠竹文化
责任校对:陈　民　　　　　　责任印制:孙文凯

序

　　学生发展核心素养在学科领域中具体化为学科核心素养，学科核心素养是指学科教育给予学生未来发展所需要的关键能力和必备品格。其实质是学生顺利完成学习理解、应用实践和迁移创新的学科认识活动和问题解决活动的稳定的心理调节机制，即学生的学科能力。由此可以看到，基于学习理解、应用实践和迁移创新的学科能力既是学生发展核心素养和学科核心素养的共同要求，也是贯通不同学科领域核心素养的关键能力要求。

　　国内近 20 年的基础教育课程改革，通过学科课程标准和中高考考试大纲等重要文件提出了新课程背景下的学科核心素养和关键能力培养的要求。2010 年颁布的《国家中长期教育改革和发展规划纲要（2010—2020 年）》中指出基础教育阶段要提高基础教育的质量，要求着力培养学生的学习能力、创新能力和实践能力。而国际上，以美国为例，自 20 世纪 90 年代初期出台了一系列旨在提高学生基本读写能力和科学素养的重要文件之后，这 20 年更多地聚焦在学科核心概念发展、核心学科能力表现的标准和评价方面，如《美国中小学生学科能力表现标准》（*Performance Standards*）《美国统一州核心课程标准（草案）》（*Common Core Standards*），以及"国际数学与科学教育成就趋势调查"（The Trends in International Mathematics and Science Study，TIMSS）和"国际学生能力评估项目"（Program for International Student Assessment，PISA）等大型国际测评都对包括数学、英语和科学等核心学科领域的能力表现提出了系统的标准和要求。中小学生目前在核心学科能力，特别是学习、实践和创新导向的学科能力方面的发展状况是怎样的？存在哪些重要问题？面对这些问题应该采取什么对策？这些都迫切需要开展对于学生学科能力表现的研究。

学科教育是实现上述培养目标的基本途径，学科教育的核心宗旨是培养中小学生的人文和科学素养，而相应的学科能力则是人文和科学素养的核心构成，所以对中小学生学科能力表现进行深入系统的研究是基础教育素质教育改革的需要。国内外的正规教育体系都是基于学科课程教学的。学科课程的目标、内容、水平要求的设定，教材内容选取、组织及其呈现表达的设计，学科课堂教学的教学内容和教学过程方法的设计，以及学业水平考试评价设计等，都与我们对中小学生学科能力的构成、形成阶段、发展水平及其影响因素等的研究和认识程度密切相关。长期以来，一方面学术界比较强调学生发展，但是到底应该发展学生什么，经常与学科课程教学体系相脱节，所以无法真正转化为有效地促进学生发展的学科课程及教学实践；另一方面实践界早期比较依赖具体学科知识技能的传授，后来虽然强调培养能力，但缺少对学科能力的系统深入认识；再者，学科学业水平的考试评价近年来十分重视能力立意，但是始终缺少对学科能力的构成及其表现的系统刻画。因此，针对中小学生的学科能力表现进行系统研究有助于将以促进学生发展为核心的教育理念落实到具体课程、教学和考试评价实践中。

综上所述，学生学科能力表现的研究具有非常重要的课程论、教学论、学习论和评价理论的学术研究价值和全面实施素质教育、促进课程教材教学及评价改革实践的重要应用价值。

2011年，我们主持申报并成功获批了国家社科基金教育科学"十二五"规划重点课题"中小学生学科能力表现研究"，组建北京师范大学的语文、数学、英语、政治、历史、地理、物理、化学、生物9大学科教育团队，协同首都师范大学和北京市海淀区、朝阳区、丰台区的骨干教师和教研员，开始了持续6年的研究与实践。

我们从学科能力的经验基础、思维机制、作用对象及其心智水平属性几个维度对各个学科能力的内涵构成、类型特征和外部表现进行了整体的研究；进而开发相应的测试工具评价不同学段、不同年级的学生在学习理解、应用实践和迁移创新等共通学科能力维度上的表现，以及在不同知识内容主题上的学科能力表现及其表现水平；并从学校（课程、管理），教学（教学取向、教学策略、教学活动），个人（性别、动机情感、认知活动、学习策略）等维度来研究影响学生学科能力表现的相关因素；进而，在以上基础理论研究和发展测评研究的成果基础之上，开展了基于人才培养模式、学校制度创新、学科课堂教学改进以及考试评价改革的促进学生学科能力发展的实践探索。

（一）基于核心素养的学科能力的系统构成和表现的理论研究

2011年—2013年，我们首先做的是学科能力的基础理论研究。我们试图基于学习理解、应用实践和迁移创新的学科能力活动，建立知识经验与能力表现的实质性联系，寻找可测评和可调控的能力要素，以贯通关联不同学科领域的学科能力，构建学习理解、应用实践和迁移创新导向的学科能力活动表现、内涵构成及其发展水平的多维整合模型①（见图1）。我们提出一系列非常重要的观点。

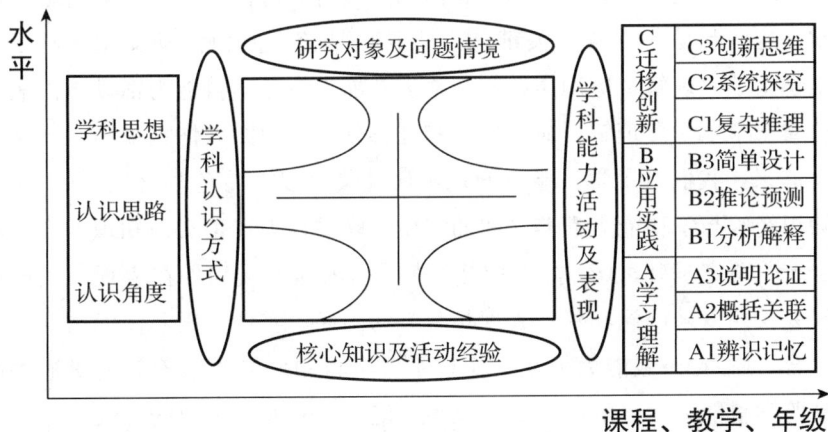

图1 学科能力构成及其表现的理论模型（A1—C3以化学学科二阶能力要素为例）

第一，基于能力的类化经验理论。我们提出学科能力是指个体能够顺利地完成特定的学科认识活动和问题解决任务的稳定的心理调节机制，具体包括定向调节机制和执行调节机制，明确知识经验在能力素养中的基础地位。

第二，我们提出学科认识方式是知识转化为能力素养的核心机制。我们认为光有知识和活动经验是不足以转化成能力和素养的，学科知识是学科能力素养的必要基础，但是不充分。学科知识需要经过从陈述性知识，到程序性知识，再到观念化的自觉主动认识方式，才可能变成学科核心素养的外在能力表现。

第三，我们认为学科能力活动是知识转化为能力素养的重要途径。学科素养是学生经过学科学习逐渐形成的面对陌生不确定问题情境所表现出来的关键能力

① 王磊.学科能力构成及其表现研究——基于学习理解、应用实践与迁移创新导向的多维整合模型[J].教育研究，2016(9)：83-92.

和必备品格。对应于知识经验的迁移创新能力表现水平，学科知识经过学习和理解，应用和实践，迁移和创新等关键能力活动，才能完成从具体知识到认识方式，从外部定向到独立操作再到自觉内化的转化过程。这是我们提出来的知识与学科能力和素养的重要理论关系。

北京师范大学各学科教育团队深入分析各学科学习理解、应用实践和迁移创新能力活动的特质和要素，综合归纳国内外课程标准、重要考试评价中的能力要素，概括出各自学科的学科能力二阶要素模型，也是学科能力活动表现框架。不同学科领域的学习理解、应用实践和迁移创新活动既具有共通性的要素也具有各自的学科特质要素。这些既是各学科的关键能力要素也是核心能力活动类型。对于学生而言，这是学生学习理解、应用实践和迁移创新能力在各学科能力活动中的表现，也是各学科对于学生学习理解、应用实践和迁移创新能力的具体贡献和发展要求。

综合起来，我们对于学科能力的理论研究具有以下特色和突破：（1）建立了学科核心知识经验与学科能力素养之间的实质性联系，为真正实现知识教学和能力培养的融合统一奠定基础；（2）整合了能力素养的内涵本质和外在表现，我们试图解决能力研究长期以来内涵和外在表现相脱节的困局，实现了素养内涵与能力表现的融合和整合；（3）在一级能力框架上实现了各学科领域能力素养间的贯通关联，这使得实现跨学科能力素养的横向比较成为可能，具有非常重要的意义。

（二）学科能力表现及发展水平的测量评价研究

从 2013 年开始，我们开展了对于学科能力表现及发展水平的测量评价研究。以多维学科能力素养理论模型为基础，我们制定了各学科的基于本学科核心知识内容和特定活动经验主题的学科能力的表现指标体系。每个学科都提炼了本学科不同学段的核心的知识内容主题和特定的活动经验主题，基于学科能力 3×3 框架进行交联，确立指标体系，这样就实现了把黑箱打开，来进行测评和调控。进而，我们进行了学科能力表现测试工具的研发，采用了最先进的国际通用的科学测试工具的研发程序。经过多年的研究，我们已经形成了自己的诊断评价策略，从命题规划、试题设计、评分标准制定，都有了一套能力素养指向的非常有实用价值的可操作性的策略和方法。

我们在 76 所学校完成了 11 万多学生样本和一千多教师样本的实测，获得了各个学科不同学段的学科能力表现的大数据。基于 Rasch 测量理论进行工具质量评估和修订，形成了一套高质量的学科能力表现测量诊断工具。也为参与测试的区域和学校提供了系列的学科能力表现的测评报告。在测试以后，各学科按国际通用规则，进行水平等级划定，第一次比较系统、全面、具体地划定了我们国家基础教育九个学科的学科能力表现及其发展现状的水平模型。同时我们研究概括得到了学生能力表现的水平变量（见图2）及其重要影响因素。

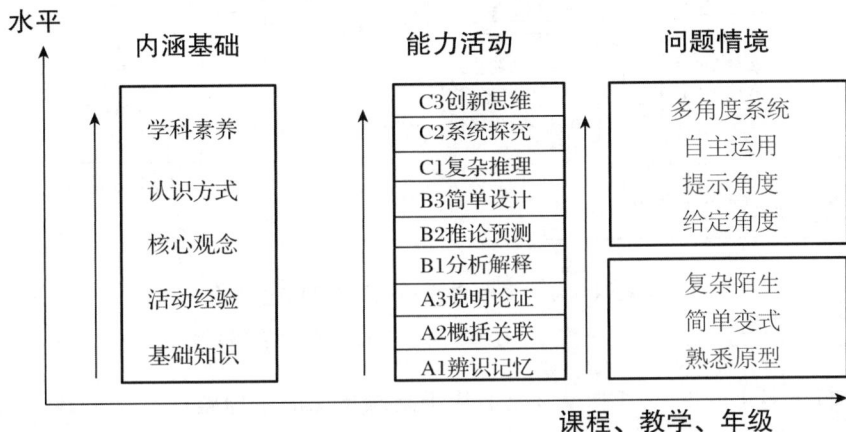

图 2　学生学科能力表现的水平变量（A1—C3以化学学科二阶能力要素为例）

应该说在学科能力的评价研究方面，我们实现了几个重要的突破。第一，基于现代测量理论和方法，超越了传统学业成就测试经验水平；第二，凸显与学科能力素养内涵的实质性联系和精准评价，对每个得分点编得准，说得清，解释得明了，实现与能力和素养的实质性关联和精准评价；第三，形成了一套核心素养导向的学科能力表现的测量评价的具体方法和策略，具有很强的可操作性。

（三）促进学生学科能力和核心素养发展的教学改进研究

从 2014 年开始，在理论研究和评价研究了解现状的研究基础之上，我们开始协同区域和学校开展教学改进的研究。我们团队亲自到学校和课堂，与老师进行高端备课、教学改进，形成了教学改进的重要理论和方法程序，揭示了从知识到能力到素养发展的进阶和教学转化的模型（见图3），也找到了教学改进的核心切入点——基于主题教学打通知识到素养的通道。我们也形成了既具有通用理论意义，又具有各学科特质的教学改进的具体理论。比如，化学学科的基于学生认识方式转变的认识发展教学理论，物理学科的基于学习进阶的教学设计理论，英语学科的分级阅读教学理论，语文学科的任务纵深型的理论，政治学科的活动型的理论等。

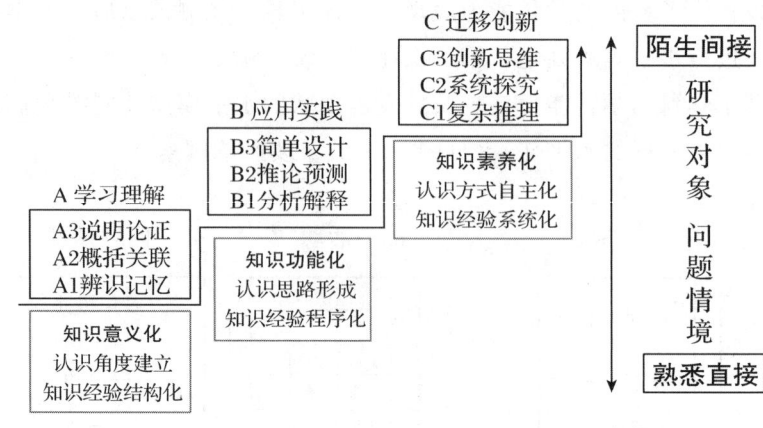

图 3　从知识到能力到素养发展的进阶和教学转化的模型

（A1—C3 以化学学科二阶能力要素为例）

　　我们在多年的实践当中，形成了基于高端备课的主题整体教学的改进的方法和程序（见图 4）。从 2014 年至今，教学改进研究覆盖了 9 个学科、全学段，8 个区域，上百所学校，400 多名老师，形成了 600 多课时的教学改进案例，这些案例全部都是按照下图所示的改进流程和方法来做的，所以都是非常高水准的学科能力素养培养的教学案例资源。

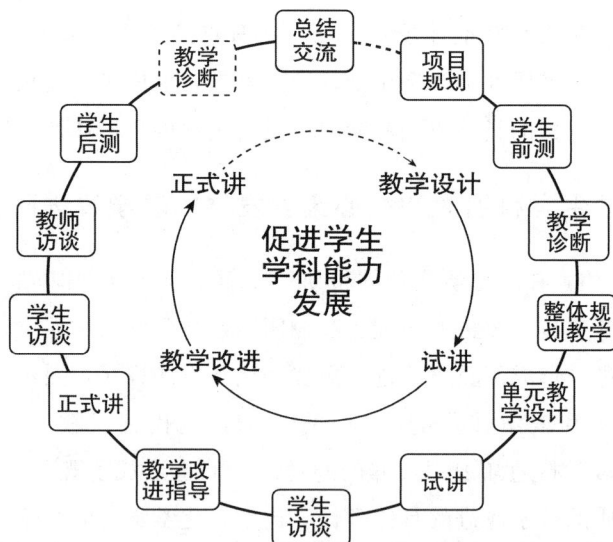

图 4　基于高端备课的主题整体教学的改进的方法和程序

总括起来，学科能力教学改进研究方面，我们一是实现了基于学生能力素养发展阶段的诊断评价作为实证，进行精准教学改进提升和突破；二是对于教师能力素养发展导向、教学设计与实施，基于高端备课模式进行全过程深入有效的指导，深受区域和学校的欢迎和好评。

在这些研究基础之上，2016年开始，我们依托北京市教委和北京师范大学的未来教育高精尖创新中心，将整个学科能力研究成果进行了"互联网＋"的集成化和升级，促成了线下教育成果转化成"互联网＋"网络成果，全部实现系统化、集成化、精准化，这一成果的代表产品就是智慧学伴。我们在一年的时间内完成了初一、初二、初三9个学科的所有的智慧学伴的评、学、教的集成化建设，开发了67套高水准的总测，860套微测，4 868个体现能力素养的微教学资源。

我们也形成了与区域和学校的多样化协同创新实践模式，在基于高端备课主题整体改进的基础之上，体现学校教改特色的融合应用、区域学生学科能力素养发展水平评价、骨干教师教学能力和评价素养提升，以及"互联网＋"智慧学伴的融合应用等。从2017年开始，我们进一步开展了与项目教学、主题教学、翻转课堂等新型教学形式和教育技术深度整合的应用实践，努力探索实现素养融合、学科综合的评价研究和教学改革创新。

我们关于学科能力的研究成果在《教育研究》《教育学报》《课程·教材·教法》以及 Journal of Research in Science Teaching（JRST）等国内外核心期刊，以及东亚科学教育学会（EASE）、欧洲科学教育学会（ESERA）、全美理科教学研究学会（NARST）等国际和国内学术会议上相继发表，并在北京、深圳、山东等地的上百所中学开展了实证研究和应用实践，产生了积极而广泛的影响。顾明远先生在对该成果的推荐中这样写道："该成果在理论、方法和实践上都有重要的创新和突破。"林崇德先生评价该成果："体现了理论与实践研究、定性与定量研究、设计研究与行动研究的高度有效融合。特别难能可贵的是，改变了学科能力的理论研究与能力表现评价和能力培养的学科教学实践一直处于相脱节的状态，理论和评价研究成果有效转化为教学改进实践成果。"实验区和学校这样评价："该项目在实验区的实践是'顶天立地'的，在高端专家团队指导下，瞄准人的成长与发展需要，立足于课堂教学实际，立足于教师发展实际，立足于解决教育教学改革的重点和难点问题。""对于学科能力的结构研究具有理论创新性，更可贵的是他们特别注重学科能力在课堂教学中的培养策略和方法的研究，与教师共同备课、研究学生、采集数据、评价试测，真正实现了理论与实践的结合。"

　　由北京师范大学出版社出版的"学科核心素养"系列丛书，系统反映了上述研究成果。丛书由国家重点课题负责人王磊教授担任总主编，包括 9 个学科分册，分别由各学科子课题的首席专家，语文学科郑国民教授、数学学科曹一鸣教授、英语学科王蔷教授、物理学科郭玉英教授、化学学科王磊教授、生物学科王健副教授、地理学科王民教授、历史学科郑林教授、政治学科李晓东副教授担任各分册主著，各分册的主要作者都是研究团队的核心成员。本课题的研究得到了北京师范大学未来教育高精尖创新中心、中国基础教育质量监测协同创新中心、北京市海淀区教师进修学校、北京市朝阳区教育研究中心、北京教育学院丰台分院、深圳市教育局和教育科学研究院、北京市通州区教师研修中心、北京市房山区教师进修学校、北京教育学院石景山分院等区域协同合作单位，以及山东省昌乐一中、山东省青岛市第 39 中学等百余所参加促进核心素养和学科能力发展的教学改进项目的学校的大力支持，在此一并表示感谢！此外，还特别感谢全国教育科学规划领导小组办公室对于此项国家重点课题自始至终的关心和支持！感谢北京师范大学出版社对于本课题成果系列丛书出版的大力支持！

　　丛书的各个分册，都从理论和基础研究、测量和评价研究，以及教学改进实践研究三个方面，系统展示了北京师范大学学科教育团队基于核心素养的学科能力研究成果。内容丰富，包括学科能力构成及其表现指标体系的理论成果，结合各学科核心知识内容主题的学科能力表现测评研究的成果，结合大量测评实例介绍了基于核心素养的学科能力的测评方法和策略及不同水平的典型学生表现，以及北师大学科教育团队指导专家在不同区域和学校开展教学改进实践研究的丰富案例。

　　丛书反映当前学科教育研究与实践改革的最新成果，兼具很强的理论、方法和实践指导价值，对于课程教学论及学科教育专业的师范生和研究生具有重要的学习价值；对于广大一线教师的学科教学改革实践和自身专业发展具有明确的指导意义；对于课程标准制定、教科书的研发、学业成就考试评价等具有积极的参考价值。

　　核心素养与学科能力是一个复杂系统，人们对它的认识不断发展，任何理论和研究都只是对这个复杂系统的有限探索。本丛书的内容只是我们对核心素养与学科能力研究的部分阶段性成果，对于核心素养与学科能力的研究还远未结束，我们大家将继续砥砺前行！

王　磊
2017 年 8 月于北京师范大学

前　言

　　《国家中长期教育改革和发展规划纲要(2010—2020 年)》提出的四大战略主题之一即为"坚持能力为重",指出:提高学生的"学习能力、实践能力、创新能力"。2014 年 3 月 30 日,教育部发布的《关于全面深化课程改革落实立德树人根本任务的意见》明确提出,"研究制定学生发展核心素养体系和学业质量标准""明确学生应具备的适应终身发展和社会发展需要的必备品格和关键能力"以及"各级各类学校要从实际情况和学生特点出发,把核心素养和学业质量要求落实到各学科教学中"。正在修订的高中课程标准,各学科以核心素养(必备品格和关键能力)为纲,形成基于核心素养的学业质量评价标准,并要求在教学设计和实施、学生学习和过程性学业评价、学业考试和高考命题中发挥作用。

　　从国际上来看,虽然关于数学核心素养的界定,并没有形成完全一致的认识,但关注学生面向未来发展所必备的关键(核心)能力这一基本指导思想是获得普遍认同的。根据我国对核心素养的研究,数学核心素养是指学生应具备的适应终身发展和社会发展需要的必备数学品格和数学关键能力。这也是近年我国对数学能力、数学文化及其相关研究的进一步发展。数学关键(核心)能力是数学核心素养的重要组成部分,数学文化则是数学学科品格因素的重要组成部分。

　　因此,有两个需要解决的现实问题:一是如何评价学生的数学核心素养(关键能力),二是如何将数学核心素养(关键能力)落实到数学教学和评价中去,促进学生数学核心素养的发展。

本书力图通过理论和实践研究回答上述两个问题。第一部分是关于数学核心素养和数学学科能力的表现与影响因素研究。在综合国内外研究的基础上，提出了"学习—实践—创新"的数学学科能力理论框架，进一步地，依托"中小学学科能力表现研究"项目提出的学科能力表现测评的基本框架：学科内容维度和心智水平维度，构建基于"学习—应用—创新"的数学学科能力表现指标体系，使得学科能力可调控、可干预、可观测、可评价。依据此指标体系，设计并开发出八年级至高三年级中学数学的测试工具，在某地区的相应的各个年级进行了区域大数据测评。针对测试结果，提炼出数学学科关键能力，即数学核心素养，并进行专门研究。与此同时，对数学学科能力的表现影响因素也进行了理论探索。

第二部分是针对关键数学学科能力进行了教学改进研究，探索数学核心素养在教学实践中的落地问题，期望借助数学学科能力的表现测评，以教师的关键教学行为和学生的课堂表现行为为抓手，探索能够促进学生数学核心素养发展的有效教学策略。与以往的教学改进不同的是，本次不仅借助前测和后测的量化手段去考量学生的数学学科能力的表现，而且开发出针对数学关键学科能力的教学行为观测量表，以此去观测师生教与学行为的改变，在教学改进中遵循"前测研究—课堂观察诊断—教学活动设计改进—关键教学事件改进—访谈反思—后测评估"六部曲，这些更是给实验学校的教学改进研究提供了一种研究范式。

本书由我们团队的"中小学学科能力表现研究"项目的核心成员协作完成，具体分工如下：

"第一章　数学核心素养与学科能力理论研究"由北京教育学院刘晓婷博士和北京师范大学曹一鸣教授撰写，"第二章　数学学科能力表现的评价设计"和"第三章　数学学科能力总体表现的评价结果"由北京师范大学郭衎博士后和曹一鸣教授撰写，"第四章　数学学科能力表现的影响因素研究"由哥伦比亚大学张晓旭博士和北京教育学院陈鹏举博士撰写，"第五章　基于学生数学学科核心能力的教学改进研究"由北京教育学院冯启磊博士撰写，"第六章　基于学生概括理解能力的教学改进研究"由陈鹏举博士撰写，"第七章　基于学生运算能力的教学改进研究"由河南师范大学王振平副教授撰写，"第八章　基于学生猜想探究能力的教学改进研究"由冯启磊博士撰写，"第九章 基于核心素养的数学学科能力研究展望"由北京师范大学曹一鸣教授和冯启磊博士撰写。

该书试图对当前数学教育研究与实践中的关键问题进行探索，聚焦于数学核心素养研究中的"表现评价"和"教学落地"这两个关键问题，并为教学实践提供借鉴与参考，但由于认识、水平有限，谬误疏漏在所难免，不足之处希望得到教育界同人指正。

北京师范大学数学科学学院教授 曹一鸣

2017 年 8 月

目　录
CONTENTS

第一章

数学核心素养与
学科能力理论研究

第一节　数学核心素养与学科能力

一、数学核心素养

为了进一步推进素质教育，2014 年 3 月 30 日，教育部印发《关于全面深化课程改革落实立德树人根本任务的意见》[①]，在这份文件中，提出了"核心素养体系"这个概念，核心素养被誉为课程发展的 DNA。早在 2013 年 5 月，我国"基础教育和高等教育阶段学生核心素养总体框架研究"项目就开始启动，受教育部基础教育二司委托，由北京师范大学林崇德教授牵头组织，由北京师范大学牵头，华南师范大学、河南大学、山东师范大学、辽宁师范大学共同承担这一研究工作。[②]

核心素养体系的提出，并非我国单独的声音，而是一种世界趋势。21 世纪初，经济合作与发展组织(OECD)率先提出了"核心素养"结构模型。它要解决的问题是：21 世纪培养的学生应该具备哪些最核心的知识、能力与情感态度，才能成功地融入未来社会，才能在满足个人自我实现需要的同时推动社会发展？不同国家或地区都在做类似的探索。例如，日本从 2009 年起，国立教育政策研究所启动了为期 5 年的"教育课程编制基础研究"，它关注"社会变化的主要动向以及如何有效地培养学生适应今后社会生活的素质与能力，从而为将来的课程开发与编制提供参考和基础性依据"。从 2005 年开始，我国台湾地区启动了核心素养研究，确立了专题研究计划——《界定与选择核心素养：概念参考架构与理论基

---

① 详见：http://www.moe.edu.cn/publicfiles/business/htmlfiles/moe/s7054/201404/167226.html.

② 详见：http://www.csstoday.net/Item.aspx? id=77774.

础研究》(简称 DeSeCo 计划)。①

"中国学生发展核心素养(征求意见稿)"指出:"学生发展核心素养,是指学生应具备的、能够适应终身发展和社会发展需要的必备品格和关键能力,综合表现为 9 大素养,具体为社会责任、国家认同、国际理解;人文底蕴、科学精神、审美情趣;身心健康、学会学习、实践创新。"关于数学核心素养,马云鹏认为:"数学核心素养是数学学习者在学习数学或学习数学某一个领域所应达成的综合性能力。数学核心素养是数学的教与学过程应当特别关注的基本素养。并指出《义务教育数学课程标准(2011 年版)》(以下简称《标准(2011 年版)》)提出的 10 个核心词即可认为是 10 个核心素养。"②曹培英认为:"所谓学科核心素养,粗略地说是指凸显学科本质,具有独特、重要育人价值的素养。并指出《标准(2011 年版)》提出的基本数学思想承载了独特的、鲜明的学科育人价值,可教、可学,是名副其实的学科核心素养。"③可见,不同学者对数学核心素养的理解存在不一致性,实际上数学核心素养在一定程度上表现为某些数学学科能力。

二、数学学科能力

数学能力的发展对学生的认知发展起着重要的作用,数学能力的研究很早就成为国内外许多教育学家和心理学家感兴趣的一个领域。瑞典心理学家魏德林指出:"数学能力是理解数学的(以及类似的)问题、符号、方法和证明本质的能力;是学会它们、并在记忆中保持和再现它们的能力;是把它们同其他问题、符号、方法和证明结合起来的能力;也是在解数学的(或类似的)课题时应用它们的能力。"他借助因素分析的方法把数学能力分解为 5 种成分:(1)一般能力;(2)数字运算能力;(3)空间观念和空间能力;(4)语言推理能力;(5)归纳推理与演绎推

---

① 朱立明.基于深化课程改革的数学核心素养体系构建[J].中国教育学刊,2016(5):76-80.

② 马云鹏.关于数学核心素养的几个问题[J].课程·教材·教法,2015(9):36-39.

③ 曹培英.从学科核心素养与学科育人价值看数学基本思想[J].课程·教材·教法,2015(9):40-43.

理能力。[①] 苏联心理学家克鲁捷茨基在其代表作《中小学生数学能力心理学》中总结："数学能力由9种成分组成，即

（1）概括数学材料，从外表上不同的方面去发现共同点的能力；

（2）使数学材料形式化，用关系和联系的结构来进行运算的能力；

（3）用数字和其他符号来进行运算的能力；

（4）连续而有节奏地逻辑推理的能力；

（5）用简缩的思维结构来进行思维的能力；

（6）逆转心理过程，从正向的思维系列到逆向的思维系列的能力；

（7）思维机动灵活，从一种心理运算过渡到另一种心理运算的能力；

（8）数学记忆能力；

（9）能形成空间概念的能力。"[②]

这九种能力总结起来包括：记忆能力、推理能力和形式化能力。不仅包括了数学所特有的能力，还有一般性的能力。通过采用探索性因素分析、验证性因素分析以及项目反应理论等方法，卡洛尔对数学能力进行研究，得出数学认知能力的三层理论[③]。在卡洛尔的观点中也是既包含了一般性的能力，如记忆、加工速度，也包括了数学思维能力等数学能力。

关于数学能力结构的研究一直是一个重要的课题，国外研究中最引人关注的是前国际数学教育委员会秘书长，丹麦罗斯基勒大学（Roskilde University）Mogens Niss 教授给出的"数学能力花"模型。在此模型中，数学能力分为两个方面：（1）数学地理解并解决问题，包括：数学思维能力、问题解决能力、建模能力、推理能力；（2）使用数学语言和工具交流，包括：数学表达能力、符号化和形式化能力、数学沟通能力以及使用辅助工具的能力。Mogens Niss 指出："这8

---

① 王静．新课改后高中生数学能力因素的调查研究［D］．武汉：华中师范大学，2013.

② 克鲁捷茨基．中小学生数学能力心理学［M］．李伯黍，等，译．上海：教育出版社，1988.

③ Carroll JB. *Human cognitive abilities*：*A survey of factor-analytic studies*［M］．Cambridge：Cambridge University Press，1993.

个能力并不相互独立，整组能力之间应存在非空交集，8 个组成部分不构成数学能力概念的划分，每个能力都有它的特性和"侧重点"，每个能力都会涉及其他能力的二次激发。"①PISA 2000 最初发布的数学能力测试框架也强调了这 8 种数学能力。

林崇德教授②认为："数学能力是以数学概括为基础，将运算能力、空间想象能力和逻辑思维能力与思维的深刻性、灵活性、独创性、批判性和敏捷性所交互组成的统一整体，是由三种能力与五种思维品质交叉成 15 个结点的开放性动态系统。"

在我国长期流行的提法是"三大能力"，即数学的"运算能力""空间想象能力"和"逻辑运算能力"③。《标准(2011 年版)》明确提出："'运算能力'和'推理能力'作为中学数学的核心概念"，并在课程目标中提出："增强发现和提出问题的能力、分析和解决问题的能力"。④

国际大型测试 TIMSS 的数学能力测试框架是一个二维框架，包括内容维度和认知维度。内容维度界定测评涵盖的特定内容，认知维度说明学生解决相应题目时所需要的能力，并以认知水平来界定能力水平，能力水平包括了解(knowing)、应用(applying)、推理(reasoning)，每一个方面进一步被细分为众多子项。⑤

PISA 2012 数学素养模型包括四维度架构：(1)情境维度，即问题情境，指15 岁学生所可能面临的各种问题，具体包括个人生活的、职业的、社会性的、

---

① Turner R. *Assessing Mathematical Literacy* [M]. SPRINGER INTERNATIONAL PUBLISHING AG，2014.

② 林崇德. 论学科能力的建构[J]. 北京师范大学学报 (社会科学版)，1997(1)：5-12.

③ 课程教材研究所. 20 世纪中国中小学课程标准·教学大纲汇编(数学卷)[J]. 人民教育出版社，2001.

④ 中华人民共和国教育部. 义务教育数学课程标准(2011 年版)[S]. 北京：北京师范大学出版社，2012.

⑤ 张伟平. TIMSS 测试的认知诊断评价标准下中美学生数学能力比较[J]. 数学教育学报，2010，19(4)：66-69.

科学性的四种情境。(2)学科领域(内容维度),即空间和图形(space and shape)、变化和联系(change and relationships)、数量(quantity)、不确定性(uncertainty)。(3)过程维度,即 3 种数学过程和 7 种数学基本能力。能力为:交流,数学化,表述,推理和论证,设计问题解决策略,运用符号的、正式的、技术的语言和运算以及使用数学工具。(4)认知能力水平。[①]

学科能力的评价模型通过学科能力来体现学科目标,并用学科内容领域、认知要求、表现水平与描述、问题情境对学科能力加以描述。[②] 上述学科能力测评框架,为本研究奠定了理论基础。

---

① 董连春,曹一鸣.攀登数学教育研究的高峰——第 39 届国际数学教育心理学大会综述[J].数学教育学报,2016,25(2):1-10.

② 中华人民共和国教育部.国家中长期教育改革和发展规划纲要(2010—2020 年)[M].北京:人民出版社,2010.

第二节　基于"学习—实践—创新"的
学科能力理论框架的提出

《国家中长期教育改革和发展规划纲要(2010—2020 年)》提出的四大战略主题之一，即为"坚持能力为重"，指出："提高学生的学习能力、实践能力、创新能力。"Robert Sternberg 也提出人类智力的三元论(triarchic theory of human intelligence)，认为智力有三个相互关联的方面——分析能力(analytical ability)、创造能力(creative ability)、实践能力(practical ability)。[①] 本研究基于"学习—应用—创新"的学科能力概念和构成要素，依托"中小学学科能力表现研究"项目提出的学科能力表现测评的基本框架：学科内容维度和心智水平维度。[②] 在相关研究的基础上，本研究构建基于"学习—应用—创新"的数学学科能力表现指标体系，使得学科能力可调控、可干预、可观测、可评价。

如图所示，数学学科能力是数学学科发展中经过长期积淀而形成的，蕴含于数学学科本质中，它脱离不了具体的数学知识和数学活动，数学学科能力存在于数学活动之中，并在数学活动中加以揭示，在数学活动中形成和发展着。数学活动的进步并非单独依靠一种能力，而是依靠多种能力的复合[③]。而数学学科主要活动包括：数学计算、数学证明、数学建模，对应着数学意义上的运算能力、推理能力、问题解决能力。

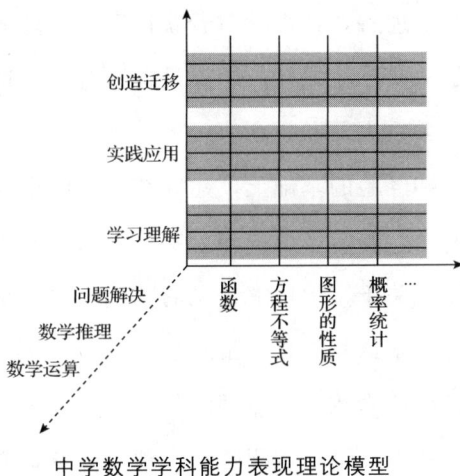

中学数学学科能力表现理论模型

---

①　Sternberg R，Sternberg K. *Cognitive psychology*[M]. Nelson Education，2016.

②　支瑶，王磊. 高端备课：促进学生核心认识和关键能力发展[J]. 人民教育，2015(19)：59-63.

③　克鲁捷茨基.中小学数学能力心理学[M].李伯黍,等译. 上海:上海教育出版社,1989.

第三节　数学学科能力构成的理论界定

　　基于学习、实践和创新的数学学科能力特指顺利进行相应学科知识的学习活动、应用学科知识技能解决实际问题的实践活动，应用学科知识解决陌生和高度不确定性问题以及发现新知识和新方法的创新活动的心理特征。依据数学学科的特点、学生学习的内容类型、学习的智力活动特点等，对数学学习理解能力、数学实践应用能力和数学创造迁移能力界定如下。

　　数学学习理解能力的界定有很多角度，Hiebert 和 Carpenter 认为[①]："一个数学的概念或方法或事实被理解了，那么它就会成为个人内部网络的一部分……理解的程度是由联系的数目和强度来确定的。"黄燕玲、喻平认为[②]，数学理解是一个动态过程，是认知结构的建构和知识意义的建构过程：对一个陈述性数学知识的理解，是指学习者获得了该对象的图式；对程序性知识的理解，是指他建立了双向产生式和产生式系统；对过程性知识理解的内核是学习者形成完善而深刻的关系表征和观念表征。王光明[③]将数学认知理解界定为："学生在已有数学知识和经验的基础上，建立新知识的个人心理表征，不断完善和发展头脑中的知识网络，并能将纳入知识网络中的新知识灵活地加以提取以解决问题的思维过程。"以上关于数学理解含义的阐述，主要是针对数学学习中的理解而言的，可以统称为数学认知理解。王新兵[④]指出："数学理解是有层次的"。基于以上文献，本课题组认为数学学习理解包括如下几个层次：第一，能够及时、顺利、准确提取数学知识；第二，能够用多种表征方式概括数学知识，并在多种表征方式之间进行自由的转换；第三，能够建立数学知识之间的横向和纵向的联系；第四，能够顺

---

① 格劳斯．数学教与学研究手册[M]．陈昌平，译．上海：上海教育出版社，1999.

② 黄燕玲，喻平．对数学理解的再认识[J]．数学教育学报，2002(3).

③ 王光明．对学生数学认知理解的调查与思考[J]．当代教育科学，2005(23)：62.

④ 王新兵．关于数学学习中的理解问题评述[J]．数学教育学报，2008，17(5)：94-97.

利完成获得数学知识的数学推理。

数学实践应用能力也是有类别有层次的，蔡雅楠①认为，根据数学知识应用的情况，可把数学应用分为两大类，一类是指纯数学情境中数学知识的应用，主要是指学生应用前面所掌握的数学知识对数学学科内部规律和原理的进一步实验和探究；另一类是指非数学情境中数学知识的应用，包括实际生活中数学知识的应用，还包括其他学科（化学、物理、生物、地理等）问题解决过程中的数学应用，以及计算机编程中的数学应用。本研究对数学实践应用能力的界定为：第一，能够在数学情境中把实际信息与相关知识进行对应，根据数学的规律和原理完成数学运算类任务和作图类任务；第二，能够结合实际问题情境把实际信息与相关知识进行对应，利用数学知识解决现实的问题，并建立数学模型解决实际问题。

数学创造迁移能力包括两个层面，数学创造能力和数学迁移能力。基础教育阶段的数学创造能力按照弗莱登塔尔的观点应该是数学"再创造"的能力。弗莱登塔尔反复强调："学习数学唯一正确的方法是实行'再创造'，也就是由学生本人把要学的东西自己去发现或创造出来。"在数学创造中"猜想"及"合情推理"很重要。而学习迁移是指已经获得的知识技能和学习方法对学生掌握新知识和新技能的影响。"迁移"就是概括，任何学习的迁移都是通过概括这一思维过程来实现的，概括性越高，知识系统性也越高，迁移就越灵活。学习迁移能力是解决问题、创造思维以及一些高级心理加工过程、发明和艺术创造等所必需的核心能力②。数学创造能力离不开迁移能力。基于此，我们认为"数学创造迁移能力"具体表现为：第一，在数学学习过程中能够对新颖的数学方法有"创造性"的体会和认识；第二，能够展开想象，积极猜想，进行合情推理；第三，对数学学习过程中的不同的解决问题方法进行批判性思考，并给出个人的评价；第四，能够从已有知识和技能出发，通过合情推理主动建立相关知识之间的联系，以及对未知的

---

①　蔡雅楠．培养初中生数学应用能力的教学研究[D]．天津：天津师范大学，2011.

②　陈美英．学习迁移能力在数学教学中的功能及培养[D]．武汉：华中师范大学，2006.

问题进行深入的探索。

依据数学学科的特点、学生学习的内容类型、学习的智力活动特点等，本研究基于对数学学习理解能力、数学实践应用能力和数学创造迁移能力的文献综述，对三个能力及其九个子维度进行界定。

表 1-1　数学学科能力指标体系

能力要素	一级框架
A：学习理解	A1：观察记忆
	A2：概括理解
	A3：说明论证
B：实践应用	B1：分析计算
	B2：推测解释
	B3：简单问题解决
C：创造迁移	C1：综合问题解决
	C2：猜想探究
	C3：发现创新

A：学习理解　数学学习理解能力体现为学生在数学学习过程中的记忆、概括和产生联系的过程。学习理解是数学知识的输入、内化过程。二级指标包括：

A1：观察记忆　通过观察，从长时记忆系统中提取与呈现材料一致的知识或提取相关知识，包括再认和回忆。

A2：概括理解　把某些具有一些相同属性的事物抽取出本质属性，推广到具有这些属性的一切事物中①，并正确地以多种方式(用数、图表、符号、图解或词语)表征数学知识。考查学生数学符号意义的概括、数量关系的概括、图形特征的概括以及简单关系和简单运算与推理的概括。

A3：说明论证　学生在记忆、概括的基础上，在知识内部，学生能提取相关知识，选择和运用简单的问题解决策略，使用基于不同信息来源的表征，对其

---

① 涂荣豹，陈嫣．数学学习中的概括[J]．数学教育学报，2004，13(1)：17-22.

进行直接推理，解释现实的问题。学生能将重要的和不重要的信息区分开来，然后专注于重要信息，根据数学规则、原理作出解释、推理、判断的能力。

B：实践应用　　数学实践应用能力体现为学生在给定的数学情境中使用程序化的方法完成简单任务，或在稍复杂的问题情境中提取相关知识分析解释问题，在条件冗余的情境中提取有用信息，分析并解答问题。实践应用是知识的输出过程，此维度与程序性知识、概念性知识、反省认知知识紧密相关，但对事实性知识的记忆是进一步实践应用的前提。二级指标包括：

B1：分析计算　　能够在熟悉的数学问题情境中直接应用数学知识进行作图、列式、计算解决问题。主要考查熟悉情境中，数学内容直接且呈现清晰的一步应用问题或简单的多步应用问题，以及几何领域有固定程序的作图问题、统计领域的统计图绘制问题。[①]

B2：推测解释　　在较熟悉的实际任务情境中，学生能提取相关知识，选择和运用简单的问题解决策略，使用基于不同信息来源的表征，对其进行直接推理，解释现实的问题。学生能将重要的和不重要的信息区分开来，然后专注于重要信息，根据数学规则、原理作出解释、推理、判断的能力。

B3：简单问题解决　　在不熟悉的任务情境中，学生选择、提取有用的数学信息，自行组织数学策略，建立数学模型，解决问题并完整表达解决过程。在本测试维度，问题一般包含较复杂或冗余的数学信息，学生需要根据问题情境提取有用的数学信息，选择适当的策略，寻找合适表征模式，通过较复杂的决策解决问题。在解答过程中，要求写出完整解题步骤，并汇报结果。

C：创造迁移　　数学创造迁移能力是在数学学习理解、实践应用基础上形成的高阶的认知过程，是高级的知识输出过程。涉及将要素组成内在一致的整体或功能性整体，要求学生在心理上将某些要素或部件重组为不明显存在的模型或结构，从而生成一个新产品。涉及创造的认知过程通常需要学生先前的学习经历的

---

① 童莉，张号，张宁. 义务教育阶段学生数据分析观念的评价构架建构[J]. 数学教育学报，2014，23(2)：45-48.

配合。二级指标包括：

C1：综合问题解决　知识的综合、方法的多样化以及数学思想方法的综合运用。具有知识容量大、解题方法多、能力要求高、凸显数学思想方法的运用以及要求学生具有一定的创新意识和创新能力等特点。从题设到结论，从题型到内容，条件隐蔽，变化多样。需要跳出固有思维模式，分辨、选择出有用的数学信息灵活解决问题。

C2：猜想探究　在开放的问题情境中，借助已有的知识经验，对数学材料进行加工，创造性解决问题。想象创意是一种高级的认知过程，学生在数学问题情境中凭借记忆所提供的材料进行加工，从而产生新的形象。学生将过去经验中已形成的一些暂时联系进行新的结合，是逻辑思维、形象思维、逆向思维、发散思维、系统思维、模糊思维和直觉、灵感等多种认知方式综合运用的结果。

C3：发现创新　能够从已有知识和技能出发，通过猜想与合情推理构建知识之间的远联系，或提出发现新的好问题。发现创新涉及高水平概括，发现知识本质的联系，发现新的知识或规律，对多个概念进行联系。①

---

① 郭衎，等．基于课程标准的数学学科能力评价研究[J]．数学教育学报，2015（2）：17-21.

第二章

数学学科能力表现的评价设计

第一节　指标体系

数学学科能力表现测评的基本框架：能力维度和内容主题维度。能力维度包括学习和理解、实践和应用、创造和迁移的水平，内容主题维度包括核心学科知识和核心学科能力活动。

一、内容主题维度的构成和界定

数学能力决定了一个人掌握数学知识的速度与质量，数学知识则为数学能力奠定基础，"无知者无能"，没有数学知识就不可能有数学能力。认知心理学的研究表明，一个人不能"数学地"思考和解决问题的主要原因是缺乏必要的数学知识。数学概念形成的能力、思维和语言表达的能力要在数学知识学习中有意识地培养，正是由于已掌握的数学知识的广泛迁移，个体才能形成系统化、概括化的数学认知结构，从而形成数学能力，正是在数学知识的学习和使用中，学生才建构了自己的数学认知结构及数学地思考和行为的习惯。学科能力表现的达成和评价并非否认知识目标的重要性，而是比简单地强调符号知识的理解和掌握更进一步，更强调学科知识的学习向学科能力表现的转化。按照 Anderson 教育目标分类学修订版的架构，在学科能力表现的评价指标上，关于学科知识在评价指标上所发挥的作用，更注重的不是事实性知识（factual knowledge）和概念知识（conceptual knowledge），而是程序知识（procedural knowledge）和元认知知识（metacognitive knowledge）。学科能力表现更侧重学科知识掌握的同时向认知策略、认知策略方式转化。

《标准（2011 年版）》提出了四个部分的课程内容："数与代数""图形与几何""统计与概率""综合与实践"，并提出了 10 个核心概念，即数感、符号意识、空间观念、几何直观、数据分析观念、运算能力、推理能力和模型思想，以及应用意识和创新能力。在此基础上，依据初、高中数学特点，对数学核心知识内容划分为四个知识主题，分别是"方程与不等式""函数""图形与几何（初中为平面，高中为空间）""统计与概率"，并对每一知识主题的核心知识进行界定。以下是本课题组对高中知识主题的划分及其核心知识、关键知识（关键知识以函数主题为例）。

表 2-1　知识内容主题列述（示例）

内容主题	核心知识	关键知识
方程与不等式	一元二次不等式	
	简单的线性规划	
	基本不等式	
	方程与不等式的应用	
函数（高中）	函数的概念及性质	函数的映射关系
		定义域与值域
		单调性
		奇偶性
		函数的图像
	指数函数	指数与指数运算
		指数函数的定义
		指数函数的图像
		指数函数的性质
		指数函数的应用
	对数函数	对数与对数运算
		对数函数的定义
		对数函数的图像
		对数函数的性质
		对数函数的应用
		指数对数函数的关系、反函数
	幂函数	幂函数的定义
		幂函数的图像
		幂函数的性质
		幂函数的应用

续表

内容主题	核心知识	关键知识
函数（高中）	三角函数	角的概念的推广
		弧度制
		三角函数的定义
		同角三角函数关系
		单位圆与三角函数线
		诱导公式
		三角函数的图像
		三角函数的性质
		三角函数的应用
		三角恒等变换公式
		恒等变换公式的应用
		正弦余弦定理
		正弦余弦定理的应用
	函数模型与应用	建立函数模型
		应用函数模型解决问题
图形与几何（空间）	空间几何体	
	点、线、面的位置关系	
	相交线与平行线	
	空间向量及其运算	
	空间向量的应用	
统计与概率	随机抽样	
	用样本估计总体	
	事件与概率	
	古典概型	
	几何概型	
	条件概率	
	离散型随机变量及分布列、期望、方差	

依据数学学科的特点，在查阅文献的基础上对数学核心能力及核心能力活动的思考如下：

第一，数学核心能力存在于数学活动之中，并在数学活动中加以揭示，在数学活动中形成和发展着。

第二，数学活动的进步并非单独依靠一种能力，而是依靠多种能力的复合①。

第三，本研究认为中小学数学的核心活动有：数学运算、数学推理、数学建模。与之对应的核心能力主要包括三个方面：运算能力、推理论证能力、问题解决能力，如图 2-1 所示。而数学的抽象、概括，使用数学符号进行表征、交流、批判性的分析等在数学核心能力活动中都有体现，因而也作为核心能力的成分存在。

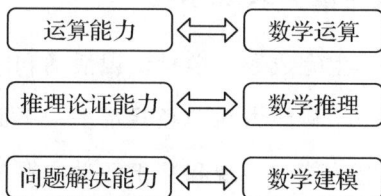

图 2-1　数学的核心能力活动

根据文献及总项目提出的学科能力表现测评的能力维度，本研究认为数学运算能力包含以下几个层次：(1)理解运算对象的含义，掌握运算的法则、规律、公式，认识运算之间的关系；(2)掌握运算技能，能运用运算法则、规律、公式解决实际问题；(3)根据实际情况，合理选择运算方式、优化运算过程、灵活变换运算方法。

基础知识中概念、公理、定理的形成过程中含大量合情推理与演绎推理，数学思维能力中直觉猜想、归纳抽象、演绎证明等都是推理论证的内容。本研究认为推理论证能力包含以下几个层次：(1)运用牢固的数学基础知识(概念、公理、

---

① 克鲁捷茨基. 中小学数学能力心理学[M]. 李伯黍，等，译. 上海：上海教育出版社，1989.

定理、公式和法则等)为推理论证提供依据，理解并掌握逻辑思维的基本形式和方法；(2)掌握信息提取、数据处理的能力，能够对问题进行归纳概括和直觉猜想；(3)灵活运用各种证明技巧、运算技巧，在思路的探索中选择最佳的方式，在推理论证的过程中进行自我反思和建构。

针对问题解决能力，划分为四个层次：(1)在数学情境中发现数学问题，能准确提出数学问题和解决这个问题的背景、基础和条件；(2)探究解决问题的方法和策略，准确把握数学模型并直接运用到问题解决中；(3)通过数学建模，寻求解决实际问题的方法；(4)在解决问题的过程中，提出合理性的质疑和探究，体会问题解决的过程，掌握研究和解决数学问题的方法。

二、基于内容主题的数学能力表现示例

数学学科能力表现是学生完成数学学科认识活动和问题解决活动的表现，表现为知识掌握水平以及核心学科能力活动经验水平。下面根据数学学科能力的评价指标分别对基于知识主题的能力表现和基于活动主题的能力表现作出示例。

选取函数主题作为示例。函数(高中)主题的二级通用框架界定如下。

表 2-2　基于函数主题的通用框架

核心知识	能力要素	一级通用框架	二级通用框架(具体指标)
函数	A：学习理解	A1：观察记忆	1. 能熟知函数的定义、定义域及值域的概念 2. 能掌握函数图像的一般画法 3. 能理解函数单调性、奇偶性的定义 4. 能理解基本初等函数及三角函数的定义与运算
		A2：概括理解	1. 能理解函数的映射关系 2. 能理解函数性质与基本初等函数的性质
		A3：说明论证	1. 能在现实情境中理解函数的意义 2. 能运用函数关系表示日常生活中的一些事物，并进行交流 3. 能理解函数表达式、图像及性质的一致性
	B：实践应用	B1：分析计算	1. 能用多种方式分析函数性质 2. 能掌握三角函数之间的运算及转换关系

核心知识	能力要素	一级通用框架	二级通用框架（具体指标）
函数	B：实践应用	B2：推测解释	1. 能运用函数模型描述事物 2. 能通过分析函数模型理解日常生活中事物的规律
		B3：简单问题解决	在具体情境中，了解数量之间的函数关系，解决简单实际问题
	C：创造迁移	C1：综合问题解决	1. 在函数的定义基础上，对抽象函数有所认识 2. 能够应用函数知识理解复合函数的图像及性质
		C2：猜想探究	能够构造函数模型，建立事物的数量关系
		C3：发现创新	1. 能够理解函数对变量关系和事物规律的刻画，掌握函数在交叉学科中的应用及意义 2. 能应用函数思想分析方程、不等式等知识中的问题 3. 能够探索发现函数的其他运算及性质

基于核心知识的能力测评指标如下表。

表 2-3　基于函数主题核心知识的能力测评指标

知识主题	核心知识	一级通用框架	能力指标
函数 （高中）	函数概念及性质	A1：观察记忆	1. 能熟知函数的定义、定义域及值域的概念 2. 能理解函数单调性、奇偶性的定义
		A2：概括理解	能理解函数的映射关系
		B1：分析计算	能用多种方式分析函数性质
		C1：综合问题解决	1. 在函数的定义基础上，对抽象函数有所认识 2. 能够应用函数知识理解复合函数的图像及性质
	指数函数	A1：观察记忆	1. 能理解指数函数的定义与运算 2. 能掌握函数图像的一般画法
		A2：概括理解	能理解指数函数性质
		A3：说明论证	能理解指数函数表达式、图像及性质的一致性
		B1：分析计算	1. 能用多种方式分析指数函数性质 2. 能够进行指数函数的运算
	对数函数	A1：观察记忆	1. 能理解对数函数的定义与运算 2. 能掌握函数图像的一般画法

知识主题	核心知识	一级通用框架	能力指标
函数 （高中）	对数函数	A2：概括理解	能理解对数函数性质
		A3：说明论证	能理解对数函数表达式、图像及性质的一致性； 能用多种方式分析对数函数性质
		B1：分析计算	能在现实情境中理解对数函数的意义
	幂函数	A1：观察记忆	1. 能理解幂函数的定义与运算 2. 能掌握函数图像的一般画法
		A2：概括理解	能理解幂函数性质
		A3：说明论证	1. 能理解幂函数表达式、图像及性质的一致性 2. 能在现实情境中理解幂函数的意义
		B1：分析计算	1. 能用多种方式分析幂函数性质 2. 能够进行幂函数的运算
	三角函数	A1：观察记忆	1. 能理解三角函数的定义与运算 2. 能掌握函数图像的一般画法
		A2：概括理解	能理解三角函数性质
		A3：说明论证	1. 能理解三角函数表达式、图像及性质的一致性； 能用多种方式分析三角函数性质 2. 能在现实情境中理解三角函数的意义
		B1：分析计算	能掌握三角函数之间的运算及转换关系
	函数模型与应用	B1：分析计算	能运用函数关系表示日常生活中的一些事物，并进行交流
		B2：推测解释	1. 能运用函数模型描述事物 2. 能通过分析函数模型理解日常生活中事物的规律
		B3：简单问题解决	在具体情境中，了解数量之间的函数关系，解决简单实际问题
		C2：猜想探究	能够构造函数模型，建立事物的数量关系
		C3：发现创新	1. 能够理解函数对变量关系和事物规律的刻画，掌握函数在交叉学科中的应用及意义 2. 能应用函数思想分析方程、不等式等知识中的问题 3. 能够探索发现函数的其他运算及性质

三、基于活动主题的数学能力表现示例

选取"数学建模"主题作为示例。为了统一命题风格和内容领域，均以函数作为其内容基础，其中初中部分在"二次函数"命题，高中在"函数模型与应用"命题。二级通用框架界定如下表。

表 2-4　数学建模活动的能力表现通用框架

核心知识	能力要素	一级框架	二级通用框架(具体指标)
数学建模(基于函数)	A：学习理解	A1：观察记忆	1. 熟知基本的数学基础知识(概念、公理、定理、公式和法则等) 2. 熟知一些重要的数学思想和方法，为数学建模提供理论依据
		A2：概括理解	1. 掌握信息提取、概括的能力，能对问题进行归纳概括 2. 理解并掌握数学建模活动的基本形式和方法
		A3：说明论证	1. 能在现实情境中理解函数的意义 2. 能运用函数关系表示日常生活中的一些事物，并进行交流
	B：实践应用	B1：分析计算	能在数学情境中发现数学问题，能准确提出数学问题，概括出解决这个问题的背景、基础和条件
		B2：推测解释	1. 能运用函数模型描述事物 2. 能通过分析函数模型理解日常生活中事物的规律
		B3：简单问题解决	在具体情境中，了解数量之间的函数关系，解决简单实际问题
	C：创造迁移	C1：综合问题解决	1. 在函数的定义基础上，对抽象函数有所认识 2. 能够应用函数知识理解复合函数的图像及性质
		C2：猜想探究	1. 能够构造函数模型，建立事物的数量关系 2. 能够对问题进行直觉猜想
		C3：发现创新	1. 能够理解函数对变量关系和事物规律的刻画，掌握函数在交叉学科中的应用及意义 2. 在解决问题的过程中，提出合理性的质疑和探究 3. 体会问题解决的过程，掌握研究和解决数学问题的方法

基于核心知识的数学建模能力测评指标如下表。

表 2-5 基于核心知识的数学建模能力测评指标

活动主题	核心知识	一级框架	能力指标
数学建模	二次函数	A1：观察记忆	写出对函数概念的理解
		A2：概括理解	二次函数与几何知识的综合应用
		A3：说明论证	1. 说明论证二次函数需满足的条件 2. 利用配方法说明论证抛物线的顶点、对称轴
		B1：分析计算	1. 根据图像分析二次项系数、一次项系数的符号 2. 根据二次函数的解析式确定二次函数图像的开口方向、顶点坐标、与坐标轴的交点坐标、最值等
		C1：综合问题解决	1. 用二次函数解决简单的实际问题 2. 利用数形结合综合解决二次函数图像上不同点函数值的大小关系 3. 综合解决抛物线的平移问题
		C2：猜想探究	1. 二次函数与概率知识的综合应用 2. 利用二次函数的图像求一元二次方程的近似解，并能结合图像探究图像的性质
		C3：发现创新	1. 根据具体情况判断二次项系数和 Δ 的符号 2. 抛物线与平行四边形的综合应用 3. 二次函数解析式的确定
	函数模型与应用	B2：推测解释	1. 能运用函数模型描述事物 2. 能通过分析函数模型理解日常生活中事物的规律
		B3：简单问题解决	在具体情境中，了解数量之间的函数关系，解决简单实际问题
		C2：猜想探究	能够构造函数模型，建立事物的数量关系
		C3：发现创新	1. 能够理解函数对变量关系和事物规律的刻画，掌握函数在交叉学科中的应用及意义 2. 能应用函数思想分析方程、不等式等知识中的问题 3. 能够探索发现函数的其他运算及性质

第二节　测试工具的开发

一、测试工具设计的基本理念和命题策略

常见的评价测试形式有：在线测试（或计算机辅助测试）、纸笔作答和访谈观察。访谈观察法适用于一对一或小规模评价，通过实地观察和互动交流能够全面地了解教学效果并给出评价分析，多用于课堂教学效果评价和学生案例研究。计算机辅助测试将题库、组卷、答卷、评分、记录等环节信息化处理，使得测试过程更加方便和科学。但考虑到测试学区的客观情况和测试规模，本研究还是采用最常见的纸笔作答的测试形式，测试时间为 90 分钟，学生在答题纸上完成答卷。

在日常教学的考试中，教师经常采用选择型测试（如选择题、判断题），因为这种题型耗时较短、易于批改且评价结果方便量化记录和表达。但通常教师自编的选择型题目往往集中于对知识点记忆与理解的考查，缺乏推理过程，而且学生作答可能存在猜测成分或"选项技巧"，对学生思维过程和真实学习效果的考查效果不佳。

内容维度和能力维度的交叉形成了二维的命题框架（双向细目表），两者的交点标定了题目的内容特征及能力要求，从而为编制或筛选题目提供依据。首先是进行内容维度和能力维度的讲解培训，然后向数学教育硕士、一线教师、教研员广泛征集题目，并通过命题小组多次筛选、讨论、协商，组成一套 1.5～2 倍于正式测试题量的预测试卷，通过访谈测试和预测试删减、调整题目，最终形成正式测试卷。

项目组成立了命题小组，小组成员包括学科专家、大学科研人员、中小学教研员与一线教师等。命题小组负责把握命题的方向与总体框架，对命题过程进行管理与监督，保证试题的质量。根据本次测试的目标和任务，命题小组确定了以下命题原则：

（1）命题内容基于新课程标准。试题注重考查学生对学科核心知识、核心能力的理解和掌握。

（2）命题严格控制试卷的总体难度，组卷以体现课程标准对学生基本要求的题目为主，有难度的题目主要考查学生的高层次认知能力。

（3）试题形式以主观性试题为主，取消选择题的设置，并留给学生充分的时间思考作答。

为了保证测试题的测查点定位准确，依据各子主题学科能力的具体指标体系，从知识、学科能力指标、认识方式指标三个维度综合考虑设计试题，并从上述三个维度为每道测试题编码。

例题：二次函数 $y=ax^2+bx+c$ 的图像如图 2-2 所示，则点 $A(a，b)$ 在第几象限。

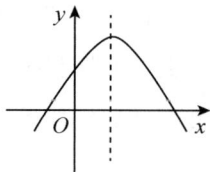

测试的是学生对"二次函数性质"这一知识的"分析解释"能力，即能否根据图像分析出二次项系数、一次项系数的符号。

为了实现对学生测试表现的精准诊断，采用以下 3 个策略开发测试题。

图 2-2

（1）多采用开放性试题，不设置过多题面信息对学生进行思路干预，目的在于探查学生的认识角度和认识水平差异。

例题：请写出一个二次函数表达式，使它的图像以（2，3）为顶点，且开口向上。

仿照上题，设计一道题目，让一个二次函数满足某些或某个限定条件，并求此二次函数的表达式。

（2）采用多级评分。当学生的答案均达到相应的学科能力水平时，若存在认识方式差异，则按照认识方式水平由低到高，依次赋分为 1、2……

表 2-6　多级评分表

编码及说明	评分等级	认识能力
C1：综合问题解决	3：$y=x^2-10x+27$ 2：平移后：$y=(x-1-4)^2-1+3$ 1：配方：$y=(x-1)^2-1$	能够顺利地完成配方 能够很好地理解二次函数的平移变换

（3）题目的设问不仅关注"结论"，还通过"理由是""思路是""依据是"等设问关注获得结论的"思维过程"，尽可能避免学生由于"经验性猜想"而对题目做出诊断误差。

例题：形如 $y = ax^2 + bx + c$（a，b，c 是常数）的函数一定是二次函数吗？请说明论证。

基于上述试题设计理念，函数主题学科能力测试题以主观试题为主，以学生经历过的实验探究过程或生产生活实践案例为情境素材。

表 2-7　命题双向细目表（以高一为例）

能力	具体	内容指标	分值	内容主题	得分点
A：学习理解	A1	回忆写出对函数概念的理解	2.5	二次函数的定义	1
		回忆弧长公式、扇形面积公式，用弧长表示扇形面积	2	弧长	1
		利用弧长公式与圆周角定理分析计算圆周角的度数	2	弧长	1
		分析计算阴影部分面积	2	扇形	1
		回忆圆锥的侧面积和全面积公式并进行简单计算	2	圆锥的侧面积和全面积	1
		回忆点与圆的位置关系	2	点与圆的位置关系	1
	A2	把生活中或数学中的一些事件与不可能事件、必然事件和随机事件进行概括关联	2	不可能事件、必然事件和随机事件	1
		会过不在同一直线上的三点作圆	2.5	圆的有关概念	1
		概括关联弧、弦、圆心角的关系，解决简单问题	2	圆的性质	1
		二次函数与几何知识的综合应用	2.5	二次函数的应用	1
	A3	说明论证二次函数需满足的条件	2.5	二次函数的定义	1
		利用配方法说明论证抛物线的顶点、对称轴	2.5	二次函数图像的性质	1
		说明论证直线和圆的位置关系	2.5	直线与圆的位置关系	1

能力	具体	内容指标	分值	内容主题	得分点
B：实践应用	B1	根据图像分析确定二次项系数、一次项系数的符号	2	二次函数图像的性质	1
		利用圆、圆周角和等腰三角形的相关知识分析计算与角有关的简单问题	2	圆周角	1
		根据二次函数的解析式分析确定二次函数图像的开口方向、顶点坐标、与坐标轴的交点坐标、最值等	2	二次函数图像的性质	1
		分析概率的意义，计算等可能事件的概率	2.5	概率的意义	1
		运用列举法分析计算两只都为雌小鸡的概率	2.5	概率的运算	1
		分析计算圆锥侧面展开图的面积	2.5	圆锥的侧面积和全面积	1
		利用圆与圆的位置关系分析计算圆心距	2	圆与圆的位置关系	1
	B2	利用弧长公式猜想说明谁先到达终点	2	弧长	1
		猜想说明经过同一条直线上的三个点是否能作出一个圆	2.5	点与圆的位置关系	1
	B3	设计谁去看电影的公平方案	2.5	概率的意义	1
C：创造迁移	C1	综合解决抛物线的平移问题	2	二次函数图像的画法（描点法）	1
		利用数形结合综合解决二次函数图像上不同点函数值的大小关系	2	二次函数图像的性质	1
		利用二次函数综合解决实际问题	2	二次函数的应用	1
		综合利用圆周角定理和垂径定理解决圆周角的度数问题	2	圆周角	1
		会根据切线长的知识解决简单的问题	3.5	直线与圆的位置关系	1
		圆与圆的位置关系的综合应用	2	圆与圆的位置关系	1
	C2	利用二次函数的图像求一元二次方程的近似解，并能结合图像探究图像的性质	2.5	二次函数图像的性质	1
		运用列举法探究事件发生的概率	2.5	概率的运算	1
		运用圆的性质探究动点轨迹问题	2.5	圆的性质	1
		综合运用三角形几何知识探究与圆周角有关的问题	2.5	圆周角	1

能力	具体	内容指标	分值	内容主题	得分点
C：创造迁移	C2	能探究并解决与切线有关的问题	2.5	直线与圆的位置关系	1
		探究圆的内接三角形中边长的计算	2	综合创新	1
	C3	自编题目：已知一个二次函数满足某些或某个限定条件，求此二次函数的解析式	2.5	二次函数解析式的确定	1
		已知二次函数的值永远为负值，判断二次项系数和 Δ 的符号	2	二次函数图像的性质	1
		二次函数与概率知识综合的创新应用	2	二次函数的应用	1
		抛物线与平行四边形的创新应用	2.5	二次函数的应用	1
		大量重复时，可以用频率估计概率解决生活中的问题	2.5	概率的意义	1
		运用列举法综合计算事件发生的概率	8	概率的运算	1
		创新思维，建立椭圆与圆面积之间的联系	2	综合创新	1

二、试题的设计及评标

表 2-8　函数主题示例

试题描述	知识点	学科能力	认识能力	标答及评标
用配方法推导抛物线 $y = ax^2 + bx + c\,(a \neq 0)$ 的图像的顶点、对称轴	二次函数	A3：利用配方法说明论证抛物线的顶点、对称轴	能够利用配方法说明论证含字母二次函数的顶点、对称轴；能正确完成含字母二次函数的配方，但不能准确找出顶点和对称轴；不能正确完成含字母二次函数的配方	0 分：全错；1 分：配方正确，其余错；2 分：配方正确，能正确写出顶点坐标和对称轴

表 2-9　图形与几何主题示例

试题描述	知识点	学科能力	认识能力	标答及评标
如图，AB 是 $\odot O$ 的直径，AC，CD，DE，EF，FB 都是 $\odot O$ 的弦，且 $AC = CD = DE = EF = FB$，则 $\angle AOC$ 的度数为 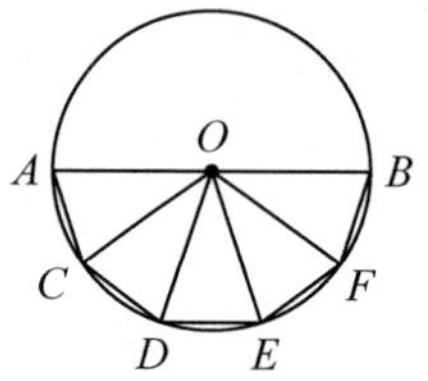 _____ °。 	圆的性质	A2：概括关联弧、弦、圆心角的关系，解决简单问题	能够概括关联弧、弦、圆心角的关系，解决简单问题； 概括关联弧、弦、圆心角的关系，解决简单问题的能力较差	0分：错误答案； 1分：36°
如图，$\triangle ABC$ 的三个顶点都在 $\odot O$ 上，$AP \perp BC$ 于 P，AM 为 $\odot O$ 的直径。 探究 $\angle BAM$ 与 $\angle CAP$ 的关系。 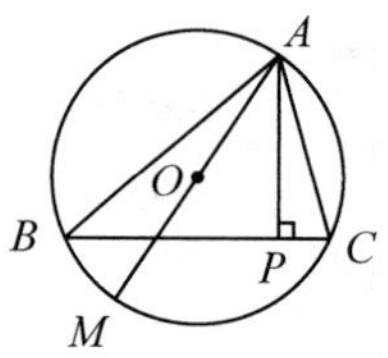 	圆周角	C2：综合运用三角形几何知识探究与圆周角有关的问题	能综合运用几何知识解决与圆周角有关的问题； 知道圆周角定理及推论，但不能结合三角形的几何知识综合解决问题； 知道圆周角定理，但不能灵活应用"直径所对的圆周角为90°"，不能结合三角形的几何知识综合解决问题； 不知道圆周角定理，不能灵活应用"直径所对的圆周角为90°"，不能结合三角形的几何知识综合解决问题	结论：$\angle BAM = \angle CAP$。 0分：证明错或未证明； 1分：连接 BM. $\because \angle AMB$ 和 $\angle ACB$ 均为弧 AB 所对的圆周角， $\therefore \angle AMB = \angle ACB$； 2分：$\because AM$ 为 $\odot O$ 的直径， $\therefore \angle ABM = 90°$； 3分：$AP \perp BC$ 于 P， $\therefore \angle APC = 90°$， $\therefore \angle AMB + \angle BAM = 90°$， $\angle ACB + \angle CAP = 90°$（直角三角形两锐角互余）； $\therefore \angle BAM = \angle CAP$（等角的余角相等）

表 2-10　统计与概率主题示例

试题描述	知识点	学科能力	认识能力	标答及评标
小张和小王只有一张电影票，他们想运用概率的原理公平地决定谁去看电影。你能帮忙设计出两种方案吗？	概率的意义	B3：设计谁去看电影的公平方案	对概率的意义理解很透彻，能够很灵活地运用概率原理解决生活中与概率有关的一些简单问题； 对概率的意义理解较透彻，能够较灵活地运用概率原理解决生活中与概率有关的一些简单问题； 不能灵活地运用概率原理解决生活中与概率有关的一些简单问题	0 分：全错； 1 分：做对 1 种方案； 2 分：做对两种方案； 例如：掷硬币看是否正面朝上；掷色子，看是否为偶数

三、试卷结构与锚题设计

试卷结构：设计测试时间为 90 分钟，每个年级测试题量约为 20 题，学生在答题纸上完成答卷。

表 2-11　试卷内容结构

年级	函数	方程与不等式	图形与几何	统计与概率
八年级	—	√	√	√
九年级	√	√	√	√
高一年级	√	—	√	√
高二年级	√	√	√	√
高三年级	√	—	√	√

表 2-12　试卷内容和能力分布

		学习理解			实践应用			创造迁移			合计
		A1	A2	A3	B1	B2	B3	C1	C2	C3	
内容主题	函数	1	1	1	3	5	4	1	2	2	20
	方程与不等式	1	1	1	1	1	1	1	2	1	10
	图形与几何	1	1	1	4	2	3	2	1	2	17
	统计与概率	1	1	1	1	1	1	1	1	0	8
合计			12			27			16		55

表 2-13　锚题设计

年级	锚题数量
高一、高二年级	5
高二、高三年级	7
高一、高二、高三年级	3

第三节 测试的组织与实施

测试的时间为 2014 年 3 月，各年级的学生已完成第一学期的全部课程，未开始学习第二学期课程，有效测试样本信息如下表。

表 2-14　有效测试样本信息 1

FT 区	八年级	九年级	高一年级	高二年级	高三年级
学校 1	36	—	34	36	37
学校 2	60	64	62	25	—
学校 3	37	39	33	40	64
学校 4	38	41	31	39	33
学校 5	33	35	—	—	—
学校 6	43	36	51	45	54
学校 7	28	26	38	19	37
学校 8	34	38	41	118	37
学校 9	28	33	30	31	—

表 2-15　有效测试样本信息 2

HD 区	八年级	九年级	高一年级	高二年级	高三年级
学校 1	74	32	38	34	33
学校 2	26	13	20	19	18
学校 3	41	19	16	13	13
学校 4	66	50	30	38	31
学校 5	16	10	—	—	16
学校 6	92	41	36	—	—
学校 7	24	21	15	9	11
学校 8	19	14	15	12	11
学校 9	97	65	31	31	25
学校 10	53	—	14	11	—
学校 11	36	18	40	33	31

利用 Winsteps 软件单维 Rasch 模型检验测试工具总体信度，利用 ConQues 软件多维 Rasch 模型检验试题信度。

表 2-16　测试工具信度

信度	单维	多维			
	学生/试题 0.86/0.998	学习理解	实践应用	创造迁移	—
		0.863	0.892	0.893	—
		函数	方程与不等式	图形与几何	统计与概率
		0.830	0.673	0.755	0.821

利用单维 Rasch 模型所得各题 MNSQ（WEIGHTED FIT）值见表 2-17。

表 2-17　高一年级试题 MNSQ 值

试题编号	1	2	3	4	5	6	8	9	10	11	12	13	14	15	16	17	18	19	20	21
MNSQ	0.94	0.94	0.98	1.01	0.98	0.94	0.85	0.98	0.94	0.94	1.12	1.15	0.98	0.95	1.03	1.00	0.97	1.13	1.05	1.00	1.09

全部试题指标值均在 0.8～1.2，符合要求。所有试题经过单维 Rasch 模型和多维 Rasch 模型检验。经单维 Rasch 模型检验，98.3% 的试题 MNSQ 值在 0.8～1.2；经多维 Rasch 模型检验，学习理解、实践应用、创造迁移 92% 的试题 MNSQ 值在 0.8～1.2，各知识主题 96.5% 的试题 MNSQ 值在 0.8～1.2，基本符合要求。

利用 Rasch 模型对学生样本的测查数据进行量化分析，可得到相应怀特图。图中，最左端数值为被试水平和试题难度的 logit 值，作为标尺用于标定题目难度与学生能力的对应关系；中间"X"表示被试，其中，图中每个"X"代表一定数量的样本，被试的水平自下而上依次升高；右端数字为试题编码。同一行学生与试题编码对应，表示这些学生回答对这些题的概率是 50%，本研究中认为这些学生达到了同一行对应试题要求的水平。

总测试怀特图：

```
                                    |
                                    |
                                    |
                                    |
                                    |
                                    |
       3                            |
                                    |
                                    |
                                    |
                                    | 54
                                    |
                                    |
                          X | 14 42
       2                  X |
                          X |
                          X |
                         XX | 8 68
                        XXX |
                        XXX |
                       XXXX | 7 12 27 66 73
                      XXXXX | 31 53 58 63 72
                    XXXXXXX | 24 70 75 76
       1            XXXXXXX |
                    XXXXXXX | 13 74
                   XXXXXXXX | 1 52 59 64 65
                   XXXXXXXX | 26 49 67 69 78
                  XXXXXXXXX | 11 18
                  XXXXXXXXX |
                  XXXXXXXXX | 38 44 45
                 XXXXXXXXXX | 6 33 61
                   XXXXXXXX | 15 17
       0            XXXXXXXX | 4 16 36
                  XXXXXXXXXX | 37 51 71
                     XXXXXX | 3 5 62
                     XXXXXX | 41 77
                     XXXXXX | 23 43
                      XXXXX | 21 50
                        XXX | 35 46
                        XXX | 10 19 25 47
      −1                 XX |
                         XX | 32
                          X | 55
                         XX | 22
                          X | 40 48
                          X | 20 56
                          X | 28
```

```
            X | 57
            X | 34
  −2        X | 60
            X | 2 30 39
              |
              |
              | 9
              |
              |
              |
  −3          |
              |
              | 29
```

==

Each 'X' represents　22.9 cases

```
                                              X
     4                                        X
                                             XX
                                             XX
                                             XX
     3              X                        XXX
                    X                       XXXX
                    X                        XXX
                   XX                     XXXXXX 54
                   XX          X           XXXXX 52
     2             XX          X        X  XXXXX 14 42
                  XXX          XX       X  XXXXX 8 73
                 XXXX          XX      XX  XXXXX 45 61 68 70 75 76
                 XXXX         XXX      XX  XXXXXXX 7 27 31 63
                 XXXX        XXXXX     XXX XXXXX 12 58 66 72
     1           XXXX        XXXXX   XXXXXXX XXXXX 24 51 53 78
                XXXXX      XXXXXXXXX XXXXXXX XXXX 13 65 69 74
                XXXX  XXXXXXXXXXXXXXXXXXXXXXXXXX XXXX 1 26 49 59 64 67
               XXXXX  XXXXXXXXXXXXXXXXXXXXXXXXX  XXX 11 18 21
     0        XXXXXX  XXXXXXXXXX XXXXXXXXXX      XXX 38 44
              XXXXXX  XXXXXXXXXX XXXXXXXXXX      XXX 6 15 17 33 36
              XXXXXX  XXXXXXXXXX XXXXXXXXXX       XX 4 16 22 37 71 77
              XXXXX    XXXXX      XXXXXXXX        X 3 5 43
              XXXXX    XXXXX      XXXXX           X 20 23 41 50 62
     -1       XXXXX    XXXXX       XXX            X 19 35 46 60
               XXX      XXX        XXX           X 10 25 30 47
               XXX      XXX         XX           32 55
               XXX       X          X           X
     -2         XX       XX          X           40 48 56 57
                X        X                       34
               XX        X          X           28
                X        X                      X 2 39
                X                                9
                X
     -3         X        X          X
                                                29

     -4
```

33

```
   3  |                   |                   |
      |                   |                   |
      |         X         |                   |
      |         X         |         X         |
      |         X         |         X         | 42  54
      |         X         |        XX         | 14
      |        XX         |        XX         | 68
   2  |        XX         |        XXX        |
      |       XXXX        |       XXXX        | X  8
      |      XXXXX        |       XXXX        | X  66 70
      |      XXXXX        |       XXXX        | XX 58
      |      XXXXX        |       XXXX        | XXX 7  12  74
      |       XXXX        |      XXXXX        | XXXX 63 78
   1  |      XXXXX        |      XXXXX        | XXXX 13 18 27 31 52 53 65 67 73
      |      XXXXX        |      XXXXX        | XXXXXX 1 24 69 72
      |      XXXXX        |      XXXXX        | XXXXX 59 64 75 76
      |     XXXXXX        |     XXXXXX        | XXXXXXXX 11 45
      |     XXXXXX        |     XXXXXX        | XXXXXXXX 38 44 49 61
      |     XXXXXX        |     XXXXXX        | XXXXXXXX 26
      |      XXXXX        |     XXXXXX        | XXXXXXXXX 4 17 71
   0  |      XXXXX        |     XXXXXXX       | XXXXXXXXXX 6 51 77
      |     XXXXXXX       |   XXXXXXXXXXXXXX   | XXXXXXXXXX 3 15 16 33 62
      |      XXXXX        |      XXXXX        | XXXXXXX 5 36
      |       XXXX        |       XXXXX       | XXXXX 37 41 43
      |       XXXX        |       XXXX        | XXXXXX 23 46
      |       XXXX        |        XXX        | XXXXX 21 35 50
  -1  |        XXX        |        XXX        | XXXX 47
      |        XXX        |        XXX        | XXXX 10 19 32 55
      |        XXX        |        XX         | XX 25
      |        XX         |        XX         | X 56
      |        XX         |         X         | X 22 48 57
      |        XX         |         X         | X 28 40
      |         X         |         X         | X 2 20
  -2  |                   |         X         | X 60
      |         X         |         X         | 9 34
      |         X         |         X         | 30 39
      |                   |         X         |
      |                   |                   |
      |                   |         X         |
  -3  |                   |                   |
```

第三章

数学学科能力
总体表现的评价结果

第一节　数学学科核心素养与能力表现总体水平

本研究采用国际通行的两种方式呈现学生的学业表现。

一是量尺分数，即根据学生的作答情况，采用项目反应理论模型将学生能力分数转换成测验标准分数。

二是表现水平。根据我国课程标准的要求，运用教育测量学的相关技术，将学生的学业表现从低到高划分为水平 1、水平 2、水平 3 和水平 4 四个水平段，其中水平 2 及以上为基本达标要求，水平 4 为优秀水平（水平描述详见附录 1）。

水平划分主要综合考虑试题的学科能力要素指标、认识方式指标和用 Rasch 模型处理测试数据后得到的试题难度值三个因素，通过逻辑分析初步划定水平等级，再用 SPSS 对各水平进行单因素方差分析，检验各水平间是否存在显著性差异，最后确定各水平所对应的试题难度值范围。水平划分的程序如下：

第一步，编制 Item-Map，其中包括试题难度、试题编号、试题指标和学生典型表现 4 个部分，并按试题难度值排序。

第二步，根据题目的试题指标，综合考虑学科能力水平和认识方式水平，结合题目的难度值，划定水平。

第三步，利用 SPSS 进行单因素方差分析，检验各水平间是否具有显著性差异。

第四步，确定各水平对应的试题难度值范围。由于各试题的难度值不是连续数值，因此相邻的学科能力水平层级的试题难度值范围不连续。为了解决这一问题，采用相邻水平两个难度相邻的试题难度值的中值为高水平能力层级的下限和低水平能力层级的上限。

2014 年 3 月被试学生数学学科能力表现水平划分如表 3-1 所示。

表 3-1　数学学科能力表现水平划分结果

	水平 4	水平 3	水平 2	水平 1
总分	大于 0.826	(0.218, 0.826)	(−0.574, 0.218)	小于−0.574

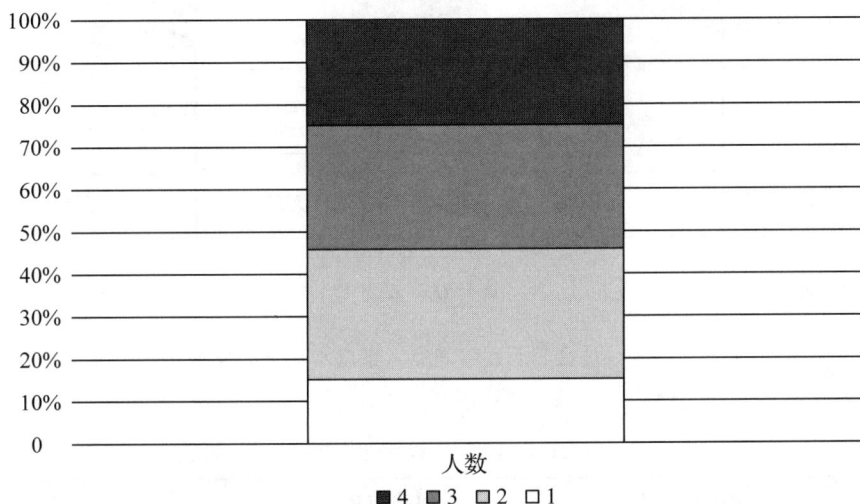

图 3-1　被试学生在数学学科四个能力表现水平上的分布

依据水平划分方法，利用多维 Rasch 模型将学习理解能力、实践应用能力、创造迁移能力作为三个维度，对全部测试数据进行处理得到试题难度值，分别得到学习理解能力表现、实践应用能力表现和创造迁移能力表现的 Item-Map。

表 3-2　被试学生在不同能力维度水平划分结果

平均值	水平 1	水平 2	水平 3	水平 4
总体	−1.42	−0.41	0.10	0.88
学习理解	−1.08	−0.42	0.07	0.92
实践应用	−1.84	−0.49	0.11	1.18
创造迁移	−1.51	−0.62	−0.13	0.71

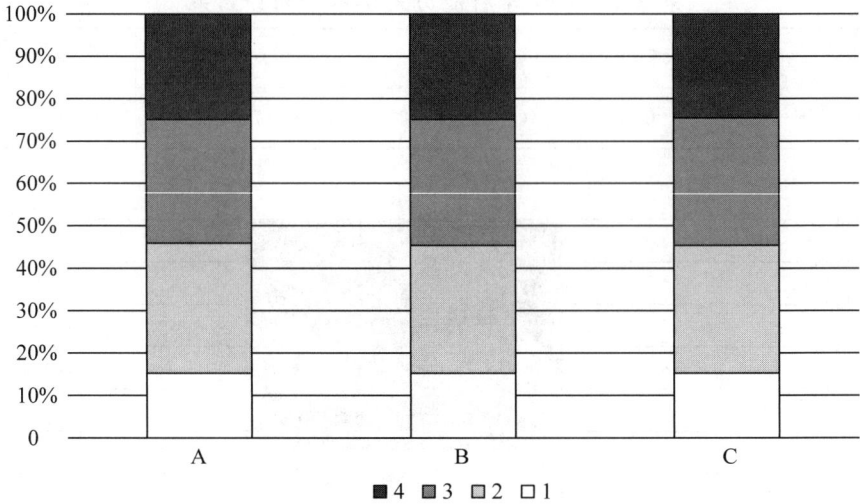

图 3-2 被试学生在不同能力维度水平上的分布

表 3-3 被试学生在二级能力指标上的表现

	学习理解			实践应用			创造迁移		
	A1	A2	A3	B1	B2	B3	C1	C2	C3
得分率	0.63	0.58	0.61	0.55	0.53	0.51	0.42	0.51	0.36

第二节 "学习理解—实践应用—创造迁移"的总体表现

一、不同年级学生总体水平比较

表3-4 不同年级学生总体水平表现

年级	平均能力值				各水平人数百分比分布(%)				平均水平
	总能力值	A	B	C	水平4	水平3	水平2	水平1	
八年级	0.160	2.370	−0.250	−0.766	19.4	32.9	23.5	24.2	水平3
九年级	0.127	1.927	−0.218	−0.757	16.4	34.3	28.9	20.4	水平3
高一年级	0.306	2.011	0.071	−0.511	11.6	27.9	39.3	21.2	水平2
高二年级	0.168	1.375	−0.037	−0.524	19.4	32.6	27.5	20.5	水平3
高三年级	0.616	1.742	0.621	−0.118	5.1	20.4	32.4	42.1	水平2

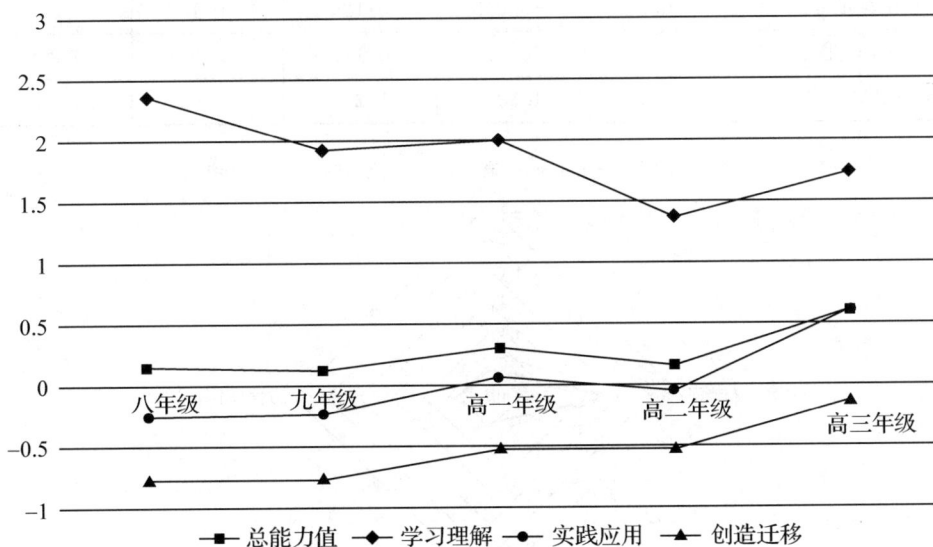

图3-3 各年级学生各种能力平均值

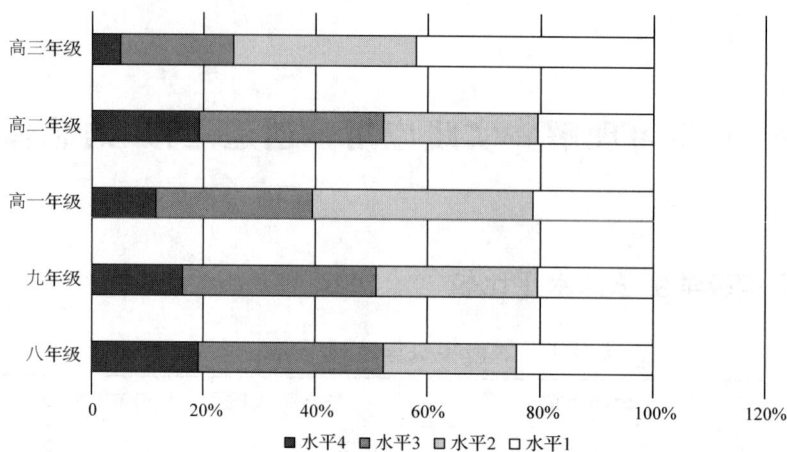

图 3-4 各年级学生总体能力水平分布

二、不同年级学生在各知识主题平均能力比较

表 3-5 不同年级学生在各内容主题上的能力表现

	八年级	九年级	高一年级	高二年级	高三年级
函数	−0.185	−0.075	0.266	−0.055	0.879
方程与不等式	0.054	−0.013	0.125	−0.155	0.089
图形与几何	−0.090	−0.079	0.177	0.064	0.390
统计与概率	1.347	1.394	1.257	1.469	2.385

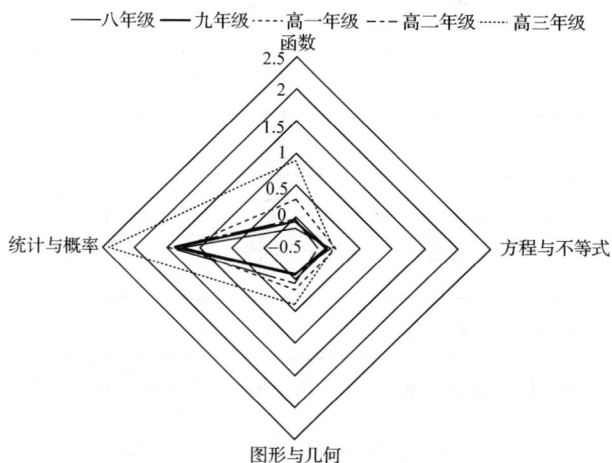

图 3-5 各年级学生各主题平均能力值

第三节 基于核心素养的数学学科关键能力及其表现

一、分析计算

典型题目 1. 直线 l_1：$y = k_1 x + b_1$ 与直线 l_2：$y = k_2 x + b_2$ 在同一平面直角坐标系中的图像如图 3-6 所示。

(1)关于 x，y 的方程组 $\begin{cases} k_1 x - y = -b_1, \\ k_2 x - y = -b_2 \end{cases}$ 的解为

_____；你的解题思路或方法：_____。

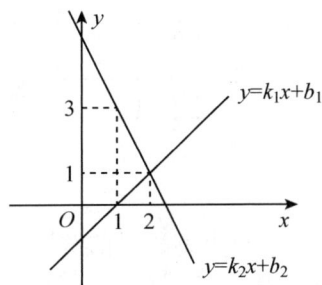

(2)关于 x 的不等式 $k_1 x - b_2 > k_2 x - b_1$ 的解集为

_____；你的解题思路或方法：_____。

图 3-6

本题为学习理解能力维度的典型题目，分为两小题(下面表述为 1.1 及 1.2)，每一小题分别有两处作答，即 1.1 先请学生作答方程组的解，再阐述解题思路或方法；1.2 先请学生作答不等式的解集，再阐述解题思路或方法。本题的设置不只关注学生对于方程组以及不等式解法的考查，更关心学生对于方程、不等式以及函数图像关系的区分和理解。下面对本题整体以及每小题的典型作答进行分析。

1.1 关于 x，y 的方程组 $\begin{cases} k_1 x - y = -b_1, \\ k_2 x - y = -b_2 \end{cases}$ 的解为_____；你的解题思路或方法：_____。(满分为 2 分，每空满分为 1 分)

1.1 题的得分情况如图 3-7。

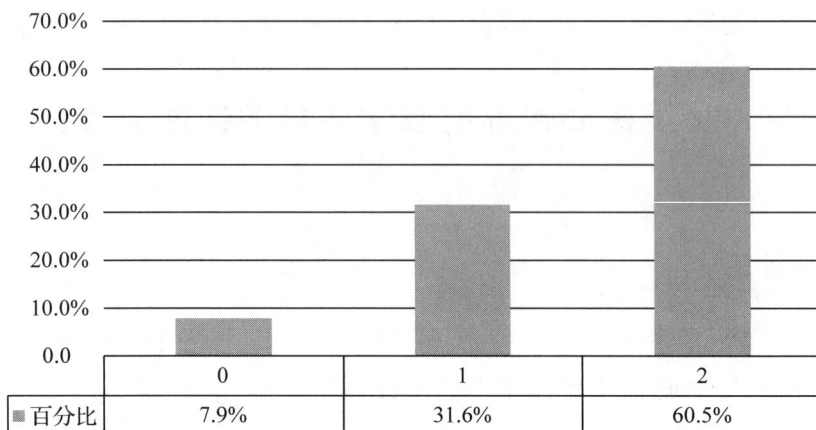

图 3-7　1.1 题的得分情况

"写出方程组的解"一空的主要典型作答类型分为 6 种，其典型作答实例如表 3-6，各典型作答类型所占百分比如图 3-8。

表 3-6　被试学生在 1.1 题（第 1 空）上的典型作答

代码	答案形式	学生作答
0	其他错解	
1	$x=2$，$y=1$ 或 $\begin{cases} x=2, \\ y=1 \end{cases}$	
55	写成了坐标形式 (2, 1)	
56	只解出了 $x=2$，没有理解"解方程组"的含义	
57	不理解"关于 x，y 的方程组"的含义，求解了 k，b	
99	空白	

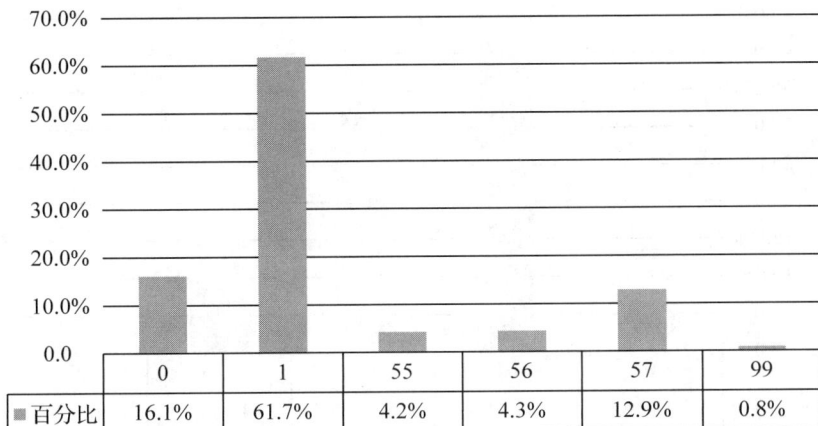

■百分比	0	1	55	56	57	99
	16.1%	61.7%	4.2%	4.3%	12.9%	0.8%

图 3-8　1.1题第1空各典型作答类型所占百分比情况

"阐述解题思路或方法"一空主要的典型作答类型分为 5 种，其典型作答实例如表 3-7，各典型作答类型所占百分比如图 3-9。

表 3-7　被试学生在 1.1 题（第 2 空）上的典型作答

代码	答案形式	学生作答
0	不合理解释	
64	通过求解方程，即先求 k，b，再求解	代入已知的坐标先求出 k_1、b_1、k_2、b_2，从而求得 x、y。
65	通过图像解决，并能明确指明是图像的交点	将 y 移项到等号右边，b_1、b_2 移到左边 将两个方程列为个等式从图中找起 两直线的交点，就是方程组的解。
66	只说明了看图像，但没有说明如何去看图像	看图即可
99	空白	

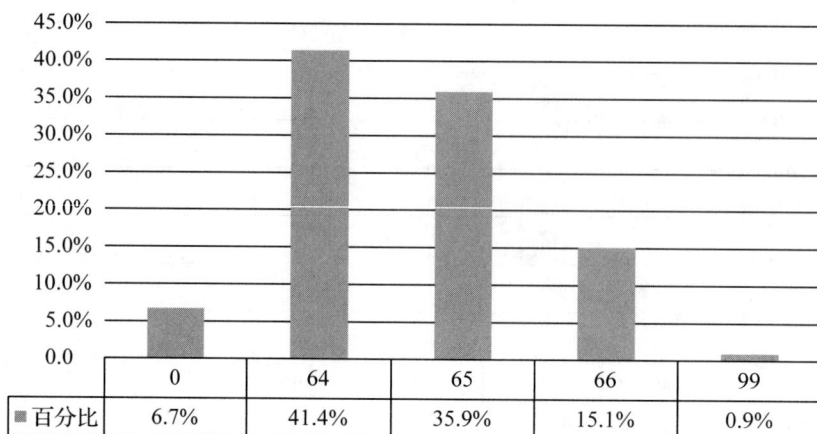

	0	64	65	66	99
百分比	6.7%	41.4%	35.9%	15.1%	0.9%

图 3-9　1.1 题第 2 空各典型作答类型所占百分比情况

1.2　关于 x 的不等式 $k_1x - b_2 > k_2x - b_1$ 的解集为_____；你的解题思路或方法：_____。（满分为 2 分，每空满分为 1 分）

1.2 题的得分情况如图 3-10。

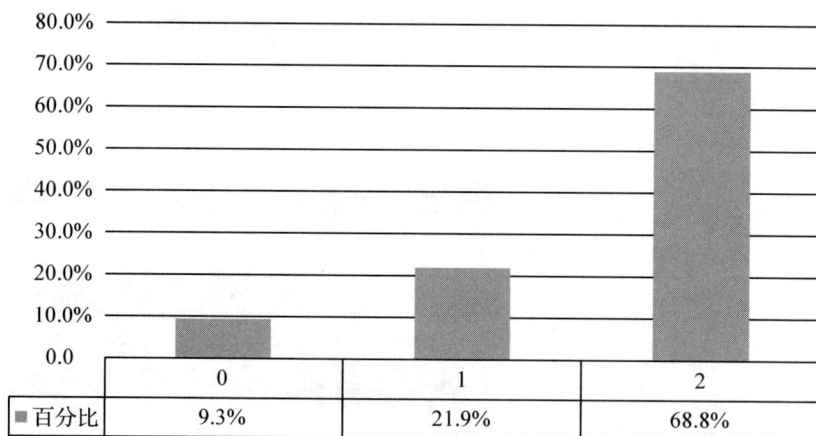

	0	1	2
百分比	9.3%	21.9%	68.8%

图 3-10　1.2 题的得分情况

"写出不等式的解集"一空主要的典型作答类型分为 4 种，其典型作答实例如表 3-8，各典型作答类型所占百分比如图 3-11。

表 3-8 被试学生在 1.2 题（第 1 空）上的典型作答

代码	答案形式	学生作答
0	其他错解	
1	$(2，+\infty)$ 或 $\{x \mid x>2\}$	
77	$x>2$，没有写成解集形式	
99	空白	

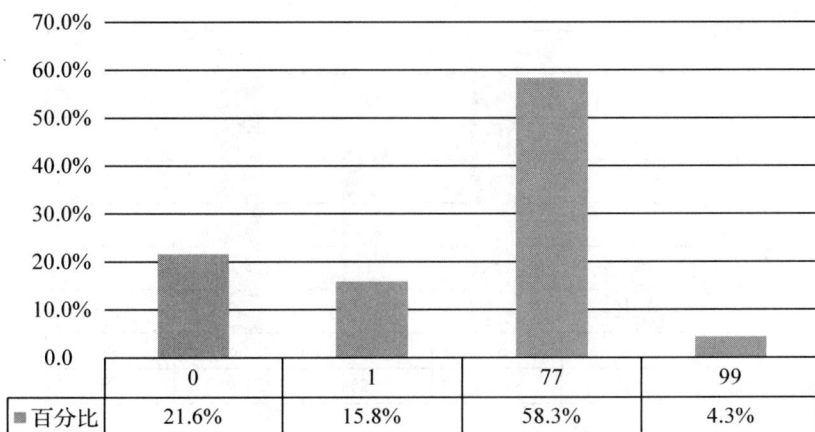

图 3-11 1.2 题第 1 空各典型作答类型所占百分比情况

	0	1	77	99
百分比	21.6%	15.8%	58.3%	4.3%

"阐述解题思路或方法"一空主要的典型作答类型分为 5 种，其典型作答实例如表 3-9，各典型作答类型所占百分比如图 3-12。

表 3-9　被试学生在 1.2 题(第 2 空)上的典型作答

代码	答案形式	学生作答
0	不合理解释	
64	通过求解不等式的思想,求出 k,b 的值	把(1,0)(2,1)代入 $y=k_1x+b_1$,(1,3)(2,1)代入 $y=k_2x+b_2$ 求出k_1,b_1,k_2,b_2的值
65	通过图像解决,并能明确指明是直线 l_1 在直线 l_2 的上方或下方,或其他合理解释	在图中找 x 值相等 $k_1x-b_1>k_2x-b_2$ 的位置,在交点旁边所以关系. 求 k_1x-b_1 的图象在 k_2x-b_2 函数上面的部分
66	只说明了看图像,但没有说明如何去看图像	$k_1x-b_1>k_2x-b_2$ 可以转换为 $k_1x+b_1>k_2x+b_2$ 看图得结果.
99	空白	

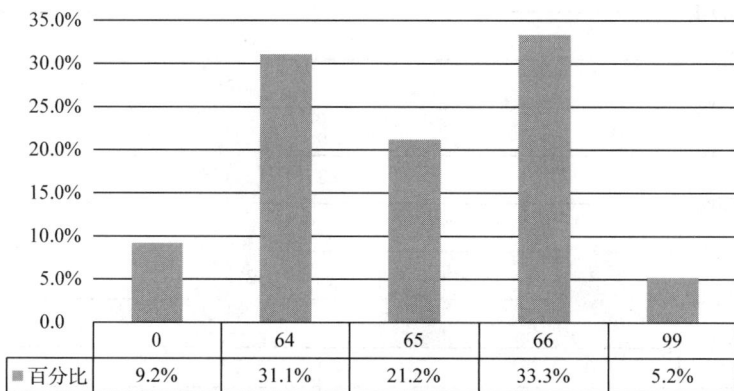

	0	64	65	66	99
■百分比	9.2%	31.1%	21.2%	33.3%	5.2%

图 3-12　1.2 题第 2 空各典型作答类型所占百分比情况

二、问题解决

典型题目 2. 给出下面的例子:一辆汽车在马路上行驶,初始速度为 20km/h,行驶 10min 后开始以 10m/s² 的加速度加速行驶,到达 100km/h 后开始匀速行驶,则汽车在加速行驶过程中速度 v 是时间 t 的一次函数,函数表达式是 $v=20+36t$,$\left(0 \leqslant t \leqslant \dfrac{20}{9}\right)$。

(1)仿照上例，请你举出一个实际生活中二次函数的实例_____，在你举出的实例中，自变量是_____，因变量是_____，函数关系式是_____；

(2)请你再举出一个实际生活中指数函数的实例_____，在你举出的实例中，自变量是_____，因变量是_____，函数关系式是_____；

(3)请你举出一个实际生活中两个变量之间关系不是函数关系的实例，请用函数定义解释一下为什么这两个量之间的关系不是函数关系。

本题为实践应用能力维度的典型题目，分为三小题（下面表述为2.1，2.2及2.3），前两小题分别有四处作答，即分别请学生举出二次函数、指数函数在实际生活中的实例，并指出所举实例中的自变量、因变量及函数关系式；第三小题有两处作答，即请学生举出实际生活中不是函数关系的实例，并使用函数的定义解释原因。本题的设置主要侧重考查学生在实际生活中对于函数概念的应用，不只关注数学知识的考查，更关心学生结合实际的应用能力。下面对本题整体以及每小题的典型作答进行分析。

2.1　仿照上例，请你举出一个实际生活中二次函数的实例_____，在你举出的实例中，自变量是_____，因变量是_____，函数关系式是_____。（本小题满分为3分，正确举出实例为1分，正确指出自变量和因变量为1分，正确写出函数关系式为1分）

2.1题的得分情况如图3-13。

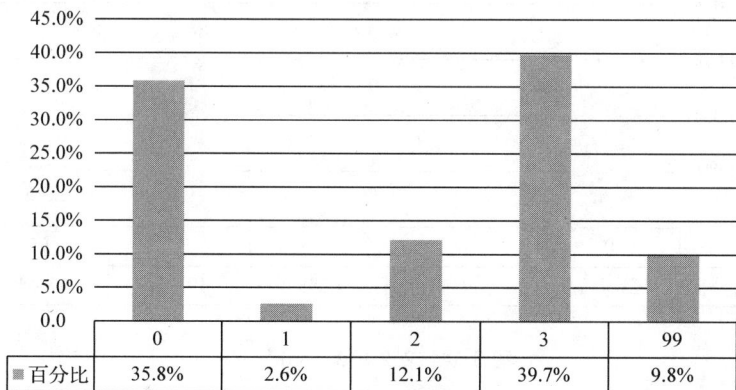

	0	1	2	3	99
■百分比	35.8%	2.6%	12.1%	39.7%	9.8%

图3-13　2.1题的得分情况

典型作答实例如下：

①混淆"列方程"与"表示函数关系"。

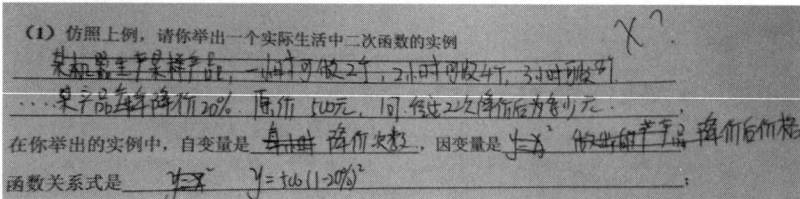

②不理解二次函数的定义，认为含有平方的函数即为二次函数。

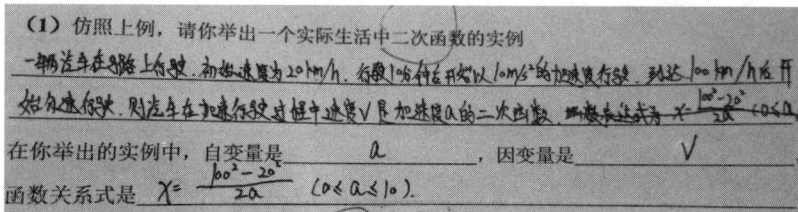

2.2 请你再举出一个实际生活中指数函数的实例＿＿＿＿＿＿＿＿，在你举出的实例中，自变量是＿＿＿＿＿，因变量是＿＿＿＿＿，函数关系式是＿＿＿＿＿。（本题满分为 3 分，正确举出实例为 1 分，正确指出自变量和因变量为 1 分，正确写出函数关系式为 1 分）

2.2 题的得分情况如图 3-14。

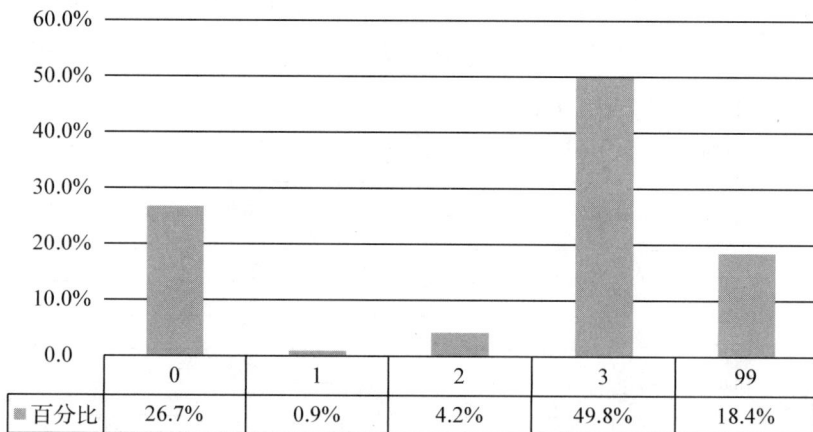

	0	1	2	3	99
■百分比	26.7%	0.9%	4.2%	49.8%	18.4%

图 3-14 2.2 题的得分情况

典型作答实例如下：

①细胞分裂为学生的典型正确作答实例。

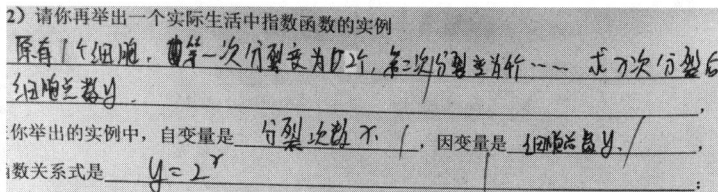

②错误使用指数函数的定义，认为只要含形如 a^x 即为指数函数。

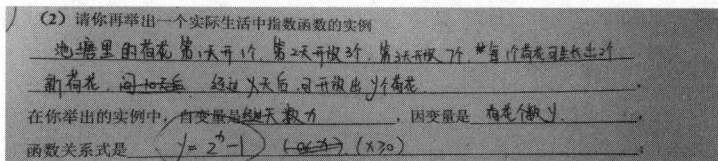

③混淆"指数函数"与"幂函数"。

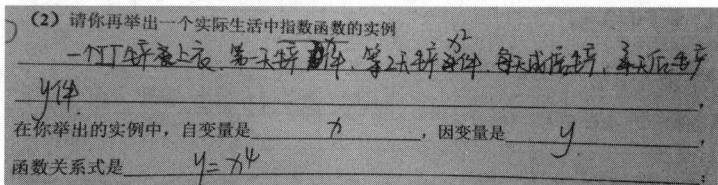

2.3 请你举出一个实际生活中两个变量之间关系不是函数关系的实例，请用函数定义解释一下为什么这两个量之间的关系不是函数关系。（本题满分为 2 分，正确举出实例为 1 分，正确解释理由为 1 分）

2.3 题的得分情况如图 3-15。

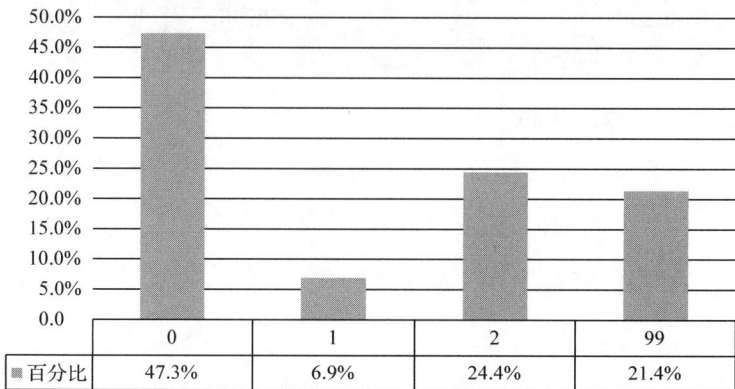

	0	1	2	99
百分比	47.3%	6.9%	24.4%	21.4%

图 3-15 2.3 题的得分情况

典型作答实例如下：

①认为两个变量之间需有明确规律可循，并能写出函数关系式的，才是函数关系。

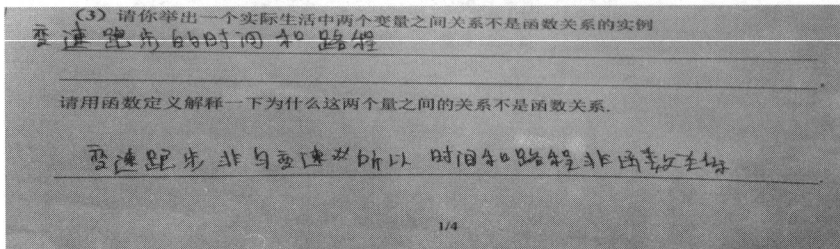

(3) 请你举出一个实际生活中两个变量之间关系不是函数关系的实例

跑步速度的时间和路程

请用函数定义解释一下为什么这两个量之间的关系不是函数关系。

跑步速度非匀速运动所以时间和路程非函数关系

②认为因变量必须是变化的，才能有函数关系。

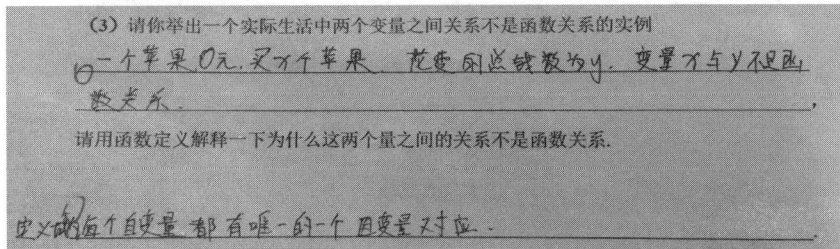

(3) 请你举出一个实际生活中两个变量之间关系不是函数关系的实例

一个苹果0元，买才个苹果 花要用总钱数为y，变量才与y是函数关系。

请用函数定义解释一下为什么这两个量之间的关系不是函数关系。

定义的每个自变量 都有唯一的一个因变量对应。

③混淆自变量和因变量。

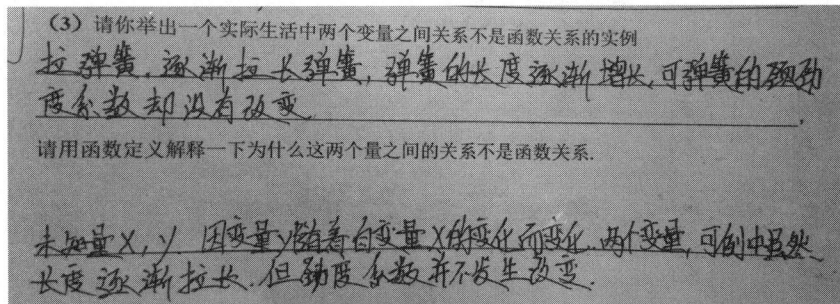

(3) 请你举出一个实际生活中两个变量之间关系不是函数关系的实例

拉弹簧，逐渐拉长弹簧，弹簧的长度逐渐增长，可弹簧的颈劲度系数却没有改变

请用函数定义解释一下为什么这两个量之间的关系不是函数关系。

未知量x，y 因变量y随着自变量x的变化而变化，两个变量，可劲度系数长度逐渐拉长，但劲度系数并不发生改变。

典型题目 3. 北京的出租车价格规定：起步价 13 元，可行 3 千米(含)；超过 3 千米后，按每千米 2.3 元计价，可再行 12 千米(含)；15 千米以后按每千米 3.45 元计价，途中等待时间每 5 分钟按 1 千米行程计价。

(1)假设途中等待时间为 0，请写出车费 y(元)与行车里程 x(千米)之间的关系；

（2）如果现在有人要从三里屯去机场，路程为 25 千米。假设途中等待时间为 0，为了合理地少付车费，是否可以考虑中途原地换车？请你设计一个较优的方案。

本题为实践应用能力维度的典型题目，分为两小题（下面表述为 3.1 及 3.2），第（1）问请学生列出符合题意的分段函数，第（2）问请学生根据特定情况选择最优方案。本题的设置考查了学生使用数学知识解决现实生活问题的实践应用能力。下面对本题每小题的典型作答进行分析。

3.1　假设途中等待时间为 0，请写出车费 y（元）与行车里程 x（千米）之间的关系。（本题满分为 3 分，分别正确列出三个区间的函数表达式各得 1 分。）

3.1 题的得分情况如图 3-16。

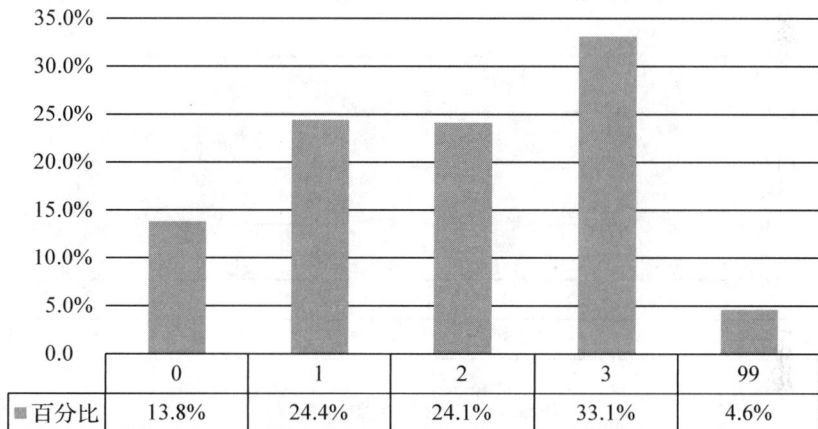

	0	1	2	3	99
■百分比	13.8%	24.4%	24.1%	33.1%	4.6%

图 3-16　3.1 题的得分情况

典型作答实例如下：

①正确作答。

②没有注意到第二段计价基础是 3 千米后。

(1) $\begin{cases} y=13, & x\leqslant 3 \\ y=13+2.3\times3.6, & 3<x\leqslant12 \\ y=13+2.3\times12+3.45(x-15), & x\geqslant15 \end{cases}$

3.2 如果现在有人要从三里屯去机场，路程为 25 千米。假设途中等待时间为 0，为了合理地少付车费，是否可以考虑中途原地换车？请你设计一个较优的方案。（本题满分为 3 分，结论正确为 1 分，分别正确指出两种方案的车费各得 1 分。）

3.2 题的得分情况如图 3-17。

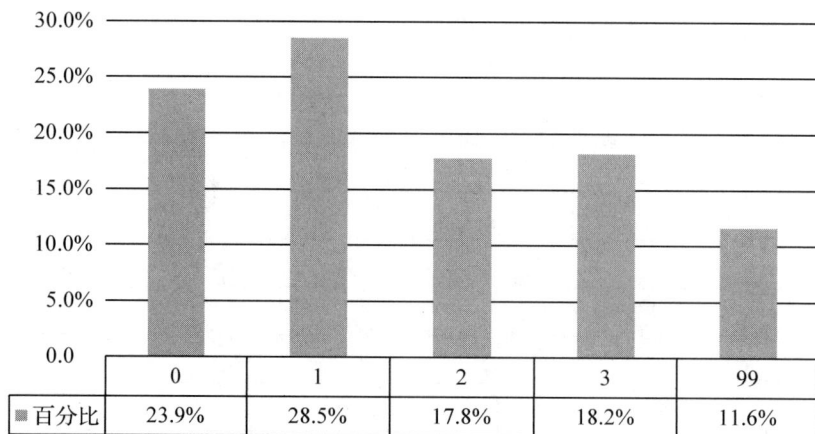

	0	1	2	3	99
■ 百分比	23.9%	28.5%	17.8%	18.2%	11.6%

图 3-17　3.2 题的得分情况

典型作答实例如下：

①正确作答，完整比较 25 千米的两种方案。

②正确作答，只比较后半段路程的两种方案。

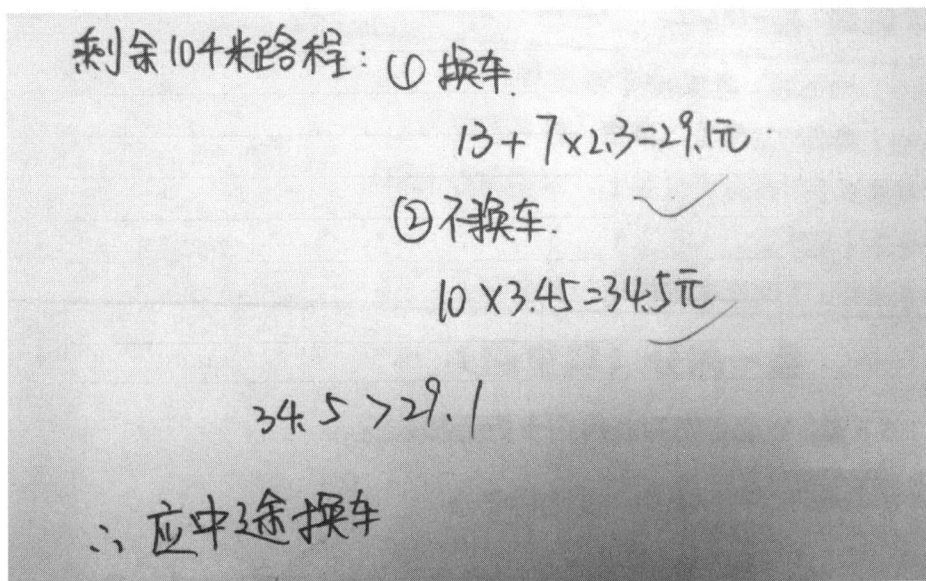

三、猜想探究

典型题目 4. 如图 3-18，在平面直角坐标系中，Ω 是一个与 x 轴，y 轴分别相交于点 A，B，C，D 的定圆所围成的区域(含边界)。若点 $P(x, y)$，点 $P'(x', y')$ 满足 $x \leqslant x'$ 且 $y \geqslant y'$，则称 P 优于 P'。如果 Ω 中的 Q 满足：不存在 Ω 中的其他点优于 Q，那么所有这样的点 Q 组成的集合是劣弧_____。

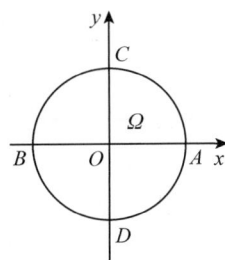

图 3-18

本题为创造迁移能力维度的典型题目，请学生使用题干中的新定义概念解决问题。本题的设置考查了学生对于新定义内容的理解，在新的情境下猜想探究知识点的新证法、新用法的创造迁移能力。下面对本题的典型作答进行分析。

本题满分为 1 分，得分情况如图 3-19。

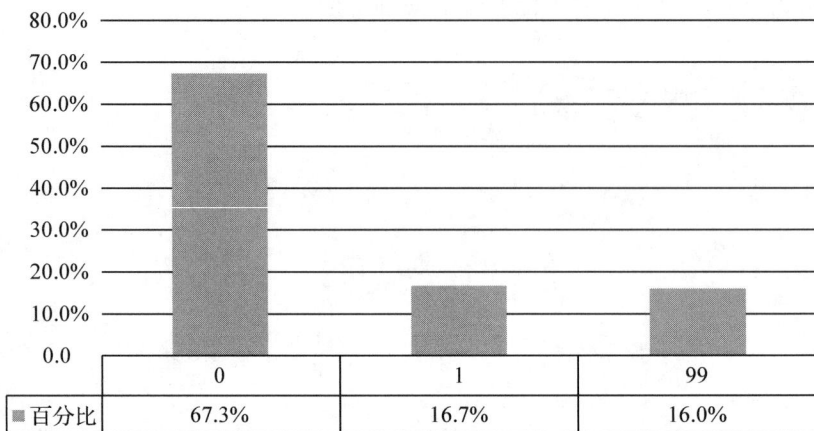

	0	1	99
■百分比	67.3%	16.7%	16.0%

图 3-19　典型题目 4 的得分情况

典型错误作答如表 3-10 所示。

表 3-10　第 4 题典型错误作答

错误类型	学生作答
不理解新定义内容的含义	AD　Ac
"弧"的表达错误	CB
空白	

典型题目 5. 规定一种运算：$a \otimes b = \begin{cases} a, & a \leqslant b, \\ b, & a > b. \end{cases}$ 例如：$1 \otimes 2 = 1$，$3 \otimes 2 = 2$，则

函数 $f(x) = \sin x \otimes \cos x$ 的最大值为_____。

本题为创造迁移能力维度的典型题目，请学生在理解新定义运算的基础上，结合熟悉的三角函数性质解决问题。本题的设置考查了学生对于新定义内容的理解，在新的情境下猜想探究知识点的新证法、新用法的创造迁移能力。下面对本题的典型作答进行分析。

本题满分为 1 分，得分情况如图 3-20。

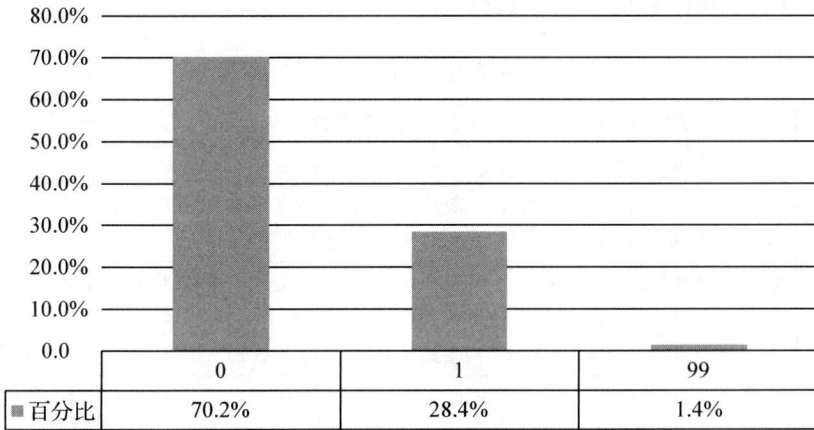

图 3-20　典型题目 5 的得分情况

典型错误作答如表 3-11 所示。

表 3-11　第 5 题典型错误作答

典型错误	学生作答
不理解新定义内容的含义	
空白	

附录1 数学学科能力水平划分

数学学科学习理解能力水平划分

水平	水平描述
水平4	能根据需要正确回忆事实性结论和约定及辨识数学对象；能用数学语言准确描述数学对象的特征，利用数学对象对复杂情境中的现象进行多方面的解释；能在模型、自然语言、图表、数或字母之间等进行转化
水平3	能在较为复杂的情境中回忆事实性知识和约定及辨识数学对象；能用数学语言描述数学对象的主要特征，利用数学对象对复杂情境中的现象进行解释；能用模型、自然语言、图表、数或字母等多种方式表示概念
水平2	能在简单情境中回忆事实性结论和约定及辨识数学对象；能用自己的语言描述数学对象的特征，利用数学对象对简单情境中的现象进行解释；能认识用模型、自然语言、图表、数或字母等表示的概念，并能举出一些实例
水平1	不能在情境中回忆事实性结论和约定及辨识数学对象，或回忆出部分，混淆简单事实性结论、对象；不能描述数学对象或用数学对象对简单情境中的现象进行解释，或描述、解释不完整，有明显错误；不能选择适当的形式表示数学对象，或选用其中的一种方式表达不完整，或不能在不同形式之间进行简单转化

数学学科实践应用能力水平划分

水平	水平描述
水平4	能识别出复杂情境中的数学对象，根据对象的意义、性质判断对象的属性以及与其相关对象之间的联系和区别；能根据问题需要用两种或两种以上的标准对数学对象进行分类；能识别解决具体问题所需要的算法、法则和公式等，并形成相应的模型以解决问题；对结果的意义进行解释，验证解决方法或结果的合理性
水平3	能识别出复杂情境中的数学概念，根据对象的意义、性质判断对象的属性；能根据问题需要自己确定合理的标准对数学对象进行分类；在复杂情境中识别解决具体问题所需要的算法、法则和公式等，并通过列式计算、画出图表等解决问题；能对结果的意义进行解释，能根据意义验证结果的合理性
水平2	能识别出简单情境中的数学概念，并判断对象的属性；能根据标准对数学对象进行分类；在简单的问题情境中识别解决具体问题所需要的算法、法则和公式等，并通过列式计算、画出图表等解决问题；能对结果的意义进行解释
水平1	不能识别出简单情境中的数学对象及不能正确判断对象的属性，或识别的数学对象存在偏差，判断的属性有明显的错误；不能根据给定的标准对数学对象进行分类，或分类过程中出现混乱；不能在简单情境中识别解决具体问题所需要的算法、法则、公式等，或者在运用法则、公式等时经常发生错误；不能对结果的意义进行解释，或解释明显缺乏合理性

数学学科创造迁移能力水平划分

水平	水平描述
水平 4	通过信息的重组，获取解决问题的有效信息，并作出合理的假设与推断；能根据问题情境中的信息提出数学问题；通过分析情境中的数学关系，发现内在联系，构建数学模型，并运用知识、方法等解决非常规问题；能对得到的结果进行讨论，能对解决问题的过程进行评价和推广，能在反思解决问题过程和结果的基础上提出问题
水平 3	能获取给定问题情境中的信息，并作出合理的假设与推断；能根据问题情境中的信息提出简单的数学问题；能通过图表等分析问题情境中的数学关系，能够选择适当的形式表达数学关系，并运用知识、方法等解决非常规问题；能对结果的意义作出解释，能验证结果的合理性
水平 2	能读懂问题情境中的数学信息，从给定的信息中作出简单的假设与推断；能通过举例等验证结果和数学结论；能运用基本策略与方法解决简单的非常规问题；能对解决一类问题的知识与方法进行简单总结和反思
水平 1	不能读懂问题情境中的数学信息，或不能根据问题有效提取问题情境中的数学信息；不能运用知识、方法解决简单的非常规问题，或解决问题的基本策略与方法有明显错误；不能对解决问题中的知识和方法进行评价和简单推广，或评价与推广中有明显错误

第四章

数学学科能力表现的
影响因素研究

第一节　数学学科能力表现的影响因素理论框架

一、学科能力表现的有关研究

学生的学业成就（academic achievement）是教育学领域重要的研究课题之一，学生的学业成就水平不仅表现出学生在教育环境下呈现的学习结果，更代表一个国家在当前教育体制下的育人水平，学业成就是标明一个国家国际竞争力的实质指标。因此关于学生学业成就的研究一直受到全球各国教育领导部门以及教育研究人员的高度重视。

国内近 20 年的基础教育课程改革，通过学科课程标准和中、高考考试大纲等重要文件提出了新课程背景下主要的学科素养和能力培养的要求。2010 年颁布的《国家中长期教育改革和发展规划纲要（2010—2020 年）》中指出："基础教育阶段要提高教育的质量，要求着力培养学生的学习能力、创新能力和实践能力。"在国际上，以美国为例，自 20 世纪 90 年代初期出台了一系列旨在提高学生基本读写能力和科学素养的重要文件之后，这 20 年的学业成就表现研究更多聚焦在学科核心概念发展、核心能力表现的标准和评价方面，如《美国中小学生学科能力表现标准》（《*Performance Standards*》）《美国统一州核心课程标准（草案）》（《*Common Core Standards*》），以及 TIMSS 和 PISA 等大型国际测评都对包括数学、英语、科学等核心学科领域的能力表现提出了系统的标准和要求。近年来，有关学科学业水平的各种考试评价也越来越重视对学科能力的考核。

有关学科能力表现的研究，较多体现在课程及教学法研究、学生学习心理研究以及相关的社会环境分析等方面。学科能力表现是课程及教学的结果，同时也为进一步改进课程结构和教学方法提供了重要的依据，学生在学科能力表现方面呈现出的规律和特征成为相关人员进行教学分析的重要依据。学生学科能力表现及相关心理因素之间的关联研究是了解学生学习心理及过程的重要手段，例如，对学生学习动机、学习兴趣、认知及元认知等心理因素的关联研究，能剖析学生学科能力形成的内在机理。相关社会环境的分析往往通过学生学科能力表现的大数据挖掘，分析不同群体的学生所在的环境对其学科能力表现的影响，这些环境既包括学生的学校环境、家庭环境，也包含特殊群体所处的特殊环境，如单亲家庭、独生子女、留守儿童等。

学科能力表现为学生的学业水平提供了值得量化的、多样的、可参考的数据，可以通过对其和各个相关因素的分析了解学生学科能力形成的原因，并为提高学生的学科能力提供可行的方法和策略。

二、学科能力表现的影响因素研究

学科能力表现的结果为公众呈现了学生已有的学科能力现实状况，是在一定教育教学环境下对学生学习结果的呈现。然而，学科能力表现的研究不仅仅是为了得到这一结果，更重要的是寻找学生能力表现产生的原因。因此，需要思考这些问题，为什么学生的学科能力呈现出如此现状？为什么学生接受"相同"的教育，不同学生却表现出千差万别的学科能力，有些表现甚至迥然不同？是什么导致了这些结果？有哪些内在和外在因素影响学生学科能力出现种种差异？其实这些都属于学科能力影响因素研究的范畴。事实上，真正能为教育决策及教学改进提供直接依据的并不是"实然"的学科能力测评结果，而是造成此"实然"状态的原因，即学科能力影响因素。从这种意义上来说，对影响学生学科能力表现的因素进行探究是非常重要的。影响学生学科能力的因素的研究结果，可作为教师评鉴、绩效考核、学校管理乃至于公众教育决策的依据。

事实上，国内外大型的学业成就测评研究都涉及对相应学业成就测试的影响因素分析。国际著名的学业成就三大测试项目 PISA，TIMSS 和 NAEP，都把影响因素研究作为重要的研究和分析领域。PISA 测评中，影响因素测评是相对独立的一个研究领域，在报告呈现时，影响因素作为重要的组成部分列于其中。TIMSS 测试的研究内容主要包括数学与科学成就、与之相关的影响因素两个部分。数学与科学成就主要是考查学生们对基本概念的掌握以及应用基本概念进行推理的情况。影响因素主要关注学生的学习兴趣、学习态度、学习风格、学习习惯等可能对其学业成就造成影响的相关要素。NAEP测试中关注的学业成就影响因素包括学生的性别、教师的教学经验、学校的类型、学校的环境、父母的教育程度，等等。

因此，学科能力表现研究必然需要对影响学科能力表现的因素进行研究。学科能力表现的影响因素研究是一种"由果索因"的过程，这些研究不仅服务于学生学习及教学本身，更为教育工作者提供了反思和重建教育结构的依据。

三、基于数学学科能力表现的影响因素研究

综观已有学业成就影响因素的研究，鲜有对学生各学科能力的影响因素进行系统研究的成果发布。在我国当前以学科教学为主要形式的背景下，研究具体学科的核心能力的影响因素，能够为具体学科的教学提供更为直接的指导和参考。

作为一般因素探讨的影响因素，有时也会呈现出一定的学科特性，也就是说，某学科能力影响因素对学生学科能力表现的影响具有学科差异性。例如，众多研究表明学习动机是影响学生学科能力的重要因素，因此在理论上讲，在一定范围内，学生学科能力水平会随着学生学习动机的增强而提高，然而事实上，学生的学习动机在不同学科方面具有较大的差异。例如，一位八年级学生的数学能力和英语能力在学校表现都很好，但是通过调查发现，他对数学学习的动机很强，却对英语学习的动机非常弱，通过数据分析，很有可能得到更具有一般意义的类似结果。当然，对于其他因素的学科能力研究可能得到不同或相反的结果。研究表明，自我效能感、对教师的态度、教师的教学方式和教学行为等这些影响学生学科能力的重要因素在一定程度上都有学科特性，因此除了探讨影响学科能力的一般影响因素，还应该在学科的层次上，深入研究影响某个具体学科的学科能力的影响因素。

在对影响学科能力的因素进行分析时，不仅关注不同学科及其教学中的共性因素，更关注学科能力影响因素在学科领域下呈现的特殊性。如不同学科教师的常见教学行为因为学科特点和教学需要可能存在较大差异，一般性因素分析无法

全面考虑或进行区分。如教师领读是英语学科教师的常见教学行为，而在其他学科（特别是理科类学科）中，则几乎看不到这样的教学。又如，组织学生进行实验探究是数学、物理、生物等学科教师的重要教学行为，但这类教学在文科类学科中却很少见。不同的学科具有相应的学科教学特征，不能忽略学科特点而将教学行为等因素一概而论。从更深层和微观的层面来说，学生对某一具体学科的不同内容主题的学习效果也会有一定差异，要探讨产生这些差异的原因，必须深入具体学科的层面进行学科能力影响因素的研究。

深入研究数学学科能力的影响因素对数学教育的解释力、预测力和指导力也具有重要意义。数学学科能力表现的影响因素既具有一般学科的影响因素的共同性，同时又在学科内部表现为较大的差异。研究数学学科能力的诸多影响因素的目的，并不仅仅为了弄清楚有哪些重要的因素影响学生的学科能力，研究结果还应该能够根据学生所受到的影响因素预判学生的学科能力表现，同时能提出指导教师、学校、家长等改善学生能力表现的意见。

第二节　数学学科能力表现的影响因素研究设计

一、研究工具内容框架

为了对学生的数学学科能力影响因素进行较为全面的探索和分析，在各影响因素调查工具的设计时，首先基于大量的文献分析，从中梳理对学生学业成就有重要影响的各因素变量，并将其归类，然后基于数学学科的特征，将各影响因素从学生自我感知的角度进行具体化。结合国内外的已有研究，对数学学科能力表现的影响因素选取了四类因素，分别是学生因素、教师因素、家庭因素以及学校因素。

学生因素重点关注学生的非智力因素（自我效能、动机水平和情感态度）、学习策略因素以及学生的个人特质（性别和性格等）。其中学习策略因素又包括认知策略（精细加工、组织梳理、复习强化）、元认知策略（计划、监控、调节）、资源管理策略（寻求帮助、时间管理、自主参考）。

教师因素重点关注教师的教学方式（讲授教学、探究教学、认知发展教学）、教师教学任务设计（学习理解类任务、实践应用类任务、创造迁移类任务）、师生关系等因素变量，同时也调查了教师的教龄、学历和性别等教师个人特质变量。

家庭因素和学校因素分别基于文献分析选择研究者普遍认为对学生的学业成就有重要影响的因素，进入学科能力影响因素研究。家庭因素主要包括家庭社经地位（父母亲教育程度、父母亲职业、家庭收入）、家庭资源（独立的学习房间和学习桌、与数学有关的课外读本）、家庭社会资本（父母期望，父母参加学校活动、了解子女的学习过程）。学校因素包括学校资源、学校校风和同伴支持。学校资源包括多媒体设备、图书馆中数学课外读本的数量，学校校风包括积极向上、尊师爱生、秩序井然。

数学学科对各级变量的拆解和说明如表 4-1 所示。

表 4-1　数学学科能力影响因素变量拆解与设计

因素类别	二级变量	三级变量
学生因素	个人特质	性别、性格
	非智力因素	学习动机
		自我效能
		情感态度
	学习策略	认知策略，包括：精细加工、组织梳理、复习强化
		元认知策略，包括：计划、调节、监控
		资源管理策略，包括：时间管理、自主参考、寻求帮助
教师因素	教师个人特质	教龄、学历和性别
	教学方式	讲授教学、探究教学、认知发展教学
	教学活动任务设计	学习理解类任务
		实践应用类任务
		创造迁移类任务
	师生关系	民主、和谐、宽松
家庭因素	家庭社经地位	父母亲教育程度、父母亲职业、家庭收入
	家庭资源	独立的学习房间和学习桌、与数学有关的课外读本
	家庭社会资本	父母期望，父母参加学校活动、了解子女的学习过程
学校因素	学校资源	多媒体设备、图书馆中数学课外读本的数量
	学校校风	积极向上、尊师爱生、秩序井然
	同伴支持	同伴帮助、同伴监督
其他因素	每周课时数、课外作业时间、课外辅导时间、作业量、作业难度	

二、研究工具问题设计

基于研究工具的内容框架，本研究设计了相应的调查工具，调查工具的问题设计从学生能够感知的视角出发，选择了相应学习阶段比较外显的和能够被学生理解的学习或教学表述进行设计。在某个具体的影响因素下，存在能够支撑该因素的一系列问题，来代表各因素变量呈现的情况。以下对各个因素的理解及相应设计的问题进行分析。

(一)学生因素

1. 非智力因素

(1)学习动机

学习动机水平量表是通过测查学生学习内驱力的大小来表征其学习动机的水平。由于内驱力是一个内在的心理变量，无法直接观察和测量，因此，需要通过一定的外化手段使之显化体现。内驱力由诱因引发，并具有转化成外显行为的可能性，同时也是驱动行为产生、维持行为进行的潜在内部力量。学习动机中内驱力的大小不同，其产生的学习外显行为也会不同。一般来说，学习内驱力强度大，学生往往会采取主动、积极的学习行为，且通常持续时间较长，反之，如果学生的学习内驱力强度小，学生通常会采取消极被动的学习行为。基于此，研究构建了包括消极、被动、主动、积极、创造性这 5 个动机水平的学习动机水平层级，根据这一理论层级结合具体学科的学习实际情况，描述学生在各学科学习的行为表现，具体化为各学科的学习动机水平量表。数学学科开发的数学学习动机水平测查量表如表 4-2 所示。

表 4-2　修订后的数学学习动机水平测查项目

数学学习动机 水平层级	对应测试项目
水平 1：消极的数学学习	37. 一提起数学我就头痛，不管谁要求或劝说，我都不愿意学数学 38. 我在数学课堂上几乎不听讲，而是学习其他科目或睡觉
水平 2：被动的数学学习	39. 我不愿意花额外的时间在数学学习上面 40. 我只完成数学老师布置的数学作业 41. 我发现我学习的数学课程并不是非常有趣，因此只做到及格就行 42. 在数学课讨论活动中，我不愿意自己思考和参与讨论，只等着大家的讨论结果 43. 课下我很少主动学习数学 44. 当数学与其他学科或活动的时间有冲突时，我会放弃学习数学
水平 3：主动的数学学习	28. 在数学课堂上小组交流讨论活动中，我能提出自己的观点 48. 我带着我想弄明白的问题进入数学课堂 46. 我会自己定期归纳、整理以前学过的数学知识

续表

数学学习动机 水平层级	对应测试项目
水平4：积极的数学学习	50. 我使用有关策略以学好数学 51. 我主动投入很多时间学习数学 53. 我花费很多业余时间去了解一个数学公式或定理的实际应用 74. 我对学习数学和准备考试很有计划性，并且能够按照计划执行
水平5：创造性的数学学习	56. 我很善于创造性解决一些数学开放性问题 57. 我在数学学习中能对一些数学问题的解决提出自己的见解 58. 我为将来能成为数学家或从事数学有关研究，不懈努力地学习数学 59. 我用所学的数学知识解决实际生活问题

（2）自我效能

自我效能感（Self-Efficacy）概念是 Bandura 针对行为主义学派仅重视环境决定论的狭隘论点，融合认知理论提出的一个理论概念，将人类的学习历程作了更完善的阐释。Bandura 对自我效能的概念不断修订完善，最终将其界定为"人们对其组织和实施达成特定成就目标所需行动过程的能力的信念"。学生的学习自我效能感可能会影响学生学习的努力程度、认知投入、学习策略的运用以及学习的坚持性，进而影响学生的学业成就。关于学业成就影响因素的研究中，自我效能感是备受关注的一个因素变量。张学民，林崇德等[1]综述已有研究认为，个体学业成就与自我效能感之间联系密切，如图4-1所示。学生过去的成就高低会对其自我效能感和成就目标产生直接影响，学生的自我效能感会直接影响其成就目标、分析策略和学生未来的成就状况。另外，学生的成就状况又反过来影响其自我效能感，整个影响系统构成一种循环且互为因果的关系。

关于学科自我效能感的测查项目主要是在一般自我效能感量表（General Self-Efficacy Scale，GSES）[2]的基础上，结合各学科的学习任务类型和基本要求改编

① 张学民，等．动机定向、成就归因、自我效能感与学业成就之间的关系研究综述[J]．教育科学研究，2007(3)：48-51.

② Schwarzer，R. & Aristi B. Optimistic self-beliefs：Assessment of general perceived self-efficacy in Thirteen cultures[J]. *World Psychology*. 1997，3(1-2)：177-190.

而成。

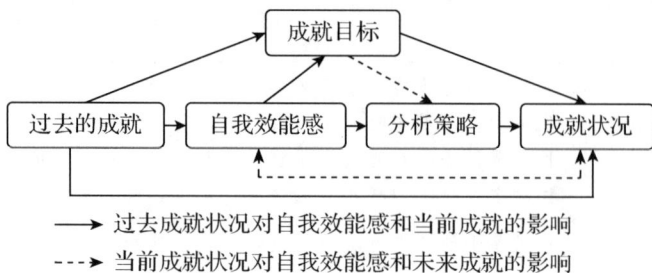

图 4-1　学生成就状况与自我效能感的关系图

例如，在对学生的数学学习的自我效能进行测查时，项目设计包括以下几个问题：我自信我会在统计概率学习方面做得很好；我相信我能掌握数学的核心知识，提高数学学习能力；不论数学内容简单或困难，我都有把握能够学会；如果我付出必要的努力，我一定能解决大多数的数学难题；我能冷静地面对数学难题，因为我信赖自己解决数学问题的能力。

(3)情感态度

学生学习过程中的情感体验以及对学习的态度既是学习的结果，又是参与学习过程的重要因素，因此学生对学习的情感态度既是课程目标的重要组成部分，也是学生学科能力的重要影响因素。

本研究依据数学学科课程目标对情感态度的要求设计情感态度因素变量相应的测查项目。例如，在对数学学习态度的项目设计时，会兼顾数学课程目标对数学学习态度的要求，针对数学学习中学生能够体验的学习情感态度进行问题设计。这些项目包含以下类型的问题：我很善于创造性解决一些数学开放性问题；我在数学学习中能对一些数学问题的解决提出自己的见解；我用所学的数学知识解决实际生活问题；我为将来能成为数学家或从事数学有关研究，不懈努力地学习数学；我对如何利用数学知识解决实际生活问题很好奇；数学课程很有趣；数学是一门简单的学科；我相信我能学好数学。

2. 学习策略

学生的学习策略是学科能力表现影响因素中的重要部分，对学生学习策略的分析主要依据马克卡尔（Mckeachie）完善的通用学习策略体系，把学习策略分为认知策略、元认知策略和资源管理策略三个方面，并具体到二级维度，在此基础上进而分析学生的数学学科学习策略。

从1956年布鲁纳聚焦"认知策略"以来，有关学习策略的研究不断完善和发展，经历了由认知任务→通用学习策略→学科学习策略的历程，期间，元认知策略进入学习策略研究系统并成为核心对象，以语言学习为代表的学习策略成为了学科策略研究的主要方面。有关数学学科的学习策略研究较多局限于对通用学习策略的分析，较少深入学科内部考查各种学习策略的影响和关系。在通用学习策略的基础上，保留了一级维度，而对二级维度进行了筛选和细化，选择对数学学科能力表现具有研究价值的因素进行分析。

认知策略指的是学生在学习中，获得有关的知识、技能、方法、能力等的认知过程或一系列认知方法。依赖于认知心理学的学习原理，学生的认知策略更倾向于研究学生在学习过程中对知识本身的认知加工过程，针对不同的学科，学生的认知加工过程具有较大的差异性，研究中选取了精细加工、组织梳理、复习强化三个层次作为认知策略的二级维度。元认知策略被认为是学生在学习过程中监控、调节、管理认知过程的学习方法，与认知策略不同，元认知策略更倾向于分析学生的自我学习调控策略，选择了计划、监控、调节三个元认知策略作为元认知策略的二级维度。资源管理活动虽然不是以数学学习作为直接的作用对象，但却是作为数学学习的重要辅助和支持活动，因此也是重要数学学习活动系统的构成之一。资源管理策略更倾向于对学习环境和周围人际关系的调配方法和策略，包括同学、教师或家长的帮助，对学校教室、图书馆、实验室的利用和支配，以及对学习时间的管理和分配等。选择了寻求支持、时间管理、自主参考三个方面作为元认知策略的研究维度。例如，当学生弄不清楚一个数学概念时，他会找老师或同学来讨论，请父母或老师帮忙准备数学探究活动的相关材料等属于寻求他人支持；充分利用课外时间扩展自己的数学知识面、主动协调数学与其他课程的学习时间属于时间管理利用；在家里利用计算机等设备搜寻信息、验证自己的数学判断，通过自己购买数学课外辅导书来帮助强化数学学习结果等属于自主参考。

(二)教师因素

1. 教学方式

教学方式是指为了达到一定教学目的，落实教学内容，运用教学手段而进行的，由教学原则指导的一整套方式组成的、师生相互作用的活动。教学方式不是具体的教学策略、方法或技术，而是对教学结果具有决定性影响，对人的发展具有战略意义的方法和形式。其既包括观念性的方式，也包括其与物质相结合的技术性的方式。方式相对于方法来说，相对比较稳定，具有一定的概括性，是方法、形式、手段等的综合。本研究主要关注教师在教学中使用的讲授方式、探究教学方式以及认知发展教学方式，具体测查题项的设计结合了数学学科教师使用各种教学方式的典型行为进行表述。

讲授是指教师通过教学语言有组织、系统地为学生讲述事实、阐释概念、说明数学知识和思想方法的教学行为。一般表现为教师通过言语让学生识记所学知识，如本次测查的问题：数学老师让我们记忆重要的概念、定理和公式，数学老师引导我们用以前学过的知识说明论证新学知识点。探究教学方式是以组织学生进行科学探究为主一系列师生相互作用的教学活动。数学探究教学方式中具体的教学活动包括：数学老师引导我们提出自己的观点；数学老师引导我们就某个问题进行解释讨论，数学老师在课堂上设置了一些让我们独立思考的问题，数学老师在课堂上尽量将所教内容与我们的生活实际相联系，数学老师注重让我们利用新学的数学知识解决实际问题，等等。认知发展教学方式是在著名心理学家让·皮亚杰提出的认知发展理论的基础上建立的教学方式，教学中通过教师引导，帮助学生在已有知识和经验的基础上通过图式、同化、顺应、平衡等阶段，逐步建立认知系统的过程。本次调查中设置的问题，如老师非常重视给我们课堂上表达自己观点和认识的空间和时间；老师在课堂上安排的学生活动非常符合我们的认识发展顺序，层层深入；老师组织我们对一些疑问、不同的观点进行重点讨论；老师试图弄清楚我们心里的真实看法和想法，如进行追问和访谈。认知发展教学方式体现了对学生认知系统的建构过程，是学生的学科能力的重要影响因素。

2. 教学活动任务设计

教学活动是为了激发学生学习的内部过程，由教育工作者精心安排和组织的一系列外部活动。如何设计安排教学活动任务，才能有效地帮助学生达成预期的学习目标，是教师教学设计要重点考虑的核心问题。建构主义学习理论认为，教师是学生学习团队中的一员，其任务主要是为学生的学习提供支持，这也是本研究理论构建的一个方面。因此，本研究中教师的数学教学活动任务设计主要是教师为驱动学生的数学认知活动而设计的一系列任务。

教师在数学教学中设计的教学活动任务对学生的数学学习中的认知活动具有较为直接的推动作用。教师想让学生在数学课堂中进行什么样的认知活动，就需要设计相应类型的教学活动任务。因此，本研究中对数学教学活动任务的设计这一变量从三个方面进行表征：一是学习理解类任务；二是实践应用类任务；三是创造迁移类任务，这三类教学活动任务的设计意在驱动学生进行三类数学认知活动。

例如，数学老师让我们记忆重要的数学概念、定理和公式，数学老师会在不同阶段概括整理所学知识之间的联系，引导我们形成系统化的认识，数学老师引导我们用以前学过的数学知识说明论证新学知识点等，这一类活动为学习理解类任务；数学老师引导我们提出自己的观点，数学老师引导我们就某个问题进行解释讨论，数学老师在课堂上设置一些让我们独立思考的问题等，这一类活动为实践应用类活动；数学老师在讲课时尽量将所教内容与我们的生活实际相联系，数学老师鼓励我们猜想并通过各种方法验证猜想或得到结论，老师鼓励我们用不同的思路解决问题等，这一类活动为创造迁移类活动。

3. 师生关系

师生关系是指教师与学生在教学活动中结成的相互关系，包括师生彼此所处地位、作用和态度等，构建师生之间良好的相互关系对成功高效的教育教学活动是极为必要的保证。教师在营造良好师生关系中起主要作用。本研究中考察的师生关系包括民主、和谐和宽松三个方面。

(三)家庭因素

学生的学习固然主要发生在学校中，但家庭也是学生学习期间的重要活动场所，因此家庭支持对学生在校学习效果也会产生影响。研究选择已有研究普遍认可的对学生学业成就有显著正向影响的因素进行研究，主要包括家庭社经地位（父母亲教育程度、父母亲职业、家庭收入）、家庭资源（独立的学习房间和学习桌、与数学有关的课外读本）、家庭社会资本（父母期望，父母参加学校活动、了解子女的学习过程）。

家庭社经地位变量通过学生父母的教育程度以及家庭收入情况来反映。父母的教育程度包括：(1)没有上过学；(2)小学文化；(3)初中文化；(4)高中(职高)文化；(5)大专毕业；(6)本科毕业；(7)研究生毕业，共七个水平，分别计1～7分，教育程度越高，计分越高。家庭收入情况以父母月收入之和来计算，分为：(1)20 000元以上；(2)10 000～20 000元；(3)5 000～10 000元；(4)3 000～5 000元；(5)3 000元以下，共5个水平。分别计5～1分，收入越高，计分越高。

(四)学校因素

有研究者将教师作为学校因素系统的一个子因素，但是认为教师因素与学校因素系统中的其他因素相比，其与学生学科能力的关系更为直接和密切，且与具体学科联系紧密，具有一定的学科特质，因此将教师因素单独拿出来，作为教师支持因素。研究中所指的学校支持主要包括：学校资源、学校校风和同伴支持三个方面，这三个方面在已有研究中被普遍认为与学生学业成就有显著影响。站在不同的具体学科的研究立场上，学校因素的这三个子变量的题项设计也略有变化。

数学学科能力表现的影响因素问卷中，学校资源包括：多媒体设备、图书馆中数学课外读本的数量。学校校风包括积极向上、尊师爱生、秩序井然。同伴支持则包括在数学学习方面，我有几个志趣相投的朋友；在数学学习中，我跟同学会互相监督，互相帮助，等等。

(五)其他因素变量

研究中还涉及了每周课时数、课外作业时间、课外辅导时间、作业量、作业难度等因素变量。具体题项如：你们每周上几节数学课？你平均每天课外完成数学作业时间是多少？你每天课外主动学习有关数学内容的时间是多少？你每周家教补习数学或参加课外数学辅导班的时间大概有多少？数学作业的难易情况。

每个其他因素变量有一系列问题支撑，同样作为二级因素进行分析，这些因素既是对上述因素的补充，也是对影响学生数学能力表现的未知因素的探索。

三、调查工具信度、效度分析

(一)因素变量测查工具的修订和质量评价的主要过程

由于学习动机测查工具的开发是 IRT 理论 Rasch 模型，因此学习动机测查工具的修订是基于 Rasch 模型的要求，对这一数学学习动机水平量表的质量进行一系列检验，包括量表总体情况分析、怀特图、单维性检验、项目 measure 值、气泡图、项目特征曲线等。检验结果表明，数学学习动机水平量表比较理想，符合测查工具的基本要求，可以用于数学学习动机水平的测查研究。

其他因素变量测查工具的修订和质量评价主要有以下过程。

首先通过专家效度和分维度科隆巴赫 α 信度分析对各变量测查项目进行初步筛选，继而对筛选出的项目进行因子分析，因子分析可以确定测查工具能够测量到的理论构念或特质的程度，同时是对测查工具建构效度的较为严格的检验[1]，即通过因素分析可以明确研究中所列题项是否能够测量出研究者想要测量的变量。本研究基于试测对各观察变量进行因素分析后，确定最终进入实际测查及结果分析的题项。

研究还对各变量测查工具进行收敛效度的分析。收敛效度(convergent validity)检验是检验各观察指标所测量的潜在特质是否是相同的潜在特质。

例如，探究教学方式因素分析结果如表 4-3 所示。

---

① 王保进 . 英文视窗版 SPSS 与行为科学研究[M]. 北京：北京大学出版社，2007.

表 4-3　教师教学方式因子分析结果

题项	内容	因子负荷
Q123	数学老师引导我们提出自己的观点	0.906
Q124	数学老师引导我们就某个问题进行解释讨论	0.907
Q125	数学老师在课堂上设置一些让我们独立思考的问题	0.889
Q126	数学老师在讲课时尽量将所教内容与我们的生活实际相联系	0.809
特征值（Eigenvalue）：3.088 累积解释变量（Cumulative %）：77.203 方法（Extraction Method）：主成分分析（Principal Component Analysis）		

从上表可以看出，各因子的因子负荷均在 0.8 以上，说明以上几个因子对学业成绩的解释比较具有说服力。

表 4-4　教学方式测量模型的收敛效度检验适配指标摘要

适配指标	讲授教学
卡方自由度比值	1.344
RMSEA 值	0.000
AGFI 值	0.997
GFI 值	1.000
NFI 值	1.000
指标变量因素负荷	皆大于 0.5
个别变量的信度系数（R^2）	皆大于 0.5
适配判断	理想

上表表明修正的讲授教学方式测量模型与样本数据可以契合，修正模型收敛效度总体比较理想。

(二)各因素变量测查题项分布及质量检验结果

经过两轮试测及修订，数学学习活动系统各因素变量具体的测试题项分布如表 4-5 所示。

表 4-5 各因素变量测查工具的总体情况

因素类别	二级变量	三级变量	题目数量	因子负荷	Cronbach's Alpha 值
学生因素	个人特质	性别、性格	3	—	—
	非智力因素	学习动机	24	0.628~0.865	0.904
		自我效能	5	0.787~0.884	0.916
		情感态度	8	0.687~0.811	0.890
	学习策略	认知策略	9	0.723~0.825	0.834
		元认知策略	9	0.778~0.878	0.897
		资源管理策略	9	0.700~0.820	0.821
教师因素	教师个人特质	教师教龄、教师学历、教师性别	5	—	—
	教学方式	讲授教学、探究教学、认知发展教学	9	—	0.923
	教学活动任务设计	学习理解类	4	0.666~0.839	0.913
		实践应用类	4	0.661~0.837	
		创造迁移类	4	0.691~0.783	
	师生关系	民主、和谐、宽松	5	0.835~0.891	0.788
家庭因素	家庭社经地位	父母亲教育程度、父母亲职业、家庭收入	4	0.822~0.832	—
	家庭资源	独立的学习房间和学习桌、与数学有关的课外读本	4	0.780	0.742
	家庭社会资本	父母期望，父母参加学校活动、了解子女的学习过程	4	0.667~0.802	0.705
学校因素	学校资源	多媒体设备、图书馆中数学课外读本的数量	5	0.587~0.845	0.734
	学校校风	积极向上、尊师爱生、秩序井然	5	0.879~0.898	0.877
	同伴支持	同伴帮助、同伴监督	5	0.813~0.883	0.845
其他因素	周课时		2		
	课外作业时间		3	—	—
	课外辅导时间		3	—	—
	作业量		2	—	—
	作业难度		3	—	—

四、调查实施及数据分析

对于数学学科能力表现的影响因素研究伴随着数学学科能力测评工作同步进行，每一次进行学科能力测试后，都会按照以上影响因素框架进行调整和改善，有针对性地对学科能力测评进行研究和分析。和学科能力测评类似，每一次测量工具的开发和调整都经历了较长的研发周期，并通过"微测试""发声测试"以及相应的专家调研，对测试工具进行修改。现今研究数据的收集经历了三次较大规模的区域测评过程，涉及学生超过 3 万人次，在收集完数据后及时有效地剔除了不良数据，使得研究更加有效、可信。

数据的处理包括常规的数据整理及处理，包括分类、转换、去噪等过程，同时也包含大量统计分析类处理，如描述性分析、相关性分析、因子分析、方差分析以及结构方程分析等。

这些分析依赖于先进的统计分析软件，如 SPSS，Conquest，Winsteps 等及其附加模块，在分析的过程中，为达到不同的目的，软件的使用较为灵活，同时也会通过其他统计软件对结果进行校验和佐证。数学能力表现的影响因素分析结果是依赖于统计分析数据的解释和说明，是基于大数据分析的基础上得到的教育结论，从数据上得到的一些观点，仍需要在现实教育教学中得到证实。

第三节 学科能力表现的主要影响因素分析

一、非智力因素与数学能力表现的关系分析

对于影响学生数学能力表现的非智力因素，主要通过相关分析及回归分析对其和数学能力的关系进行研究，目的在于分析三种因素对数学能力的影响效果，并对此进行比较。

（一）非智力因素与数学能力表现的相关性分析

下表表示三种非智力因素和数学能力及三个二级能力维度的相关性。

表4-6 学生非智力因素与数学能力表现的相关分析

学生非智力因素	总能力	学习理解能力	实践应用能力	创造迁移能力
学习动机	0.266**	0.279**	0.234**	0.228**
自我效能	0.281**	0.253**	0.257**	0.255**
情感态度	0.250**	0.257**	0.217**	0.216**

注：**表示在 Sig.＝0.05 的水平上具有显著性。

从表4-6可以看出，三个非智力因素对学生学科能力的影响都表现为显著的影响水平，说明学生的学习动机、自我效能和情感态度对学生的成绩都有比较明显的相关关系；各个影响因素表现的差异性不大，其中自我效能与学生学科能力的关系比较紧密，情感态度较低，在与学生的数学能力相关性方面，自我效能＞学习动机＞情感态度。

表4-6数据显示，学习动机与学生的数学能力及二级能力在统计学意义下都显著正相关，说明学习动机是影响学生数学学科能力的重要因素变量，数学学习动机水平高的学生更容易获得较高的数学学科能力。相对于其他因素，动机水平的整体相关性表现不是很高，说明学生的学习动机相对于其他非智力因素并不位于主要因素，其对学生学科能力的影响较弱。对于学科能力的三个层次，动机水

平在学习理解方面表现突出，明显高于其他两个非智力因素，学习动机强的学生在学习理解方面会获得较好的成绩，或者是学习理解方面较强的学生具有较强的学习动机，而在实践应用和创造迁移方面，动机水平表现一般。

表 4-6 数据显示，自我效能与学生的数学能力及二级能力在统计学意义下都显著正相关，说明自我效能感是影响学生数学学科能力的重要因素变量，学生对数学学习的自我效能感越高，越容易获得较高的数学学科能力。相对其他因素，自我效能感具有更强的相关性，说明对于数学学科，学生的自我效能感与学科能力表现的相关性比较显著，学习较好的学生呈现出较高的自我效能感，或者自我效能感较强的学生能获得更好的学习成绩。对于学科能力的三个层次，自我效能感在 B 层次（实践应用）方面有最好的相关性，而在 A 层次（学习理解）和 C 层次（创造迁移）方面表现一般，说明自我效能感与学生成绩的相关性有所侧重，偏向于实践应用层次学科能力的影响。

情感态度与学生的数学能力及二级能力在统计学意义下都显著正相关，说明情感态度是影响学生数学学科能力的重要因素变量，在学习数学上有积极向上的良好情感态度和有愉悦体验的学生更容易获得较高的数学学科能力。相对于其他因素，情感态度的整体相关性表现比较低，说明学生的情感态度相对于其他非智力因素并不位于主要因素，其对学生学科能力的影响弱于自我效能以及学习动机。对于学科能力的三个维度，情感态度在学习理解、实践应用和创造迁移三个方面一般都明显低于其他三个非智力因素，说明学生对数学的爱好程度以及对数学课的爱好程度与其学科能力成绩相关关系相对较弱。

(二)非智力因素与数学能力表现的回归分析

对影响学生数学能力的三个非智力因素进行回归分析，结果如下表所示。

表 4-7　学生非智力因素回归分析结果

Model	R	R Square	Adjusted R Square	Std. Error of the Estimate
1	0.296[a]	0.088	0.086	0.762 015 9

注：a. Predictors：(Constant)，非智力情感态度，非智力自我效能，非智力学习动机。

表 4-8　ANOVA[b]

ANOVA[b]					
Model	Sum of Squares	df	Mean Square	F	Sig.
1　Regression	156.654	3	39.163	67.445	0.000[a]
Residual	1 633.420	2 813	0.581	—	—
Total	1 790.073	2 817	—	—	—

注：a. Predictors：(Constant)，非智力情感态度，非智力自我效能，非智力学习动机；

b. Dependent Variable：Score。

表 4-9　Coefficients[a]

Coefficients[a]						
Model	Unstandardized Coefficients		Standardized Coefficients	t	Sig.
	B	Std. Error	Beta		
1　(Constant)	−0.903	0.076	—	−11.946	0.000
非智力学习动机	−0.027	0.042	−0.025	−0.632	0.528
非智力自我效能	0.115	0.026	0.125	4.511	0.000
非智力情感态度	0.089	0.027	0.092	3.253	0.001

注：a. Dependent Variable：Score。

其中，Sig. 值是回归关系的显著性系数，学生非智力因素对学生数学学科能力的回归分析中，总体的 Sig. 值＝0.000，说明总体的回归分析具有显著性。自我效能的 Sig. 值＝0.000，情感态度的 Sig. 值＝0.001，都小于 0.05，说明回归关系具有统计学支持；动机水平的 Sig. 值＝0.528，大于 0.05，说明回归关系不具有统计意义。

根据回归分析可以看出，学生的非智力因素 3 个变量中，对学生学科能力影响最大的是自我效能(Beta＝0.125)，其次是情感态度(Beta＝0.092)，对学生数学学科能力影响最小的非智力因素是学习动机(Beta＝−0.025)。

与相关性分析相比较，发现近乎一致的结果，尽管三种非智力因素都对数学能力表现有较为显著的影响，然而三种非智力因素对数学能力影响的效果差别较大，自我效能是影响学生数学能力表现的重要非智力因素，而学习动机整体呈现较为复杂的不确定性，对学习动机需要进行更加细致的分析。

二、教师因素与数学能力表现的关系分析

（一）教师个人特质与数学能力表现的相关分析

对教师的学历、性别和教龄三种个人特质和学生数学能力的表现的关系进行了分析，采用相关分析方法，如下表所示。

表 4-10　教师个人特质对学生数学能力表现的影响

教师个人特质	总能力	学习理解能力	实践应用能力	创造迁移能力
教师学历	0.163**	0.032**	0.162**	0.185**
教师性别	−0.145**	−0.032**	−0.151**	−0.166**
教师教龄	−0.039	−0.037	−0.040	−0.034

由表 4-10 数据可以看出，三种教师个人特质因素中，教师学历和教师性别对学科能力的相关关系较为显著，教师学历与学生的学科能力呈正相关关系，而教师性别与学生的学科能力呈负相关关系。教师的教龄与学生的学科能力相关性不显著。教师学历和性别与学科能力的相关性能呈现出因果关系，随着教师学历的提高，学生的学科能力水平也逐步提高。教师的性别对学科能力的影响也较为显著，通过均值比较，男性教师的学生的学科水平一般优于女性教师。在学科能力三个维度上的影响方面，教师学历与学生学科能力都呈现正相关，教师性别与学生学科能力都呈现负相关。基于调查中对该类影响因子的调查数据，下面通过统计图表对不同教师因素下学生的学科能力给予说明。

1. 教师学历与所教学生的数学能力表现的关系

图 4-2 分析了随着教师学历的提高，学生在数学能力及三个维度能力方面的表现。

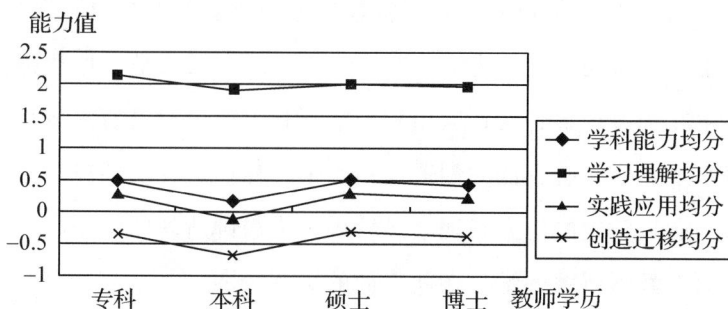

图 4-2　教师学历与学科能力关系

从图 4-2 可以看出，教师学历对三个能力水平的影响表现具有一致性，呈现相同的变化趋势。一般条件下，随着教师学历的增加，学科能力水平呈现上升的趋势。从图中可以看出，专科学历数学教师所教的学生的学科能力略微高于本科学历数学教师所教的学生，硕士学历数学教师所教的学生的学科能力略高于博士学历数学教师所教的学生，但专科学历和博士学历的数学教师样本数相对较少，本科学历和硕士学历的数学教师样本数较大，本科和硕士之间的变化能说明学历和学科能力的正相关性。

2. 教师性别与所教学生的数学能力表现的相关关系

如下表所示，对不同性别教师所教的学生在不同数学能力维度方面的表现进行均值分析，呈现出整体方面和不同年级方面这种关系的差异。

表 4-11　不同性别教师因素下学生各层次学科能力均值比较

教师性别	数学能力表现	均值
男性	数学能力	0.417 937
	学习理解	1.985 724
	实践应用	0.200 66
	创造迁移	−0.388 51
女性	数学能力	0.168 501
	学习理解	1.911 901
	实践应用	−0.118 69
	创造迁移	−0.664 24

从表 4-11 中可以看出，男性教师所教学生的数学能力的均值为 0.418，女性教师所教学生的数学能力均值为 0.169，相差较大。无论是男性教师还是女性教师，所教学生在学习理解、实践应用和创造迁移方面表现具有一致性，具有较高的学习理解水平，而具有较低的创造迁移水平。然而，在实践应用方面，男性教师和女性教师所教学生的能力表现差异较大，男教师所教的学生具有更强的实践应用能力，而女教师所教的学生在此方面的表现较弱。

为了进一步分析这种差异是否存在阶段性变化，分析了八年级～高三年级教师性别特征及其所教学生的能力表现，如表 4-12 所示。

表 4-12　不同年级不同性别教师所教学生的数学能力均值比较

年级	教师性别	Mean	Std. Deviation
八年级	男性	0.459 721	0.817 670 3
	女性	0.074 950	0.876 592 6
九年级	男性	0.267 934	0.875 667 3
	女性	0.083 882	0.853 934 6
高一年级	男性	0.480 352	0.612 318 3
	女性	0.165 928	0.675 242 8
高二年级	男性	0.264 996	0.812 218 8
	女性	0.047 116	0.729 777 7
高三年级	男性	0.859 548	0.666 782 3
	女性	0.548 053	0.649 355 5

通过表 4-12 的比较，可以看到随着年级的变化，男性教师所教学生的学科能力水平一般都优于女性教师，同一年级内教师所教学生的数学能力方差大致相同，而不同年级间教师所教学生的数学能力方差差别较大，说明即使组间存在较大的差异，教师的性别仍然对学生的数学能力表现产生了较大的影响。

3. 教师教龄与所教学生的数学能力表现的相关关系

对不同教龄教师所教的学生在不同数学能力维度方面的表现进行均值分析，呈现出不同教龄的教师及其所教学生的数学能力方面的表现，如图 4-3 所示。

能力值

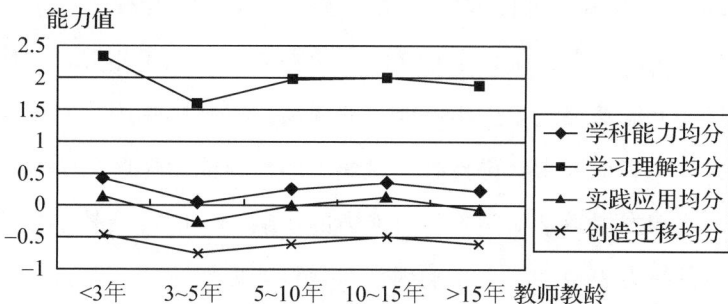

图 4-3　教师教龄与学科能力关系

结合相关性分析及以上折线图，可以看出，教师的教龄与学生的学科能力水平呈现不显著的负相关关系。教师教龄小于 3 年的情况下，其学生呈现较强的数学能力表现，而 3～5 年教龄的教师所教的学生，相比前一阶段大幅下降，随着 5 年后的教龄的提高，在教师任教后的 5～15 年内，教师的教龄和所教学生的数学能力呈现显著的正相关性，说明在一般情况下，"成熟教师"具有的教学经验稳定并成熟后，能够比"新手教师"更能带动学生的数学能力提高。然而，在教师教龄大于 15 年后，所教学生的数学能力与前一阶段相比，呈现下降的趋势，我们猜测这可能反映出"老教师"的职业倦怠及教学动力减弱，对学生的数学能力发展产生了负面影响。

（二）教师教学方式与数学能力表现的关系分析

对教师的不同教学方式和学生在不同数学能力维度方面的表现进行相关性分析，结果如表 4-13 所示。

表 4-13　教学方式与学生数学能力表现的相关分析

教学方式	总能力	学习理解能力	实践应用能力	创造迁移能力
讲授教学	0.160**	0.149**	0.142**	0.145**
探究教学	0.143**	0.154**	0.119**	0.122**
认知发展教学	0.141**	0.142**	0.123**	0.122**

从表 4-13 可以看出，讲授教学、探究教学、认知发展教学对学科能力的相关关系都较为显著，三者在统计学意义下与学科能力呈现正相关，说明三种教学方式在不同程度上能够促进学生学习能力的提高，三种影响因子对学生的学科能力影响显著。对比其他因素，讲授教学对学生的学科能力影响较为显著，明显高于探究教学和认知发展教学对学生学科能力的影响，说明讲授教学方式下的学生具有更好的学科能力表现。三个影响因素对学科能力影响方面，讲授教学＞探究教学＞认知发展教学，三者对学生学科能力的影响具有因果关系，学生的数学能力表现受到三个方面的影响。

表 4-13 数据显示，讲授教学与学生的数学学科总能力及各维度能力在统计学意义下都显著正相关，说明讲授教学是影响学生数学学科能力的重要因素变量，讲授教学方式下的学生更容易获得较高的数学学科能力。对比其他因素，讲授教学对学生能力的影响相对较高，显著高于探究教学和认知发展教学。在学科能力的二个层次方面的影响上，讲授教学方式除了对学生学习理解的影响略低于探究教学，对学生实践应用和创造迁移能力的影响都高于其他两个因素，说明对于数学学科，教师的讲授教学非常重要，讲授教学相对其他教学方式能带来较高的学习收益。

表 4-13 数据显示，探究教学与学生的数学学科总能力及各维度能力在统计学意义下都显著正相关，说明探究教学是影响学生数学能力的重要因素变量，探究教学方式下的学生更容易获得较高的数学学科能力。对比其他因素，探究教学对学生能力的影响与认知发展教学相差不大。在学科能力的三个层次方面的影响上，探究教学方式对学生学习理解的影响显著高于其他两个因素，而在实践应用和创造迁移方面的影响显著低于讲授教学，与认知发展教学相差不大，这说明对于数学学科，教师的探究教学对于学生理解性学习更为重要，而对于实践应用和创造迁移的能力影响较小。

表 4-13 数据显示，认知发展教学与学生的数学能力及各维度能力在统计学意义下都显著正相关，说明认知发展教学是影响学生数学学科能力的重要因素变量，在学习数学上认知发展教学方式下的学生更容易获得较高的数学学科能力。

对比其他因素，认知发展教学对学生能力的影响相对较低，显著低于讲授教学。在学科能力的三个层次方面的影响上，认知发展教学方式对学生学习理解、实践应用和创造迁移能力的影响一般低于其他两个因素，说明对于数学学科，教师的认知发展教学相对其他教学方式不能带来最高的学习收益。

（三）教学任务类型与数学能力表现的关系分析

对教师的不同教学任务类型和学生在不同数学能力维度方面的表现进行相关性分析，结果如下表所示。

表 4-14　教学活动任务设计与学生学科能力表现的相关分析

教学活动的任务设计类型	总能力	学习理解能力	实践应用能力	创造迁移能力
学习理解类任务设计	0.159**	0.153**	0.140**	0.142**
实践应用类任务设计	0.145**	0.143**	0.127**	0.129**
创造迁移类任务设计	0.139**	0.163**	0.113**	0.116**

从表 4-14 可以看出，学习理解类任务设计、实践应用类任务设计和创造迁移类任务设计对学科能力的相关关系都较为显著，三者在统计学意义下与学科能力呈现正相关，说明三种教学方式在不同程度上能够促进学生数学能力的提高。与其他因素相比，学习理解类任务对学生的学科能力影响相对较高，明显高于实践应用类任务和创造迁移类任务，说明接受较多学习理解类任务的学生具有更好的数学能力表现。三个因素对学科能力影响方面，学习理解类任务＞实践应用类任务＞创造迁移类任务，三者对学生学科能力的影响具有因果关系，学生的学科能力值受到三种教学任务类型的影响。

表 4-14 数据显示，学习理解类任务与学生的数学能力及各维度能力在统计学意义下都具有显著正相关性，学习理解类任务是影响学生数学能力的重要因素，接受较多学习理解类任务的学生更容易获得较高的数学学科能力。对比其他因素，学习理解类任务对学生能力的影响相对较高，显著高于实践应用类任务和创造迁移类任务。在学科能力的三个层次方面的影响上，学习理解类任务对学生实践应用和创造迁移能力的影响都高于其他两个因素，说明对于数学学科，学习

理解类任务对学生的学习非常重要，学习理解类任务相对其他学习任务能带来较高的学习收益。

结合数据可以看出，实践应用类任务和创造迁移类任务与学生的数学能力及各维度能力在统计学意义下也具有显著性正相关关系，实践应用类任务略比创造迁移类任务更能够提高学生的数学能力。在对三个维度能力的影响方面，三种类型的任务都对学生的学习理解能力的提升有较大的帮助，对学生的实践应用能力和创造迁移能力影响效果差别不大。三种类型任务对学生数学能力的影响及其具体表现仍需要进一步的分析。

三、家庭因素与数学能力表现的关系分析

家庭因素是影响学生数学能力的重要因素，选取家庭资源、家庭社会资本以及家庭社经地位三个因素进行整体分析，并对家庭社经地位中的部分因素深入分析。

家庭因素与数学能力表现的相关分析

我们对三种家庭因素和学生在不同数学能力维度方面的表现进行相关性分析，结果如表 4-15 所示。

表 4-15　家庭因素与学生数学能力表现的相关分析

家庭因素类型	数学能力	学习理解	实践应用	创造迁移
家庭资源	0.136**	0.129**	0.121**	0.119**
家庭社会资本	0.169**	0.168**	0.150**	0.150**
家庭社经地位	0.262**	0.305**	0.244**	0.218**

从表 4-15 可以看出，家庭资源、家庭社会资本和家庭社经地位对学生的数学能力的相关关系都较为显著，三者在统计学意义下与数学能力呈现正相关，说明三种家庭因素在不同程度上能够促进学生数学能力的提高。与其他因素相比，家庭社经地位显著高于家庭社会资本和家庭资源对学生的影响，总体表现为家庭社经地位＞家庭社会资本＞家庭资源，即使在不同维度的数学能力表现方面，这

一规律仍旧存在，说明在对学生的数学能力表现的影响方面，家庭社会经济地位对学生的能力表现具有更强的效用，而家庭资源的有无或多少对学生的数学能力影响有限。

表 4-15 数据显示，在对数学能力和三个维度能力的影响方面，三种家庭因素的影响效果大致相同，对学习理解的影响大于对实践应用和创造迁移的影响效果，尤其是家庭社经地位，较大地影响了学生的学习理解能力。在对实践应用和创造迁移方面的影响差异不显著，都相对较小。重点关注家庭社经地位对数学能力的影响，并做进一步的分析。

家庭社经地位与数学能力表现的关系分析

在家庭社经地位的因素中，更关心父母的教育程度和家庭经济对学生数学能力的影响。通过相关性分析，得到了二者与学生数学能力及各维度能力之间的关系，如下表所示。

表 4-16　父母教育程度、家庭经济与学生数学能力表现的相关分析

家庭社经地位因素	数学能力	学习理解	实践应用	创造迁移
父母教育程度	0.312**	0.158**	0.302**	0.316**
家庭经济	0.229**	0.131**	0.223**	0.226**

父母教育程度和家庭经济都与学生的学科能力水平呈现显著的正相关关系。在三个维度能力方面，父母教育程度仍然是与学生的学科能力表现显著相关的，尤其是在实践应用和创造迁移方面，父母教育程度对学生的影响比较大。在三个层次的学科能力方面，家庭经济仍然与学生的学科能力表现显著的相关性，同样是在实践应用和创造迁移方面，家庭经济对学生的影响比较大。

为了更加清晰地显示有着不同学历父母的学生的学习水平，对父母不同的学历和学生的数学能力作了折线图分析这种关系。

能力值

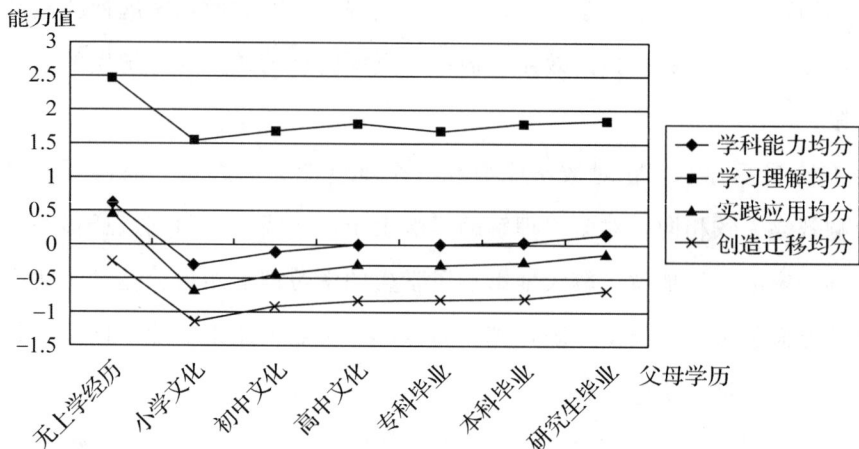

图 4-4　父母学历与学科能力关系

从图 4-4 可以看出，在一般情况下，学科能力值是随着父母学历的提高而提高的，虽然在父母学历较低的阶段——无上学经历到小学文化存在着较大变化，但无上学经历数据较少，并不具有代表性。因此，可以得到一般的结论，随着父母学历的提高，学生的学科能力水平逐步提高，二者具有显著的正相关，并且具有因果关系。

同样地，为了清晰地表示家庭经济对学生的学科能力影响，作出了家庭收入和学生数学能力的折线图。

能力值

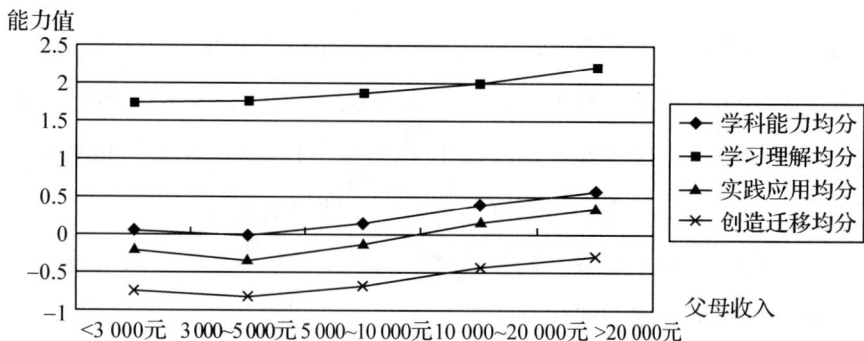

图 4-5　家庭收入与学科能力关系

从图 4-5 可以看出，在一般情况下，学科能力值是随着家庭月收入的提高而提高的，虽然在家庭收入较低的阶段——小于 3 000 元到 3 000～5 000 元间存在着不明显的变化，但由于样本量较小，这种变化不具有代表性。因此，可以得到一般的结论：随着家庭收入的提高，学生的学科能力逐步提高，二者具有显著的正相关，并且具有因果关系。

四、学校因素与数学能力表现的关系分析

学校因素是学生学习的大环境，选取学校资源、学校校风及同伴支持三个维度进行分析，通过三者和学生的数学能力以及三个维度能力的相关分析，探究学校因素对学生数学能力的影响，如下表所示。

表 4-17　学校因素与学生数学能力表现的相关分析

学校因素	数学能力	学习理解	实践应用	创造迁移
学校资源	0.155**	0.139**	0.135**	0.142**
学校校风	0.162**	0.147**	0.147**	0.146**
同伴支持	0.181**	0.157**	0.162**	0.168**

从表 4-17 可以看出，学校资源、学校校风和同伴支持对学生数学能力的相关关系都较为显著，三个因素在统计学意义下与数学能力呈现正相关，说明三个因素在不同程度上能够促进学生学习能力的提高。对比其他因素，同伴支持对学生的数学能力影响最为显著，学校资源对学生学科能力的影响相对较小，三个影响因素对数学能力影响方面，同伴支持＞学校校风＞学校资源，三个因素对学生学科能力的影响具有因果关系，学生的学科能力值受到这三个方面的影响。

表 4-17 数据显示，在学科能力的三个层次方面的影响上，对于三个维度的能力影响较大的为同伴支持，在各个维度方面的影响都要大于其他两个因素，同伴支持对三个维度的影响效果大致相同，没有表现出较大的差异性。学校校风和学校资源对数学能力及三个维度能力的影响和同伴支持的影响类似，并没有在三个维度能力表现出较大的差异性。同伴支持和学校资源对于学生创造迁移能力的

提高表现效果略高于学习理解和实践应用，而学校校风在三个维度能力方面的影响大致相同。

五、其他因素与数学能力表现的关系分析

选取了学生在学习过程中较为重要的几个因素进行分析，这些因素往往是在学生学习中较多接触到的因素，包括周课时、课外作业时间、作业难度、课外辅导时间等因素，借助于研究数据，分析了以上因素和学生的数学能力及其二级维度能力之间的关系。相关性分析结果如下表所示。

表 4-18　学习时间及作业状况与学生学科能力表现的相关分析

其他因素	数学能力	学习理解	实践应用	创造迁移
周课时	0.174**	0.087**	0.193**	0.168**
课外作业时间	0.108**	0.039**	0.127**	0.120**
作业难度	−0.113**	−0.154**	−0.089**	−0.091**
课外辅导时间	−0.034	−0.042	−0.051	0.054

从表 4-18 可以看出，四种比较常见的因素中，周课时、课外作业用时对学生的数学能力的相关关系较为显著，且都为正相关关系，作业难度与总能力呈现显著的负相关关系，课外辅导与学生的学科能力相关性不显著，略微呈现负相关关系。在学科能力三个层次的影响方面，周课时及课外作业时间都呈现正相关，作业难度与之都呈现负相关，课外辅导都呈现不显著的相关性。

鉴于调查中对该类影响因子的调查为尺度变量，通过折线图，较为清晰地呈现这些结果，进一步分析每一种因素与学生数学能力表现的关系。

(一)周课时与数学能力表现的关系

相关性表格数据显示，周课时与学生的学科能力水平呈现显著的正相关关系，说明周课时较多，学生会获得相对较好的学习成绩。对于三个层次的影响，周课时对学习理解的影响较少，而对实践应用和创造迁移影响更为显著，说明增加周课时并不能显著提高学生的学习理解能力，然而对于学生的实践应用和创造

迁移水平的提高有显著帮助。图 4-6 是随着周课时的增加，各个学科能力均分的变化图。

能力值

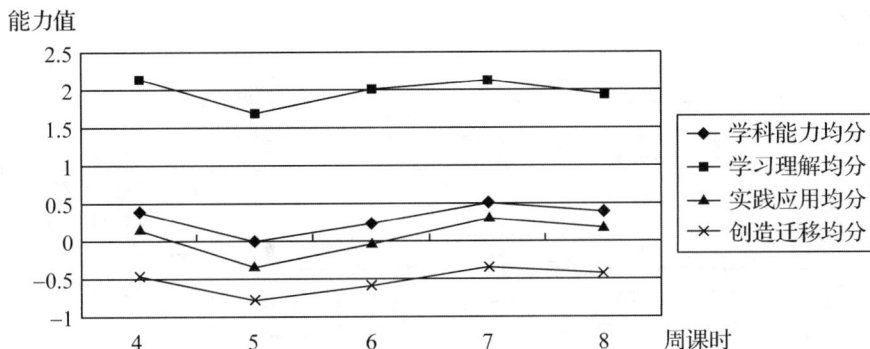

图 4-6　周课时与学科能力关系

从图 4-6 可以看出，周课时对三个能力水平的影响表现具有一致性，呈现相同的变化趋势：每周 4 课时的水平略高于每周 5 课时的水平，然后随着课时的增加，学科能力水平呈现增长的趋势，课时增加至每周 8 课时，略有所下降。课时时间是离散的尺度数据，根据已有数据无法完整分析 8 课时以上学生的学科能力均分。周课时对学生学科能力的影响显著，并且在一定范围内，随着周课时的增加，学生的学科能力显著增加。

(二)课外作业时间与数学能力表现的关系

课外作业时间与学生的学科能力水平呈现显著的正相关关系，说明课外作业时间较多，学生会获得相对较好的学习成绩。对于三个层次的影响，课外作业时间对学习理解的影响较少，而对实践应用和创造迁移影响更为显著，说明增加课外作业时间并不能显著提高学生的学习理解能力，然而对于学生的实践应用和创造迁移水平的提高有显著帮助。图 4-7 是随着课外作业时间的增加各个学科能力均分的变化图。

从图 4-7 可以看出，课外作业时间对三个能力水平的影响表现具有一致性，呈现相同的变化趋势：随着课外作业时间的增加，学科能力水平呈现显著增长的趋势。每天不做课外作业与小于 10min 的课外作业时间条件下，能力值的变化不大，然而随着课外作业时间增加，能力值显著提高，并在 50min 以上增长速度变慢。可以得出一般性的结论：在一定范围内，随着课外作业时间的增加，学生的学科能力显著提高。

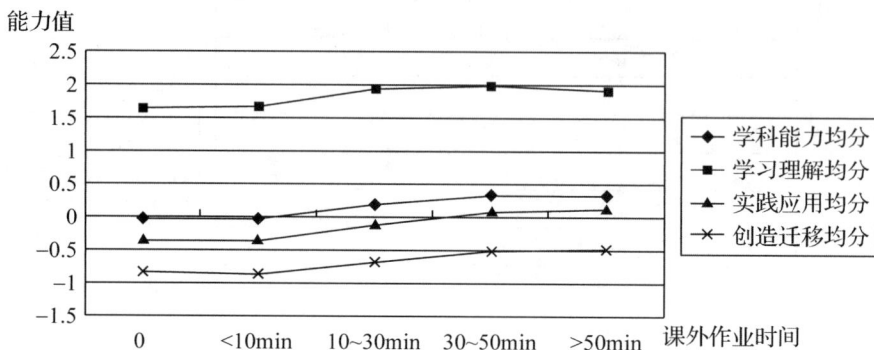

图 4-7　课外作业时间与学科能力关系

(三)作业难度与数学能力表现的关系

作业难度与学生的学科能力水平呈现显著的负相关关系，说明作业难度越大，学生会获得相对较差的学习成绩。然而，二者的因果关系并未得到验证，也许部分学科能力较好的学生认为作业难度较低，学科能力较低的学生会认为作业难度较高。总体而言，作业难度与学生的学科能力测试呈现负相关性，认为作业难度较大的学生，相应学科能力值整体相对较低，认为作业难度较小的学生，相应学科能力值整体相对较高。图 4-8 是随着课外作业难度的增加，各个学科能力

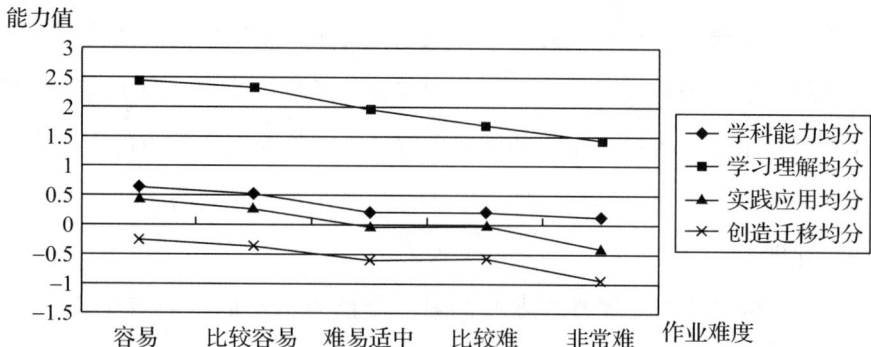

图 4-8　作业难度与学科能力关系

均分的变化图。

从图 4-8 可以看出，作业难度水平对三个能力水平的影响表现具有一致性，呈现相同的变化趋势：随着作业难度的增加，学科能力水平呈现显著下降的趋势。可以得出一般性的结论：随着作业难度的增大，学生的学科能力显著下降，或者说学科能力越差的学生，认为作业难度比较大。

(四)课外辅导时间与数学能力表现的关系

课外辅导时间与学生的学科能力水平呈现不太显著的负相关关系，课外辅导时间越长，学生的学习成绩会略微降低，二者相关性不明显。图 4-9 是随着课外辅导时间的变化，各个学科能力均分的变化图。

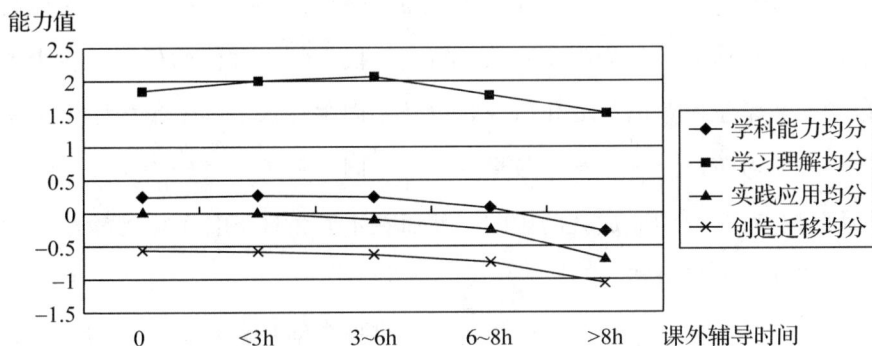

图 4-9　课外辅导时间与学科能力关系

从图 4-9 可以看出，课外辅导时间对三个能力水平的影响表现具有一致性，呈现相同的变化趋势：随着课外辅导时间的增加，学科能力水平呈现略微下降的趋势，但相关的显著性较低，不能推出相应的结论。

第四节　八年级至高三年级学生数学学习策略对数学学科能力表现影响的专题研究

一、已有学习策略研究综述

已有研究表明，学生的数学学习策略对学生的数学学业成就有显著的直接效应，多种学习因素如态度、意识、兴趣等以学习策略为中介对学业成就产生影响[①]，促进学生的数学学习策略的发展，能有效促进数学学业成就的提高。然而，国内外有关研究一般局限于对某一特定阶段的学生群体的研究，较少涉及不同阶段学生数学学习策略的变化研究，以及不同学习水平的学生的学习策略差异分析。多种学习策略对学生学习效果的影响不同，相关学者较为关注元认知策略（尤其是监控）对学生学业成就的影响，然而在不同条件下各种学习策略对学生能力的影响仍缺乏实证分析。

在各学习阶段内，学生的数学学习策略呈现负增长趋势，这是国内已有研究达成的共识。刘电芝指出在小学阶段，数学学习策略不会随着年级的增长而增长[②]，莫秀峰证实了初中阶段学生的数学学习策略逐年下降，并分析学生的学习动机和策略意识是导致下降的重要原因[③]，王春艳指出高中阶段学生的学习策略处于相对较低的水平[④]。学生学习策略的变化是中小学阶段衔接的重要问题，对

---

① 刘加霞，辛涛. 中学生学习动机、学习策略与学业成绩的关系研究[J]. 教育理论与实践，2000(9)：54-58.

② 刘电芝. 小学儿童数学学习策略的发展与加工机制研究[D]. 重庆：西南师范大学，2003.

③ 莫秀锋，刘电芝. 初中生数学学习策略的个体差异研究[J]. 数学教育学报，2007，16(4)：56-58.

④ 王春艳，韩雪. 数学学习态度、学习策略对学生数学成绩的影响研究[J]. 长春师范大学学报，2004，23(2)：87-90.

跨学段学生的学业成就有重要影响，对比较不同学段学生的学习策略的差异性十分必要。

在小学、初中、高中阶段，数学学习策略对学业成就的正向影响得到了证实，学业成绩较好的学生具有更高的学习策略。然而不同类型的学习策略对不同学习水平的学生的影响仍需要进一步分析。研究关注于不同数学能力水平的学生更倾向于选择什么样的学习策略，以及随着年级的升高，学生对于学习策略的选择和分化。

二、研究过程

1. 测试对象

为使抽样数据能体现不同年级和阶段的差异性，选取北京市某两个区的八年级至高三年级共计五个年级的学生作为研究对象，进行分层抽样，共发放问卷2 091份，回收及处理无效数据后得到有效问卷1 855份，有效问卷占总问卷比例约为88.7%。有效问卷中各个年级的人数分布如下表。

表 4-19 调查对象年级分布

年级	八年级	九年级	高一年级	高二年级	高三年级	合计
学生人数	596	332	339	324	264	1 855
所占比例	32.1%	17.9%	18.3%	17.5%	14.2%	100.0%

抽查时间为对应年级的上学期，学生的数学学习策略测查状态为"学生在该年级所表现出的数学学习策略"，学生的数学能力测查状态为"学生在该年级所具备的解决数学问题的数学能力"。从上表及抽查对象的状态界定可以看出，各年级学生人数均超过200人，能代表不同阶段的学生的数学学习策略及数学能力表现。数学学习策略和能力测量状态为学生同时所具有的状态或表现，能体现学生在该学段内的学习特征。

2. 研究工具——数学学习策略调查问卷

该问卷采用 Mckeachie 通用学习策略模型，将数学学习策略分为认知策略（包括精细加工、梳理组织、复习强化）、元认知策略（包括计划、监控、调节）和资源管理策略(包括时间管理、自主参考、寻求帮助)三个维度,每个二级维度由2～4个项目组成,共计27项,采用5点计分法(总是、经常、有时、偶尔、从不)测量,由"中小学学科能力发展与测评研究"跨学科测评组统一编制和制定。

通过SPSS可靠性分析,该量表的信度为0.955,试卷整体可信度较高。认知策略、元认知策略和资源管理策略三个维度信度分别为0.838,0.940,0.821,符合测量信度要求。采用最大方差法因子分析进行效度检验,量表的Kaiser-Meyer-Olkin度量为0.975,Sig.＝0.000,如下表所示,试卷具有较高的测试效度。

表 4-20　对数学学习策略调查问卷的 KMO 和 Bartlett 效度检验

取样足够度的 Kaiser-Meyer-Olkin 度量		0.975
Bartlett 的球形度检验	近似卡方	32 143.335
	df	351
	Sig.	0.000

3. 研究工具——数学核心能力问卷

学生的数学能力问卷由"中小学学科能力发展与测评研究"数学学科测评组开发和制定[①],有八年级至高三年级共计5套学科能力测试问卷,基于课程标准同时考查了学生在数学能力方面的表现状态。测试内容包括函数、方程与不等式、图形与几何、统计与概率四个方面,能力维度包括学习理解、实践应用、创造迁移三个方面。测试试卷保证了对三个学科能力维度的覆盖,每套试卷共18项测试题目,测试试卷采用了项目反映理论的 Rasch 模型进行数据处理。利用 Winsteps 软件 Rasch 模型检验测试工具总体信度。

表 4-21　Rasch 模型中各项目的信度系数

Rasch	单维 Rasch	单维 Rasch	多维 Rasch	多维 Rasch	多维 Rasch
项目	学生	试题	学习理解	实践应用	创造迁移
信度	0.860	0.998	0.863	0.892	0.893

---

① 郭衎,曹鹏,杨凡,等. 基于课程标准的数学学科能力评价研究——以某学区七年级测试工具开发及实施为例[J]. 数学教育学报,2015,24(2):17-21.

经过 Rasch 模型处理，95％以上的题目的 MNSQ 指标在 0.8～1.2，符合 Rasch 模型的要求。

4. 数据收集与处理

对于不同年级的学生，在 9—10 月相继完成各阶段的抽查；每次抽查先进行数学核心能力测试，当日进行数学学习策略调查。数学学习策略以电子阅卷方式收集数据，得到每项的具体得分。数学能力试卷采用电子阅卷（选择题）和人工阅卷（主观题）相结合的方式进行。对数据的初步整理主要为以空答率和正向、逆向测谎题排除无效问卷，获得适合分析的有效数据。

对于数学学习策略的调查结果，在每一个策略维度内，采用其均值作为其策略得分值。对于数学核心能力，通过 Winsteps 对测量所得的学生数学核心能力分值进行转化，转化为标准化的单维 Rasch 数学能力值，这些数值作为学生的数学能力估计指标。在本研究中，对学生数学能力进行了水平分层，使得各层次间学生具有明显的数学能力差异性，根据分层结果，由高到低共分为 A，B，C，D 四个层次，A 层次代表学生具有较强的数学能力表现，D 层次代表学生具有相对较弱的数学能力表现。分层后各年级数据结果如下表所示。

表 4-22　数学能力水平分层各年级人数分布

能力水平 年级	A (0.83～2.49)	B (0.22～0.83)	C (−0.57～0.22)	D (−2.25～−0.57)
八年级	168	155	184	89
九年级	83	112	101	36
高一年级	92	149	82	16
高二年级	68	84	115	57
高三年级	133	83	41	7

注：A 中包含区间的最大、最小值，B，C，D 中包含区间的最小值。

分层后对学生数学能力值进行单因素 ANOVA 分析，组间平方和为 919.0，组内平方和为 129.0，分组具有显著性。

数据分析过程借助 SPSS(含 AMOS 插件)、Winsteps 等数据处理软件进行分析。

三、研究结果

1. 八年级至高三年级学生学习策略表现研究

通过对学生数学学习策略的分析，得到了不同年级学生的认知策略、元认知策略和资源管理策略表现的变化趋势。

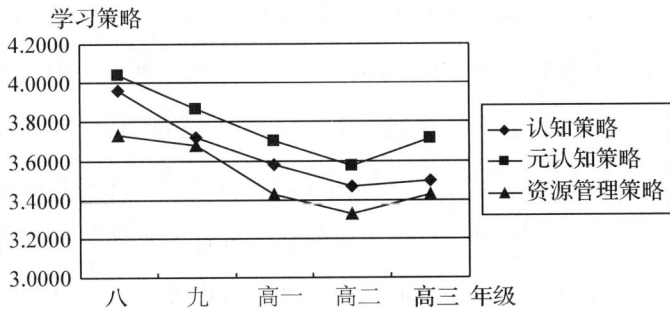

图 4-10　不同年级学生数学学习策略表现

图 4-10 佐证了已有研究中关于学习策略在初中、高中阶段呈现的非正向增长的结论，同时也可以发现，学生学习策略的下降并非由单一策略下降引起的，认知策略、元认知策略和资源管理策略呈现一致的下降趋势。三种策略在初中阶段下降比较明显，高二年级至高三年级阶段元认知策略和资源管理策略呈现上升的趋势，而认知策略表现平稳。

由图 4-10 可以看出，高中阶段的学习策略明显低于初中阶段，为了考查不同年级之间学习策略的差异，采用单因素方差分析对相邻年级间学生的学习策略进行多重比较(多项线性 LSD)，结果如表 4-23 所示。

表 4-23　不同年级学生数学学习策略的单因素方差分析

数学学习策略		平方和	df	均方	F	显著性
认知策略	组间	74.803	4	18.701	29.235	0.000
	组内	1 183.385	1 850	0.640	—	—
	总数	1 258.188	1 854	—	—	—
元认知策略	组间	57.486	4	14.371	21.692	0.000
	组内	1 225.652	1 850	0.663	—	—
	总数	1 283.138	1 854	—	—	—
资源管理策略	组间	51.221	4	12.805	22.621	0.000
	组内	1 047.271	1 850	0.566	—	—
	总数	1 098.493	1 854	—	—	—

表 4-24　相邻年级间学生数学学习策略的多重比较分析

学习策略 \ 年级	八年级至九年级	九年级至高一年级	高一至高二年级	高二至高三年级
认知策略	0.25*	0.14*	0.11	−0.03
元认知策略	0.17*	0.17*	0.13*	−0.14*
资源管理策略	0.05	0.25*	0.10	−0.10

由表 4-23 可知，不同年级学生的三种学习策略表现差异显著。

由表 4-24 可知，八年级、九年级、高一年级在认知策略方面存在显著差异，九年级和高一年级在资源管理策略之间存在显著差异，各年级在元认知策略方面的差异都比较显著。元认知策略的差异是学生学习策略的主要差异，而认知策略和资源管理策略只在不同阶段具有差异性。

2. 不同数学能力水平上学生学习策略表现的差异分析

通过研究不同水平下学生的数学学习策略表现，能发现随着年级阶段的变化，不同能力水平上的学生的学习策略表现差异显著，如图 4-11 所示。

学习策略均值

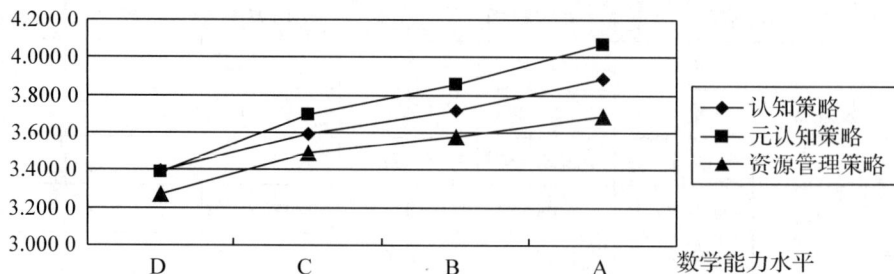

图 4-11　不同数学能力水平学生数学学习策略均值变化图

由图 4-11 可以看出，数学能力水平较高的学生，表现出较好的数学学习策略，尤其是元认知策略，在高水平学生中具有更好的表现。资源管理策略相对较低，且随着学生数学能力水平的提升，其表现上升缓慢。

为了考查不同数学能力水平上学生学习策略的差异性，采用单因素方差分析对相邻水平间学生的学习策略进行多重比较（多项线性 LSD），结果如表 4-25，4-26 所示。

表 4-25　不同数学能力水平学生数学学习策略的单因素方差分析

数学学习策略		平方和	df	均方	F	显著性
认知策略	组间	44.539	3	14.846	22.643	0.000
	组内	1 213.648	1 851	0.656	——	——
	总数	1 258.188	1 854	——	——	——
元认知策略	组间	79.671	3	26.557	40.846	0.000
	组内	1 203.466	1 851	0.650	——	——
	总数	1 283.138	1 854	——	——	——
资源管理策略	组间	28.828	3	9.609	16.628	0.000
	组内	1 069.665	1 851	0.578	——	——
	总数	1 098.493	1 854	——	——	——

表 4-26　不同数学能力水平间学生数学学习策略的多重比较分析

学习策略	水平 A—水平 B	水平 B—水平 C	水平 C—水平 D
认知策略	0.17*	0.12	0.19
元认知策略	0.21*	0.15*	0.30*
资源管理策略	0.10	0.09	0.22*

由表 4-26 可以看出：

认知策略在数学能力高水平之间的差异比较显著，而在低层次数学能力水平间，例如，从水平 B 到水平 C 的能力水平变化中，认知策略并未表现出显著的差异性。元认知策略在各数学能力水平间均表现出较强的差异性，例如，从水平 A 到水平 B、从水平 C 到水平 D 的变化中，元认知策略呈现较强的变化。资源管理策略在数学能力低水平之间的差异比较显著，而在高层次数学能力水平间，例如，从水平 A 到水平 B 的能力水平变化中，该策略并未表现出显著的差异性。

由以上分析可以看出，不同能力水平的学生的数学学习策略间差异显著，元认知策略在不同数学能力水平间均呈现显著差异，而认知策略和资源管理策略仅在高层次和低层次水平方面存在显著差异。检验了相邻两个能力水平之间的差异性，对于不相邻数学能力水平之间的差异性，三种策略都呈现比较显著的变化。

3. 不同年级和各个数学能力水平因素下的学习策略变化趋势

为了研究在不同年级下，各个水平之间学习策略的差异，进一步对不同数学能力水平在各个年级的学习策略表现进行分析，如图 4-12 所示。

学习策略均值

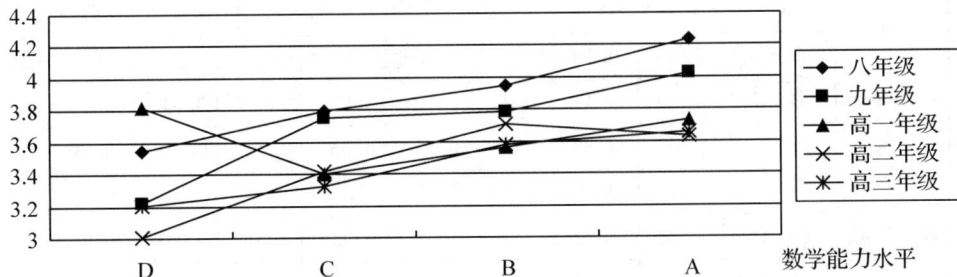

图 4-12　不同年级、各数学能力水平上的数学学习策略均值变化图

从图 4-12 可以看出，不同年级差异显著，尤其是高中阶段和初中阶段，在相同的数学能力水平上，初中生表现出更好的数学学习策略。八年级、九年级学生的数学学习策略差异较大，高一年级、高二年级、高三年级数学学习策略较为接近。

数学学习策略均值与数学能力发展是呈现正相关关系。学生的数学能力水平越高，一般会具有较高的数学学习策略；数学能力水平越低，一般会具有较低的数学学习策略。

为了进一步分析不同类型的学习策略在年级和数学能力水平因素下的表现，对三种学习策略及其二级维度进行多重比较分析。在各年级内，仅比较相邻水平之间的学习策略差异，对于不相邻的数学能力水平之间，一般具有较强的策略差异显著性。

表 4-27　不同数学能力水平间学生数学学习策略的多重比较分析

学习策略		认知策略			元认知策略			资源管理策略		
年级	水平差异	组织梳理	精细加工	复习强化	计划	监控	调节	时间管理	自主参考	寻求帮助
八年级	A—B	0.34*	0.28*	0.23*	0.36*	0.32*	0.35*	0.32*	0.24*	0.04
	B—C	0.20	0.23*	0.06	0.23*	0.16*	0.16	0.22*	0.05	0.09
	C—D	0.07	0.06	0.28*	0.22*	0.38*	0.37*	0.23*	0.33*	0.03
九年级	A—B	0.16	0.32*	0.10	0.15	0.26*	0.31*	0.27*	0.36*	0.15
	B—C	0.01	0.01	0.11	0.09	0.15	0.06	0.00	−0.09	−0.06
	C—D	0.56*	0.41*	0.58*	0.48*	0.51*	0.50*	0.53*	0.64*	0.51*
高一年级	A—B	0.25	0.23	0.05	0.16	0.18	0.24*	0.32*	0.14	−0.10
	B—C	0.02	0.26*	0.34*	0.17	0.35*	0.20	0.00	0.12	−0.01
	C—D	−0.74*	−0.66*	−0.29	−0.50	−0.46	−0.44*	−0.22	−0.28	−2.70
高二年级	A—B	0.00	0.18	−0.21	−0.01	−0.04	−0.05	−0.06	−0.25	0.16
	B—C	0.09	0.41	0.17	0.23*	0.28*	0.37*	0.31*	0.51*	0.15
	C—D	0.38*	0.28	0.68*	0.57*	0.55*	0.42*	0.30*	0.20	0.23
高三年级	A—B	0.14	0.12	0.05	0.10	0.22	0.14	0.17	−0.16	−0.10
	B—C	0.23	0.22	0.37*	0.29	0.27	0.06	0.28	0.22	0.40*
	C—D	0.24	0.04	0.33	−0.11	0.32	0.24	0.17	0.14	−0.19

从表 4-27 可以看出：

(1)在八年级阶段，水平较高的学生在学习策略方面具有较强的差异，高水平的学生在各种学习策略方面表现较强。在九年级及高二年级，低水平的学生的数学学习策略差异较大，低水平学生在各个策略方面均表现出较大的差异。

(2)数学学习策略中，元认知策略中的监控和调节策略对各个年级及水平的学生的影响较大，均值与数学能力发展呈现显著的相关关系，资源管理策略中的时间管理对学生的数学能力水平有较大的相关性，尤其是对高水平学生的影响较大。

四、研究启示

八年级至高三年级阶段学生的数学学习策略呈现非增长性特点，尤其是在初中阶段，学生的数学学习策略呈现明显的下降趋势。从对外表现方面来看，学生的学习策略确实存在逐步下降的趋势，其中认知策略、元认知策略和资源管理策略三者变化与总体变化趋势相同，随年级增长而逐步下降，并在高中阶段趋于稳定的状态。初中、高中两个阶段的学习策略差异显著，呈现出学习策略的阶段性差异特征。

对该结果相关研究有两个方面的解释，一方面，是认为在实际中学生采用的策略和方法是随年级提高而逐步丰富的，采用问卷测量方法所测学生的学习策略和学生实际表现出的学习策略可能存在较大误差，这种误差可能来自学生的学习态度和自我意识，高年级的学生往往会认为自己所做的事情并不符合其心理预期，而实际上学生的学习策略仍旧是逐步提高的。另一方面，一些一线教师也观察到学生的学习策略确实存在逐步下降的趋势。无论在精细加工等认知策略方面，还是在对自己错误的反思和监控方面，低年级学生表现得会更加突出，而随着年龄的增长，学生的学习策略表现逐步淡化。

通过对各年级学生的数学核心能力水平划分，进而对各水平的学习策略表现均值比较可以发现，在不同的年级，数学核心能力水平较高的学生一般具有极高的学习策略表现，而数学核心能力水平较低的学生的数学学习策略表现也相对较低。各个年级整体上都呈现出数学核心能力水平和数学学习策略的正向相关性。通过进一步分析学习策略中认知策略和元认知策略的表现，得到学生的认知策略对数学核心能力的效应是随年级逐渐降低的，而元认知策略对学生数学核心能力的效果表现始终比较高，并且没有呈现随着年级提高而下降的趋势。元认知策略是学习策略研究中的核心内容，该结论为初高中阶段加强对学生元认知策略的培养提供了理论依据。

学困生和学优生的培养是教育工作者关注的问题，本文从数学核心能力水平和学习策略的关系方面分析，发现了不同水平层次的学习策略差异。在初高中阶段，低水平数学能力的学生之间的学习策略差异非常显著，而高水平数学能力的学生之间的学习策略差异并不显著，这表明数学学习策略更有助于提高低水平数学能力的学生的学习效果，而对于水平较高的学生，学习策略带来的效果并不明显。上述结论在初中、高中的前期阶段效果更加显著，而对于九年级、高三年级阶段，学习策略和能力水平的效应并不显著。这表明在七年级、高一年级阶段，培养学生良好的数学学习策略对提高学生的数学能力水平有更强的效果，需要关注衔接阶段学生在学习策略方面产生的问题。

在年级的层次差异中，复习强化、监控、调节、时间管理是学生在层次差异中表现比较突出的学习策略。部分认知策略和资源管理策略在学生能力层次中差异不显著。

第五节　学习动机对数学学科能力表现的影响专题研究

一、已有研究综述

(一)学习动机的分类

动机(motivation)可用来解释个体行为的原因,需要(need)和诱因(incentive)是其因素。需要和诱因结合起来才能作为动机,二者相互作用决定了个体的行为。

学习动机(learning motivation)是在学习这一实际活动中的动机。学习动机驱动学习,学习引发或加强学习动机,二者相互作用。

人类某种行为的原因与所获得的激励不仅由活动任务自身获取,也会来自活动任务自身之外。心理学家将动机划分为内部动机(intrinsic motivation)和外部动机(extrinsic motivation),这一划分是根据行为的原因出自活动任务本身还是活动任务之外的补偿。内部动机是一种固有的尝试探索、追求挑战、学习练习自己能力的一种倾向。相关心理学研究指出,内部动机对个体活动的激励作用是持续而长期的,外部动机的作用是短暂而临时的。

对于学习动机的分类多种多样,主要关注以下两种。

1. 内部动机与外部动机

将学习动机划分为内部动机与外部动机的出发点与上述对动机的划分一致。由学习活动本身的价值、意义所引发的动机,为内部动机。由学习这一活动之外所产生的后果而引起的动机,为外部动机。内部动机能够得到满足是在学习活动之内,学生努力学习只是出于兴趣和活动中带来的乐趣。而外部动机得到满足是在学习活动之外,为了达到某一结果的手段,学生努力学习是为了获得认可表扬、取得好成绩等。

关于学习动机，布鲁纳(Bruner)非常重视认知需要和内部动机的作用。他认为学习过程是一种积极主动的过程，学生强烈的认知需要促进了这个过程。这不仅是源自生理的内驱力的驱动，更重要的是内部动机的驱使。但他并不否定外部动机和强化对于促进学生学习的作用，他指出随着学生的认知需要达到一定程度、认知结构有了一定发展后，内部动机就更为重要了。学生的不同类型的学习动机(内部动机与外部动机)对学业成就的影响也不尽相同，在后面会详细综述国内外学者的研究结果。

2. 认知内驱力、自我提高内驱力与附属内驱力

对于学生成就动机，奥苏泊尔(Ausubel)认为解释学生的学习行为，都可以从三方面内驱力考虑，即认知内驱力(cognitive drive)、自我提高内驱力(ego-enhancement drive)和附属内驱力(affiliated drive)。

认知内驱力是满足学生认知的需要，与学习动机中的内部动机概念的含义相一致，它的满足源自学习本身。自我提高内驱力是满足学生获得地位的需要。附属内驱力是满足学生获得认可而学习的需要。后两者均属于外部动机

奥苏泊尔认为内部动机对学习的积极作用是持久、稳定的，但是外部动机的作用也不可忽视，如维护自尊、追求归属与人际接纳等方面。他同样认为无论是何种类型的学习动机对于学生学业成就的影响，对于不同性别、处于不同年龄阶段等不同群体的学生而言，作用也是会发生变化的。这部分也在后面进行详细综述。

(二)学习动机对学业成就的影响

学习动机与学业成就的关系得到了众多关注，国内外教育学、心理学等领域都有很多研究成果。由于学习动机本身的研究从认知等角度展开，具备多种类型分类，因此已有的研究更多的是先将学习动机分类，再探讨不同类型动机因素对学生学业成就的影响。而且不同种类的学习动机对学业成就的影响也是不尽相同的。

动机是一种内在状态，它可以激发人们的行动，推动人们朝着某个方向维持

某项活动。换言之，动机可以提升人的能力和行为水平，明确他们的目标，鼓励他们开始并且维持某项活动。内部动机可以被理解为从事某种活动是源自本身的意愿，而非其他外部的原因。也就是说，内部动机是源自人对某项活动自身价值的认可，而非是由于外部的刺激或奖励。外部动机可以被理解为是为了获得某些区别于活动本身的利益。也就是说，外部动机的源泉在人和活动之外。无论是内部动机还是外部动机都在不同程度上影响学生的学业成就。很多研究都指出内部动机对学生的学业成就有积极的影响。但是，关于外部动机对学生学业成就的影响还没有定论，因为有些研究指出这一影响是消极的，而同时另外一些研究认为影响是积极的。

内部动机中很多方面是对学习有正面影响的，比如，积极的、努力的投入，面对困难时的坚持，还有通过学习经历获得的积极的情感信念。另外，外部动机中很多方面也对学习有正面影响，比如，为了获得短期学习效益，不同于兴趣而是注重学习的工具性，过度依赖寻求帮助以及自我妨碍。诸如上述外部动机的几个方面对学业成就所起到的正面影响，也许是立见成效的，但也是短暂的。然而，内部动机是能长久获益的。

当研究者试图找寻学生学业成就的决定因素时，往往不是单单只关注学习动机，其他的非智力因素对学业成就的影响，以及同时探寻多个不同的非智力因素在学业成就上的作用，这类研究同样得到了广泛的关注。

Biggs 将学习动机与学习策略联系起来，并且在 1987 年编制了 SPQ 调查问卷，将学习动机划分为三个层次（表层动机、深层动机以及实现动机），每个层次都有对应的学习策略的描述。2001 年，Biggs 又进一步对问卷进行了细化和修订，增加了维度，形成了 R-SPQ-2F 调查问卷。其中，一级维度为学习方式（表层学习方式及深层学习方式），二级维度为学习动机（表层学习动机和深层学习动机）和学习策略（表层学习策略和深层学习策略）。项目个数从 42 个变为 20 个。

在 Biggs 的量表中以学生的学习行为和采取的学习策略来具体描述学习动机。表层学习动机则是为了避免失败，采取目的短浅的诸如测试及格、保证毕业的学习策略，如在学习过程中死记硬背所学内容。深层学习动机是源自对学习内容的兴趣，采取主动的学习策略，如在学习过程中主动学习课内课外的相关知识、深入探索相关内容、花费额外的时间和精力在学习的内容上。实现学习动机是学生为了达到自我实现而学习的需要，如在学习过程中优化自己的学习方法、充分利用时间和资源去学习。

学习动机和学习策略两个变量被认为是在影响学生学业成就中起到重要作用的因素。这其中很多研究是探讨学习动机和学习策略对学生短期的影响，也有尝试探寻在学生长期的发展中，两者对其的影响是否也存在变化。数学能力的培养不是短时间一蹴而就的，如果一个因素在学生长期的学业成就发展中一直扮演着重要的角色，那么探讨该因素是否对培养学生的数学能力有影响就是有价值的呢？

也有学者在研究中指出，智力对学业成就的显著影响只是短期的，而学业成就的长期发展与学生智力无关。但是无论是短期，即关注对于学生某时间点上的学业成就，还是对于学生长期的学业成就发展而言，学习动机和学习策略都可以作为一个增长预测指标。这一发现强调了学习动机和学习策略在培养青少年数学能力发展中的重要性。

关于学习策略，认知学习策略分为深层的学习策略（deep learning strategy）和表层的学习策略（surface learning strategy）。深层的学习策略尤其是指对学习材料的精细加工，表层的学习策略是对学习材料的再现或者记忆。深层的学习策略包括质疑所遇信息的准确性以及尝试将新信息与旧信息进行的整合，然而表层的学习策略是对学习材料的重复和死记硬背。

已有的研究在探求学习策略和学业成就之间关系时结论是多样的，结论大致呈现以下趋势：深层的学习策略对学业成就的影响显著或者是积极的，表层的学习策略对学业成就的影响不显著或者是消极的。深层的学习策略包括对学习材料的意义上的理解，而意义上的理解是获得长久和有效的知识的重要部分，并且由此获得知识更能引起后续学习的成功。另外，表层的学习策略包括未经过深思熟虑的死记硬背，由此获得的知识很快就淡忘了，因此表层的学习策略在获得短期的学业成就上或许有帮助。

根据社会认知理论，学生的学习动机的信念包括三个组成成分：价值信念、期望信念和情感信念。学生关于数学价值的信念，就是其学数学的理由。比如，"我认为数学是有趣的"，这属于内部价值信念，即内部学习动机的一部分，有这样想法的学生享受数学学习，通常也会表现出较高的数学成绩。学生在教育上的投入、对学校活动的参与及家庭因素都对学生的内部学习动机增长起正面的作用。更具体地，学生如果在家里获得更多教育资源（如书籍），就有更多的受教育机会，也具备更强的内部学习动机。另外，学生如果更多地参与家庭活动（如对政治文化热点的家庭讨论等），也会增强其内部学习动机。相反，学生如果将数学作为实现其他目标的工具，比如，"数学可以帮助我找到一份好工作"，这属于外部价值信念，即外部学习动机的一部分，有这样想法的西方国家学生通常数学成绩表现较低。

期望信念包括对数学的自我效能和自我概念，如"我擅长数学"。结合以往的研究结果，具备较强的自我效能和自我概念的学生能取得更好的数学成绩。家庭社会经济地位（Social-Economic Status，SES）较高、家庭投入和家庭活动参与度较高的学生，更倾向于具有更强的期望信念。因此，这样的学生通常也会学得更多。更进一步，与学生学业成就有关的期望信念，通常被学生真实的经历所影响，尤其是他们过往在学习上经历过的成功和失败。过去的成功经历在一定程度上维持（甚至加强）对行为价值的感知和期望。同时，过去的失败经历可能导致降低期望，并且贬低行为的价值以达到保护自己不再经历类似失败的目的。除了期望信念，学生对于学习和学业成就的情感反应会对其学业成就和持续学习行为有影响。在完成学习任务时，具备更多积极情感的学生更倾向于持久地投入学习任务中，而这也成就了他们较高的学业成就。

在国际研究中，大型国际测评项目的结果为测试国家和地区发现问题、制定教育方针提供了强有力的数据及理论的支持，同时由于测试结果都是公开的，可供研究者充分使用，因此在学习动机这一问题上，通过比较多个国家和地区，也得到了相应的研究成果。在大型测评项目的影响因素问卷中往往涉及智力因素、非智力因素、家庭因素、学校因素等不同关注层面的问题，因此研究的丰富性也导致很多研究都是将不同影响因素结合起来，共同分析其对学生学业成就的影响。并且，由于测试对象的数量巨大，为关注不同群体的对比研究提供了可能，其中性别、国家这种显然的分类是最多的。

有研究指出在美国和欧洲国家，学生的家庭和个人动机都对学生的学业成就有影响。在通过使用 41 个国家的 PISA 测评结果的研究中，在大多数国家中，国家的经济资源、家庭因素和学生的学习动机都与学生的学业成就有关系。更具体的，学业成就受内部动机的影响，但外部学习动机与学业成就无关；家庭对学业成就的影响具有跨国家而表现不同的特点，然而学习动机对学业成就的影响各国没有显著差异。学生的学习动机也与其家庭无关。在 TIMSS 2007 的报告中指出，学生数学学习动机与数学学业成就呈现正向弱相关。在 TIMSS 测试中包含两个关于数学学习动机的指标。一个指标是学生对于数学的真实情感（Positive Affect Toward Mathematics，PATM），另一个指标是学生对于数学的评价（Student Valuing Mathematics，SVM）。其中，PATM 指标是基于学生对于三个项目的作答（"I enjoy learning mathematics""Mathematics is boring" and "I like mathematics"），SVM 指标是基于学生对于四个项目的作答（"I think learning mathematics will help me in my daily life""I need mathematics to learn other school subjects""I need to do well in mathematics to get into the university of my choice" and "I need to do well in mathematics to get the job I want"）。测试结果表明三个 PATM 变量与其平均多重相关为 0.28，四个 SVM 变量则为 0.19。TIMSS 测试同步关注了性别与数学学业成就的关系。

我国研究学者对于学习动机对学业成就的影响，也是关注不同类型学习动机对学业成就的影响，以及将学习动机与其他非智力因素相结合，共同探讨其对学业成就的影响较多。在这个基础上，进一步将学生分类进行差异分析，从而比较、探讨不同群体的学习动机对学业成就影响这一问题。

刘志华发现学业成就动机和学习策略在没有显著的交互作用下，都对学业成就有影响，并且影响程度相当。他还分析了优生和差生在学业成就动机和学习策略上的区别，发现是存在显著差异的。在对北京市一所普通中学学生的调查中，刘加霞发现三者之间、两两之间都是显著正相关的，也就是学习动机对学业成就有影响，学习策略对学业成就也有影响，而且学习动机与学习策略也有24％的解释程度。刘加霞等人后续的研究中又进一步将学习动机分为深层动机、表层动机和成就动机，这三种类型的学习动机对学业成就的影响是不同的，首先方向上，表层动机对学业成就的影响显著负相关，而另两个类型则是显著正向影响学业成就。进一步，同样是起到正向影响的深层动机和成就动机，前者对学业成就的影响相对更大。

王振宏与甘诺的研究，在探讨学习动机、学习策略和学业成就关系时，都将学习动机分为了内部动机与外部动机，并且发现内、外部动机对学业成就的影响是反向的。无论内部动机，还是外部动机，与学习策略都是显著正相关的。同样，也得到了学习动机、学习策略不仅对学业成就有影响，而且学习动机通过间接影响学习策略（22.2％的解释）来影响学业成就。

罗润生等人在对高中生这一问题的分析上，关注了三方面：学习动机、学习态度和学习焦虑，并且发现三者彼此显著相关，又都对数学学业成绩的影响显著相关，而且均有预测作用。通过 t 检验他还发现除了学习态度以外，另外三个变量都存在性别上的显著差异。李明振关注影响数学学业成就的两个因素是学习动机和学习态度，他发现这两个变量有一定的交互作用，并且三者都呈现显著正相关。

硕士、博士研究者也对相关问题在其学位论文中有所涉及，钱明华选择了自我效能感、学习动机两个变量，探讨其对数学学习成绩的影响。他将学习动机分为内部动机、外部动机以及两者综合起来的学习动机，并发现自我效能与三者都成显著正相关关系。而对数学成绩的影响上，内部动机的一部分与自我效能呈正向影响，而外部动机的一部分呈负向影响。另外，从不同角度对学生分类，发现文科生与理科生、男女生、不同年级学生都在某些变量上呈现显著差异。秦立淼探讨学习动机与数学学习成绩的关系时，从五个角度制定学习动机量表，即教师因素、认知因素、归因因素、自我效能、自我提高，发现在认知因素和自我效能两方面呈现显著正向相关关系。同时，分类考虑了男女生和不同年级学生在不同变量上的差异表现。梅俊雷对高中生数学学习动机的研究中，也将数学学习动机分为成就动机、表层动机和深层动机，分别探寻其与数学成绩的关系，发现深层动机正相关、表层动机负相关、成就动机对成绩无影响。刘金华研究数学学习动机与数学成绩的关系时，发现高中生这两者间关系不明显，而小学生和初中生关于学习动机对成绩的影响呈显著正相关。

二、学习动机量表的修订

动机的两大因素是需要和诱因，而成就动机理论又将这种需要细化为不同方面的内驱力。单纯依靠诱因来衡量动机大小并不合适。例如，一个学生为了能够得到家长、老师的表扬而努力学习数学，不一定比一个学生完全是出于对数学的喜爱而学习数学的学习动机要大。内驱力是可以作为衡量学习动机大小的，但是作为一个心理变量无法将内驱力直接观察和测量，因此需要采用其他方法来使其外显。

为了探求学生学习动机对学科能力的影响，对于学习动机只停留在来源上的动机划分（如内部动机、外部动机）是不合适的，而与学生在日常学习中所采取的学习策略和表现出的学习行为联系起来才更佳。通过对已有研究的分析，将学习动机以学生学习策略的选择和学习行为表现结合在一起，是可行的。以这个角度出发的成熟的测量学习动机的量表，最初是由 Biggs 在 1987 年提出的 SPQ 调查问卷，将学习动机划分为三个层次（表层动机、深层动机以及实现动机），每个层次都有对应的学习策略的描述。2001 年，Biggs 又进一步对问卷进行了细化和修订，增加了维度，形成了 R-SPQ-2F 调查问卷。"原始数学学习动机量表"正是在 Biggs 的学习动机量表基础上形成的，并设置了五个层次，即消极的数学学习、被动的数学学习、主动的数学学习、积极的数学学习以及创造性的数学学习，并相对应有内涵的描述，构成了量表的测量框架。

表 4-28　原始数学学习动机量表测量框架

水平层级		层级的内涵
动机水平	水平 1：消极的数学学习	无论有任何因素推动或干预，学生均无意且不会努力学习数学
	水平 2：被动的数学学习	在数学学习内容或活动本身以外的其他因素的明确推动或干预下，学生会努力学习数学，一旦外部因素撤销或干预力度降低，学习活动会在较短时间内停止或明显弱化。 表现：会采取一定数学学习行为，保证课程及格，在数学学习中，不愿意投入过多的思维和努力，想用最少的时间达到学习的目标，不积极参加数学学习活动，如讨论时，经常在一旁等待答案，而不会积极思考，表达观点，课下也不会花额外的时间主动学习数学
	水平 3：主动的数学学习	由于学生对数学学习内容或数学学习活动本身感兴趣，或者为了达成自己的追求目标，或者从内心接受了家长或老师的期望等，能够采取一系列主动进行数学学习的行为。 表现：主动记忆一些重要的数学概念和定理，能积极参加课堂上教师组织的探究和讨论活动，并会学习和使用教师教授的学习策略和方法，如定期归纳总结、整理已学过的数学知识，遇到学习困难时，会主动寻求教师或同学的帮助
	水平 4：积极的数学学习	在这种水平的数学学习动机的驱动下，学生倾向于主动积极进行数学学习活动。这种数学学习行为具有坚持性，追求学习的效果和质量，不容易受时间或其他外在因素的影响，具有较强的稳定性和持久性。 表现：数学学习行为具有较强的计划性，学生能够积极地执行既定计划，并适时反思调节自己的数学学习行为，学生也倾向于花更多的时间来学习数学，并有意识地主动总结数学学习的有效策略和方法
	水平 5：创造性的数学学习	达到这种数学学习动机水平的学生，达到了类似"志趣"的水平，倾向于选择与数学有关的专业作为将来职业的方向，具有自我实现的特点。 表现：经常能够对数学学习中的一些知识或观念提出自己的见解，喜欢解决开放性的数学问题，并表现出较强的创造性，主动自修更高阶段的数学课程

在对学习动机量表进行修订时，删选数据过程严格，在对所回收的数据进行整理后，删除了作答不符合要求的问卷，参与分析的有效问卷为 18 588 份。

尽管"原始数学学习动机量表"是在测量框架的基础之上再编制题目，但为了检验测量框架以及测试项目，进一步修订框架及测试工具，对第一次测试的结果进行严格的探索性因素分析(EFA)和验证性因素分析(CFA)。

在通过对原始数学学习动机水平量表的探索性因素分析对比结果中，报告了假设检验最基础的拟合指标卡方(χ^2)，以及近似拟合检验的拟合指标，分别有非规范拟合指数(Tucker-Lewis Index，TLI)，比较拟合指数(Comparative Fit Index，CFI)，标准化残差均方根(Standardized Root Mean Square Residual，SRMR)以及近似误差均方根(Root Mean Square Error of Approximation，RMSEA)。

表 4-29　原始数学学习动机水平量表 EFA 模型拟合指数

Model	χ^2	df	TLI	CFI	SRMR	RMSEA(90% CI)
单因子	40 483.537*	77	0.635	0.691	0.118	0.169(0.167，0.170)
两因子	12 703.683*	64	0.863	0.903	0.049	0.104(0.102，0.105)
三因子	4 368.023*	52	0.942	0.967	0.019	0.067(0.065，0.069)
四因子	2 042.461*	41	0.966	0.985	0.014	0.051(0.050，0.053)
五因子	1 022.481*	31	0.978	0.992	0.008	0.042(0.040，0.044)

注：* $p < 0.001$。

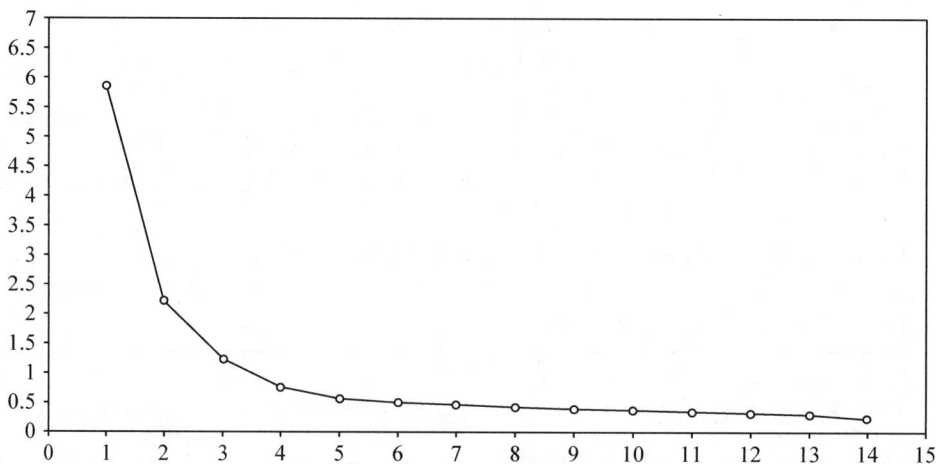

图 4-13　原始数学学习动机量表 EFA 碎石图

　　单个因子模型的几项拟合指数均距离推荐的临界值较远，拟合程度不高。两个因子模型的拟合指数均在临界值附近，通过因子负荷的结果显示，除 stcd068（原始数学学习动机水平量表第 14 题）因子负荷小于 0.4 外，五个属于消极和被动的数学学习水平的项目（stcd002，stcd008，stcd014，stcd020，stcd026）负荷于一个因子，其余项目负荷于另一个因子。

　　五个因子模型的拟合指数略好于两个因子模型，均在临界值附近。这从一定程度上验证了原始数学学习动机水平量表的有效性，但数学学习的特性使得该量表划分为 5 个水平的设置仍需要进一步考虑，并且因子负荷的结果也说明 stcd068 是一道应该删除的项目。

　　三个因子模型和四个因子模型的拟合指数都明显好于其余几个模型，说明在统计意义上，这两个模型的拟合程度高。具体来说，三个因子模型和四个因子模型的各项拟合指数 TLI 和 CFI 均在 0.9 以上，SRMR 的值小于 0.08，表示模型拟合理想（Hu & Bentler），RMSEA 的估计值以及 90% 置信区间的估计值都表示模型拟合良好（McDonald & Ho）。因子负荷方面，四个因子模型中有一个项目（stcd062）跨负荷，而且第四个因子有且仅有这一个项目在其中。另一方面，四个因子模型的前三个因子所包含的项目，与三个因子模型各因子所包含的项目完全相同。从结构的简洁角度来说，选择三个因子模型，优于四个因子模型。碎石图也表明选择三个因子模型是合适的。

　　使用探索性因素分析（EFA）对于原始数学学习动机水平量表进行分析，不仅从统计学角度验证了该量表的有效性以及结构，而且所选择的三个因子模型帮助我们找到了更适合量表结构的划分方法。实际上，三个因子模型表明建议将前 5 个项目（stcd002，stcd008，stcd014，stcd020，stcd026）归于第一因子，中间 6 个项目（stcd032，stcd038，stcd044，stcd050，stcd056，stcd062）归于第二因子，最后 3 个项目（stcd068，stcd074，stcd080）归于第三因子，与原始量表中的五个水平划分没有矛盾，而是更好地将其结构优化，即消极与被动两个水平合二为一，主动与积极两个水平合二为一，创造性的数学学习仍然属于独立的水平。另一方面，项目 stcd068 在模型中的因子负荷情况，也提示我们需要留意该项目的有效性，是否需要进行调整（删除或修改），这一问题在下面的验证性因素分析（CFA）中得到了很好的体现和解决。

在对原始数学学习动机水平量表修订后，将已调整结构的数学学习动机水平量表同样进行了探索性因素分析（EFA），并初步佐证了调整的有效性。将修订的数学学习动机量表在正式测试中施测，并进行验证性因素分析（CFA）。正式测试中，将数学学习动机水平量表以调查问卷的形式，配合数学学科能力测试一同进行测试。

正式测试中数学学习动机量表待验证的三个因子模型结构包含三个潜变因子，即"水平1：消极被动的数学学习""水平2：积极主动的数学学习""水平3：创造性的数学学习"。其中项目1~5属于第一个潜变因子，项目6~11属于第二个潜变因子，项目12~15属于第三个潜变因子。此模型符合识别规则，其模型拟合指数以及因子负荷如表4-30和表4-31所示。各项模型拟合指标（TLI>0.9，CFI>0.9，SRMR<0.08，RMSEA<0.08）以及各因子负荷情况（均大于0.4）均表明三个因子模型的拟合效果良好，即数学学习动机水平量表的结构良好。

表4-30　数学学习动机水平量表CFA模型拟合指数

Model	χ^2	df	TLI	CFI	SRMR	RMSEA(90% CI)
三因子CFA	238.698	85	0.923	0.938	0.049	0.067(0.057，0.077)

表4-31　数学学习动机水平量表因子负荷及α信度

项目	因子负荷
水平1：消极被动的数学学习	α信度：0.795
1. 一提起该学科我就头痛，不管谁要求或劝说，我都不愿意学	0.701
2. 我在该学科课堂上不听讲，或学习其他科目或睡觉	0.572
3. 我对该学科的学习只要求做到及格就行，因为我对该学科不感兴趣	0.737
4. 在该学科课堂讨论活动中，我不愿意自己思考和参与讨论，只等着大家的讨论结果	0.651

项目	因子负荷
5. 如果老师不留作业，我课下很少主动学习该学科	0.624
水平2：积极主动的数学学习	α信度：0.855
6. 我会自己定期归纳、总结、概括所学过的该学科知识	0.619
7. 学习该学科时，我会带着问题上课听讲	0.646
8. 在学习该学科遇到问题时，我会主动寻找相关资料解答，或者找老师和同学讨论	0.666
9. 我主动投入很多时间学习该学科	0.750
10. 学习该学科时，我自己总结了一套比较有效的学习策略和方法	0.716
11. 我学习该学科时总是能提出自己的观点和见解	0.725
水平3：创造性的数学学习	α信度：0.806
12. 我立志成为该学科领域的专业人才，为该学科的发展做贡献	0.814
13. 我运用所学知识进行过一些创造活动，如数学建模、科技小发明、创新大赛、创作小说或剧本等	0.712
14. 我愿意尝试或已经自修了高年级甚至大学的数学知识	0.628
15. 我喜欢解决创造性或探究式的数学问题	0.683

三、学习动机对学科能力的影响分析

为了探求学习动机对数学学科能力的影响，数据分析将结合两部分测试结果进行，即同时施测的数学学习动机调查问卷及数学学科能力测试。一方面，根据数学学习动机水平量表的理论框架，依据学生不同的数学学习行为、学习策略等将学生的数学学习动机划分为消极被动的数学学习动机、积极主动的数学学习动机、创造性的数学学习动机以及综合的数学学习动机表现；另一方面，根据数学学科能力框架以及相应数学学科能力测试的情况，通过项目反应理论的 Rasch 模型，得到不同能力维度下的学生能力值，即总能力值，三个一级能力维度值（学习理解能力、实践应用能力、创造迁移能力），以及 9 个二级能力维度值。通过对不同学习动机水平和不同学科能力表现进行分析，探求学习动机对数学学科能力的影响。下面的内容分别具体呈现学习动机对全体被试学生学科能力的影响分析过程，以及对不同性别学生的学科能力的影响分析过程，初步得到四个结论。

(一)全体被试学生学习动机对数学学科能力的影响

对于全体被试学生而言，先通过对其进行相关分析(表4-32)来解释数学学习动机与数学学科能力的关系。相关分析是用一个指标来反映变量之间相关关系的方向和密切程度的线性统计分析技术，它使用的指标就是相关系数。相关系数值的大小表明了两列变量相互间的相关程度。

表 4-32　学习动机对数学学科能力表现的相关分析

	学习动机	消极被动的数学学习	积极主动的数学学习	创造性的数学学习
期末数学成绩	0.323**	−0.358**	0.285**	0.155**
总能力	0.295**	−0.334**	0.269**	0.136**
A：学习理解能力	0.288**	−0.315**	0.267**	0.129*
B：实践应用能力	0.305**	−0.345**	0.276**	0.144**
C：创造迁移能力	0.260**	−0.289**	0.240**	0.144**
A1：观察记忆	0.220**	−0.255**	0.206**	0.054
A2：概括理解	0.238**	−0.239**	0.227**	0.092
A3：说明论证	0.222**	−0.233**	0.217**	0.069
B1：分析计算	0.272**	−0.313**	0.255**	0.146**
B2：推测解释	0.251**	−0.313**	0.231**	0.099
B3：简单问题解决	0.279**	−0.316**	0.236**	0.146**
C1：综合问题解决	0.056	−0.076	0.046	0.053
C2：猜想探究	0.060	−0.077	0.028	0.081
C3：发现创新	0.111*	−0.084	0.118*	0.103*

注：＊＊在0.01的水平(双侧)上显著相关；

＊在0.05的水平(双侧)上显著相关。

首先，学生的学习动机对数学学科能力有显著的正向影响，其中，学习动机对于实践应用能力的影响最大，对于学习理解能力的影响大于对创造迁移能力的影响。也就是说，学生增强数学学习动机，采取更积极有效的数学学习方法，对于提升学习理解能力和实践应用能力的影响更大。在对二级能力维度的影响方面，学习动机显著影响以下能力："B3：简单问题解决能力""B1：分析计算能力""B2：推测解释能力""A2：概括理解能力""A3：说明论证能力""A1：观察记忆能力"。根据数学学科能力框架，学习动机对于高层次能力的影响尽管是积极的，但是统计意义上并不显著。这在一定程度上说明，学生的学习动机，具体来说是数学学习策略的选择，对于提升中低层次的学科能力更有影响。

其次，不同的学习动机水平对于学科能力的影响也是不同的。消极被动的数学学习属于较低层次的学习动机水平，其对各学科能力表现的影响都是显著负向的，并且相关性要比其他学习动机水平大。积极主动的数学学习对学科能力的影响都是显著正向的。创造性的数学学习属于高层次的学习动机水平，其对各学科能力的影响都是显著正向的，但相关程度并不大。这说明目前学生达到的不同层次的数学学科能力，受高层次的学习动机水平的影响都不大。而高层次的学习动机水平在理论框架中，是指将数学作为"志趣"的程度。

不同群体在学习动机影响学科能力上也存在差异，将在本章后半部分进行比较。

(二)不同性别学生学习动机对数学学科能力的影响

性别差异一直是研究中所关注的问题，针对本研究，我们也同样关注男女生的差异，并试图解决这样两个问题：第一，男女生在学习动机表现和数学学科能力表现上是否存在性别差异；第二，不同学习动机与不同数学学科能力的影响上，男女生是否存在作用点的不同。

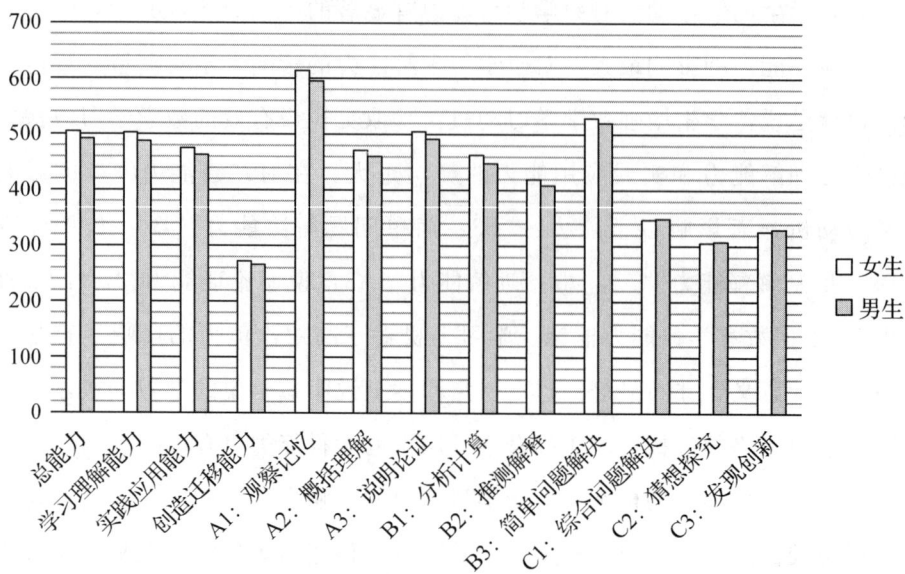

图 4-14　不同性别学生各能力维度表现对比

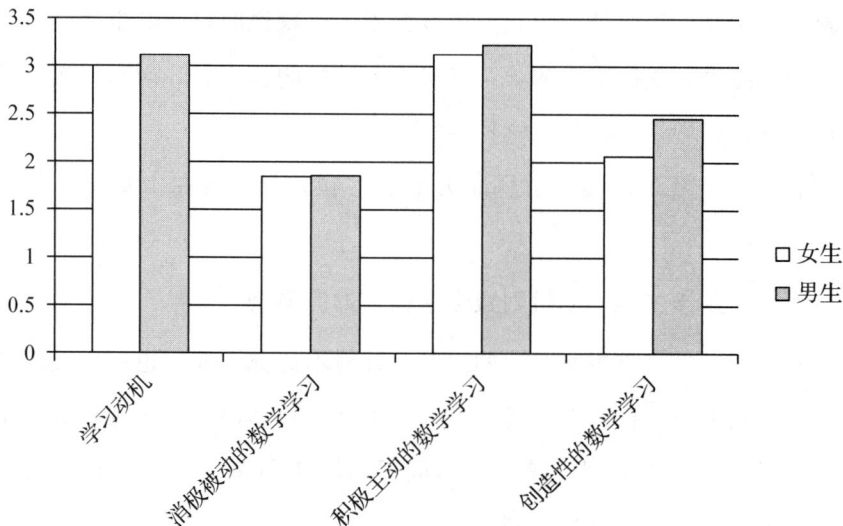

图 4-15　不同性别学生各学习动机水平表现对比

表 4-33　男女生学习动机与数学学科能力表现方差分析

	女生		男生		方差分析	
	均值	标准差	均值	标准差	F 值	显著性
学习动机	3.006 3	0.546 38	3.121 0	0.680 89	3.181	0.075
消极被动的数学学习	1.849 3	0.623 23	1.864 8	0.666 57	0.056	0.813
积极主动的数学学习	3.133 6	0.719 08	3.235 3	0.857 65	1.587	0.209
创造性的数学学习	2.074 8	0.734 56	2.456 7	0.957 97	19.978	0.000
期末数学成绩	109.19	20.305	107.89	23.359	0.358	0.550
总能力	505.883 3	41.447 13	493.690 9	47.589 84	7.575	0.006
学习理解能力	503.741 0	53.113 11	488.756 9	61.844 37	6.864	0.009
实践应用能力	476.065 9	38.395 08	464.439 7	43.899 12	8.063	0.005
创造迁移能力	273.532 8	41.125 37	267.150 5	50.206 33	1.972	0.161
A1：观察记忆	617.476 9	71.848 90	598.078 5	83.387 20	6.309	0.012
A2：概括理解	473.633 7	42.163 00	463.058 0	47.370 64	5.634	0.018
A3：说明论证	506.966 6	50.781 15	492.774 6	55.829 06	7.152	0.008
B1：分析计算	465.585 9	66.753 35	450.435 0	65.006 00	5.296	0.022
B2：推测解释	420.739 9	37.854 17	409.723 1	39.263 06	8.214	0.004
B3：简单问题解决	531.982 2	35.806 91	522.508 7	41.844 01	6.014	0.015
C1：综合问题解决	349.024 7	14.779 37	351.015 2	19.047 42	1.396	0.238
C2：猜想探究	306.677 7	18.500 37	307.535 5	19.776 50	0.202	0.653
C3：发现创新	326.793 1	20.441 29	331.337 2	25.350 10	3.976	0.047

由方差分析(表 4-33)可见，数学学习动机水平中的创造性的数学学习方面性别差异显著($p < 0.05$)，男生显著高于女生(图 4-14、图 4-15)。动机水平其他方面虽然均分方面男生都高于女生，但统计意义上性别差异不显著。学生在上学期的数学期末考试的表现并不存在显著的性别差异，但是在本研究的数学学科能力测试中总能力的表现上存在显著的性别差异，即男生的总能力表现显著低于女生。再根据数学学科能力理论框架具体细化的一级、二级能力维度，可以发现，在学习理解能力和实践应用能力上，存在显著的性别差异，同样这两个一级能力维度所对应的六个二级能力维度上(即"A1：观察记忆""A2：概括理解""A3：说

明论证""B1：分析计算""B2：推理与论证""B3：简单问题解决"）也都存在显著的性别差异，而且都是男生显著低于女生。不过，在二级能力维度"C3：发现创新"上所存在的显著性别差异，却是男生显著高于女生，而且虽然在创造迁移能力上男女生的差异并不显著，可是所属在该能力下的三个二级能力维度（"C1：综合问题解决""C2：猜想探究""C3：发现创新"）的均分都是男生高于女生，这与其他能力维度的均分表现（女生高于男生）是不同的。那么究竟不同水平的数学动机对于不同维度的数学学科能力存在怎样的影响，又是否在性别方面的影响水平不同，需要结合相关分析结果（表 4-34）说明。

表 4-34　男女生学习动机与数学学科能力表现相关分析

	女生				男生			
	学习动机	消极被动的数学学习	积极主动的数学学习	创造性的数学学习	学习动机	消极被动的数学学习	积极主动的数学学习	创造性的数学学习
期末数学成绩	0.313**	−0.304**	0.286**	0.237**	0.286**	−0.312**	0.265**	0.107
总能力	0.286**	−0.289**	0.273**	0.143*	0.331**	−0.382**	0.283**	0.193**
学习理解能力	0.281**	−0.284**	0.275**	0.137*	0.319**	−0.348**	0.276**	0.182*
实践应用能力	0.283**	−0.296**	0.261**	0.145*	0.354**	−0.398**	0.309**	0.209*
创造迁移能力	0.280**	−0.276**	0.267**	0.165*	0.256**	−0.303**	0.223**	0.160*
A1：观察记忆	0.232**	−0.229**	0.246**	0.072	0.234**	−0.282**	0.189*	0.094
A2：概括理解	0.246**	−0.216**	0.269**	0.112	0.255**	−0.262**	0.208**	0.130
A3：说明论证	0.230**	−0.236**	0.236**	0.073	0.240**	−0.231**	0.215**	0.124
B1：分析计算	0.252**	−0.248**	0.219**	0.157*	0.323**	−0.391**	0.309**	0.194**
B2：推测解释	0.180*	−0.222**	0.152*	0.073	0.349**	−0.415**	0.329**	0.187*
B3：简单问题解决	0.280**	−0.283**	0.240**	0.159*	0.305**	−0.350**	0.250**	0.193**
C1：综合问题解决	0.074	−0.077	0.059	0.073	0.032	−0.076	0.026	0.016
C2：猜想探究	0.116	−0.140*	0.102	0.088	0.002	−0.012	−0.050	0.075
C3：发现创新	0.102	−0.072	0.111	0.087	0.099	−0.097	0.108	0.076

注：＊＊在 0.01 的水平（双侧）上显著相关；

＊在 0.05 的水平（双侧）上显著相关。

　　由男女生各水平学习动机对数学学科能力的相关分析对比可见，首先在综合学习动机影响学科能力和期末数学成绩表现上，就存在不同，具体而言，无论男生学习动机，还是女生的学习动机，对期末成绩和总能力上分别都呈现显著正相关，也就是学生的学习动机越大，其总能力表现和期末成绩表现越好。但作用点却不同，女生的学习动机对期末成绩的影响要比男生大，而男生的学习动机对学科能力的影响要比女生大。这是一个有趣的发现，也与我们的主观认识有相同之处，即女生想学好数学的动机作用在学业考试中的作用力更大，而男生的动机作用在能力表现上的作用力更大。那么具体是在哪个能力维度上，男女生学习动机的作用力产生了差异，需要再结合下面分能力维度的相关分析结果说明。

　　在分析综合学习动机表现对各分能力的影响上，可以看到无论男生，还是女生，学习动机对于学习理解能力、实践应用能力和创造迁移能力上都是显著正相关的，并且在只考虑学习动机这一个非智力因素对学科能力的影响上来说，统计意义上的相关程度较大，说明学习动机对男生和女生而言，都是影响学科能力的重要非智力因素。但是，这三个能力受学习动机的影响男女生也存在不同，女生学习动机对学习理解能力和实践应用能力上的影响要低于男生，而男生学习动机在创造迁移能力上的影响反而要低于女生。结合刚才对学习动机和总能力的相关分析对比结果，男生受学习动机影响较大的能力方面是学习理解能力和实践应用能力。而创造迁移能力方面，虽然男生在发现创新的表现显著高于女生，可是这部分能力受到动机水平的影响反而低于女生。

　　另外，在将学习动机分水平探讨与数学学科能力的关系中，可以看出，无论男生，还是女生，创造性的数学学习动机对能力的影响都没有其他两个水平的学习动机影响大。但是在创造性的数学学习动机上也有男女生的不同，男生创造性的数学学习动机与期末数学成绩没有显著的相关，但是却与总能力呈现显著正相关，女生创造性的数学学习动机与期末数学成绩不仅有显著的正相关，并且相关性要大于与总能力的相关性。根据创造性的数学学习动机理论框架以及题目设置，在这个动机水平得分高的学生表明其将数学作为"志趣"的水平高，倾向于选择有关数学专业和方向作为将来从事职业方向，具有自我实现的特点。而这种学习动机对于男生的作用点只表现在数学能力上，而女生更多的是作用在期末成绩上。

(三)学习动机对学科能力的影响分析结论

1. 学生增强数学学习动机，对提升学习理解能力和实践应用能力的影响更大

学生增强数学学习动机，采取更积极有效的数学学习方法，对于提升学习理解能力和实践应用能力的影响更大。根据数学学科能力框架，针对更具体的9个子能力而言，学习动机对于学习理解能力以及实践应用能力下的6个子能力影响均显著，对于高层次的创造迁移3个子能力的影响尽管正向，但是统计意义上并不显著。具体而言，学习动机对学习理解能力的积极影响表现在：观察记忆能力、概括理解能力、说明论证能力；对实践应用能力的积极影响表现在：分析计算能力、推测解释能力、简单问题解决能力。这在一定程度上说明，学生的学习动机对于提升中低层次的数学学科能力更有影响。

2. 消极被动的数学学习对学科能力呈现显著的负面影响

不同的数学学习动机水平对于数学学科能力的影响也是不同的。根据数学学习动机测量框架，不同学习动机水平的学生在数学学习过程中采取不同层次的数学学习策略，表现为不同的数学学习行为。消极被动的数学学习对数学学科能力呈现显著的负面影响，即在数学学习过程中如果学生不积极思考学习，只是出于通过考试的目的，采取短时间停止或明显弱化的学习方式，那么对其数学学科能力的影响是负面的。尤其表现在对于实践应用能力上的负面影响，即分析计算能力、推测解释能力、简单问题解决能力。对于学习理解能力和创造迁移能力的负面影响，不如对实践应用能力的影响大，这与高中数学教学的要求有关。具体来说，学习理解能力在教学中要求水平较低，因此学生可能不太费时费力就可以在这方面有不错的表现，尽管消极被动地学习数学，也不至于影响过大。另外，日常教学中对于创造迁移能力的涉及不多，对于学生而言，无论如何对待数学学习，对这部分能力的影响都是有限的。在反馈测试结果的同时，不少测试学校的数学教师反映：在日常教学中培养和检测学生创造迁移能力是不容易的，一方面创造迁移能力的培养是需要长期的渗透；另一方面目前的实际教学要求也很难达到高层次能力培养的需求。

积极主动的数学学习对学科能力都是显著的正面影响，也就是说如果学生的学习动机是出于兴趣、为了达到自己的追求目标，从而采取一系列积极主动的学习策略，有自己的一套方法，愿意花费额外的时间和精力在数学学习中，那么这样的学习也对其学科能力的提升有促进作用。创造性的数学学习，要求学生的学习动机达到"志趣"的水平，尽管这种水平下的动机对学科能力的影响也是积极的，但影响并不大。考虑到我们现在的高中数学知识水平，想在未来从事数学相关职业的学生所付出的努力，早已超过课堂数学学习成果所能体现的水平，因此没达到这个动机层次的学生与他们在数学能力表现上的差异可能不大。在调查问卷中也有相关题目反映学生日常学习中对不同能力层次题目的处理态度，其中选择中高层次能力要求题目的频率明显较低，但其在相应数学能力维度题目的表现并不差，这也从侧面支持了上面的分析，即学生不用达到"志趣"水平也能很好应付所学所考的内容。

3. 女生的学习动机对短期数学学习考查影响更大，而男生的学习动机对长期学科能力养成的影响更大

无论男生，还是女生，学习动机对学科能力表现和期末成绩表现都呈现显著正相关，也就是学生的学习动机越大，其能力表现和期末成绩表现越好。但是女生的学习动机对期末成绩的影响要比男生大，而男生的学习动机对学科能力的影响要比女生大。这是一个有趣的发现，女生想学好数学的动机作用在学业考试中的作用力更大，而男生的动机作用在能力表现上的作用力更大。这与国际上基于学业成就影响因素的元分析发现有异曲同工之处：无论成功如何，男生愿意将其归咎于能力，而女生则稍倾向归咎于运气。我国学者伍春兰在对男女生数学学习差异比较分析时，就曾指出女生更偏重机械记忆，男生的数学学习则更深入，因此从针对短期的数学学习考查（如期末测试）的影响来看，女生受学习动机影响较大，而男生也许测试表现不如女生，但学科能力关注的是长期持续的能力发展，

男生的学习动机对这方面影响则要更大。

性别差异对数学学习及学科能力培养的差异是存在的，因此在教学中需要得到教师的重视，如针对男女生的学习特点，运用有所侧重的教学原则，选择有所差异的教学方法。通过研究发现，男女生的学习差异是很多原因共同作用的结果，并且长期的能力培养上，学习动机对男生的影响更大，因此教师不应单纯地对比某一次考试男女生的成绩，或者过度强调成绩上的性别差异，这种做法会导致学生动机水平的下降，进而对成绩和能力的影响都是负面的。与此同时，教师反倒可以鼓励成绩表现上暂时欠佳的男生，激励他们继续努力，保持积极主动的数学学习动机，不必过于担心一时的成绩失利，厚积薄发。

4. 缺乏信心的学生倾向于选择消极被动的数学学习策略，对其学科能力的负面影响更大

学生是否对数学学习有信心，在学习动机对学科能力的影响上也有所不同。对于信心不足的学生来说，学习动机对学科能力有显著的积极作用，然而学习动机对于期末成绩的影响则不大。另外，对于一个有信心学好数学的学生来说，学习动机对于期末成绩和学科能力的影响都是显著正相关的。也就是说，如果针对短期数学学习考查（如期末测试表现），一味地增强学生的学习动机却达不到其成绩提高的目的，有可能是因为他本身就对学好数学没有信心。并且，相较于有信心学好数学的学生，没有信心的学生显著倾向于选择消极被动的数学学习策略，并且这种消极的数学学习策略对其学科能力的负面影响也要更大。

第五章

基于学生数学学科
核心能力的教学改进研究

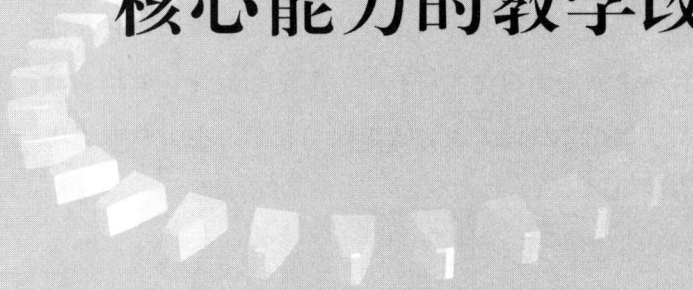

在十几年的基础教育课程改革过程中，国家通过颁布课程标准和修订中、高考考试大纲等重要文件提出了新课程背景下的学科素养和能力培养的要求①②。2010年颁布的《国家中长期教育改革和发展规划纲要(2010—2020年)》(以下简称《纲要》)中指出："基础教育阶段要提高基础教育的质量，要求着力培养学生的学习能力、创新能力和实践能力。"国际上，TIMSS和PISA等大型国际测评都对包括数学、阅读和科学等核心学科领域的能力表现提出了系统的标准和要求③。PISA中的数学素养内涵从能力要素角度进行解析，具体表现为思维和推理、论证、传递交流、建立模型、提出和解决问题、表述、使用语言并进行操作、使用辅助工具八种数学能力④。当前我国开始了新一轮高中课程标准的修订工作，基于核心素养建构课程体系，是课标修订的重点任务。因此数学素养和数学学科核心能力紧密相关。在此背景下，有两个问题值得深入研究，一个是如何评价学生的数学学科能力。另一个是如何基于数学学科能力改进数学课堂教学，在数学课堂中真正落实对学生数学学科能力的培养。

① 胡典顺.数学素养研究综述[J].课程·教材·教法，2010，30(12)：50-54.
② 徐斌艳.数学学科核心能力研究[J].全球教育展望，2013，42(6)：67-74.
③ 黄友初.我国数学素养研究分析[J].课程·教材·教法，2015，35(8)：55-59.
④ 张民选，黄华.自信·自省·自觉——PISA 2012数学测试与上海数学教育特点[J].教育研究，2016(1)：35-46.

第一节　基于数学学科核心能力的教学改进的内涵

目前，课堂教学研究方法的基本形态，主要有质的研究和量的研究两种研究范式①。质的研究具体研究方法有课堂观察、课堂话语分析、教学案例分析法等。量化研究主要是利用数学统计的方法或者信息技术手段，对课堂教学中的师生行为、教学现象与问题进行分析。

研究课堂教学目的之一是进行教学改进，其根本是促进学生素养和能力的发展。在西方常常采用如工作坊培训、同伴互助、教学案例研究等方式帮助教师提高专业素养和教学技能②。在国内，教研制度成为中国特色教育体系中的一部分，在这个制度下，"磨课"成为日常教师改进教学的核心活动之一③。在多次的磨课活动中，教学研究团队常常关注的是教学的关键事件的处理，以此来提升教学效果。具体来讲，目前针对教学改进的研究主要有三种模式：第一，以区域教研或学校听评课为主的教学改进活动。作为区域教研或学校的主要教研活动，听评课在促进教学改进、提高教师专业发展方面有着重要的作用，但听评课主要存在"走过场，流于形式""内容广泛，缺乏针对性""止步于听评课，缺乏教学改进环节"的弊端；第二，"教一学一评一体"教学改进模式④。该模式从课堂前测到总结与反思，每个环节都能体现评价，将教学与评价自然地融合在一起，使之成为有机的整体，起到对学生学习的促进和对教师教学的改进作用；第三，视频自我分析的教学改进研究，教师利用教学视频，自我分析，寻找教学设计与教学实施过程中的偏差，以促进教学改进和教学技能的提高⑤。

---

① 李泽林.课堂研究方法：基本范式与路径嬗变[J].教育研究，2013(11)：99-103.

② RichardF. Elmore. Accountable Leadership[J]. *Educational Forum*，2005，69（2）：134-142.

③ 杨玉东.运用关键性教学事件分析支撑中国式数学课例研究[J].数学教育学报，2015，24(3)：40-47.

④ 龙兴.课堂评价与教学改进研究新进展[J].教育测量与评价，2015(1)：6-8.

⑤ 王佳莹，郭俊杰.视频自我分析：发展教师的教学决策能力[J].教育理论与实践，2012，32(5)：22-24.

无论是区域教研的听评课还是视频的自我分析，研究的着力点是抓住教学中的关键事件进行打磨，以此促进教师教学行为的改变，提高教师的专业素养和技能。教师的教学行为是影响学生学习的重要因素之一，但这些教学改进模式并没能很好地回答如何评价教学行为改进效果的问题，而教学行为的改变策略对学生学习的影响是值得深入研究的问题。尽管所有的教学改进最终的目的都是为了促进学生能力的发展，但这些教学改进模式并没有凸显出对学生数学学科能力发展的培养与评价。

根据郭衎等的研究，数学学科能力框架①设计如下表。

数学学科能力框架

一级维度	二级指标
A：学习理解	A1：观察记忆
	A2：概括理解
	A3：说明论证
B：实践应用	B1：分析计算
	B2：推测解释
	B3：简单问题解决
C：创造迁移	C1：综合问题解决
	C2：猜想探究
	C3：发现创新

因此，基于数学学科能力的课堂教学改进是指在综合评估学生数学学科能力状况和对教师课堂教学进行诊断的基础上，围绕教师的教学设计与课堂实施中能够培养学生数学学科能力的关键事件进行改进，通过量化与质性分析方法评估教学中教师与学生的变化，以此提高教师对学生数学学科能力培养的针对性和有效性，进而促进学生数学学科能力的发展。基于学生数学学科能力的教学改进的目标是调查学生数学学科能力发展现状，诊断学生数学学科能力和教师在培养学生数学学科能力时在教学方面存在的问题，进而改进教师的课堂教学，评估学生数学学科能力的发展。

---

① 郭衎，等．基于课程标准的数学学科能力评价研究[J]．数学教育学报，2015，24(2)：17-21.

第二节　基于学生数学学科核心能力的
教学改进的基本范式

课堂教学改进聚焦于学生数学学科能力的培养与发展，有两个关键点：第一，在前后测评中诊断和评估学生数学学科能力的状况，因此，借鉴郭衎等开发的能力测评框架和测评工具；第二，分析教学中能够培养学生数学学科能力的关键事件，并进行打磨改进。因此，形成了基于学生数学学科能力评价的课堂教学改进的基本范式，见图 5-1。

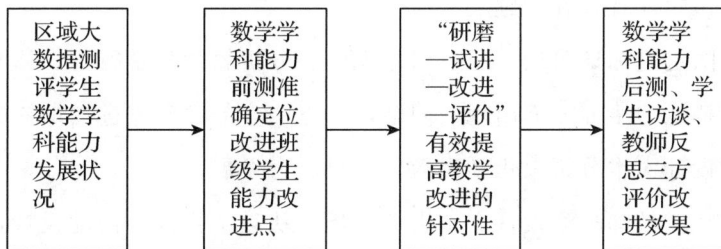

图 5-1　基于学生数学学科能力评价的课堂教学改进的基本范式

1. 基于数学学科能力的教学改进研究范式

(1)区域大数据测评学生数学学科能力发展状况

对学生所在的区域进行分层抽样测试，了解大区域中学生数学学科能力和核心知识(学习理解、实践应用、创造迁移以及二级指标)上的表现，发现存在的问题，聚焦本区域教学改进的主题。例如，某区域的大数据测试结果显示，学生的学习理解能力在高年级出现下滑的问题，不同学校间的差异往往就出现在学习理解能力的差异上，因此本区域在教学改进时选择了"概念教学"。

(2)数学学科能力前测准确定位改进班级学生能力改进点

在参与区域大数据测试的学校中，根据测试出现的问题和学校的意愿，选择几所学校参与课堂教学改进研究。为了更好地诊断出学生在数学学科能力发展中存在的问题，对参与课堂教学改进研究的学校及班级进行前测，定位学生数学学科能力改进点。由大学教授、区域教研员和一线教师组成教学改进研究团队，根据学生数学学科能力改进点，在区域聚焦的内容主题下，选择改进的课题。比如，某学校在区域大数据以及前测中发现，学生在推测解释和猜想探究这两个维度上提升空间较大，因此把这两个定位为学科能力改进点，以"等腰三角形的性质""探究三角形分割问题"和"等腰三角形问题研究"作为改进推测解释和猜想探究能力的重点课题。

（3）"研磨—试讲—改进—评价"有效提高教学改进的针对性

在定位数学学科能力改进点和课题之后，由一线教师及其所在学校教研组共同研究课题的设计和试讲。

①教学诊断发现存在问题

研究团队走进测试班级，通过课堂观察、分析教师教学行为、诊断教师的教学在数学学科能力培养方面出现的问题，为下一步的教学改进提供依据。

②教学设计文本分析聚焦学生数学学科能力发展

研究团队对教师教学设计文本进行分析，从教学目标到活动设计，聚焦到如何更好地培养和发展学生的数学学科能力，提出切实可行的教学设计改进策略。

③教学实施分析聚焦数学学科能力发展的落实

研究团队对教师的试讲进行研磨、分析，研究的方向聚焦在对学生学科能力发展的培养的教学策略上，为一线教师的教学改进提供具体的、有针对性的指导。在课堂中，观察两个方面，一是教师的教。教师在问题引导与活动组织、对学生的思维的关注、对学生评价这三个方面是如何促进学生数学学科能力发展的。二是学生的学。学生如何提出问题，经历了怎样的思维过程，如何解决问题，遇到了怎样的困难。课后围绕促进学生数学学科能力发展的关键性活动进行分析、研磨和再设计，提升教学的针对性和有效性。

参与改进的授课教师在研讨之后内化研究团队提出的教学改进策略，对教学设计进行再次改进，并再次进行教学实施，研究团队对教师改进的教学设计与实施进行研究分析。通过前后两次研磨能够帮助授课教师看到在数学学科能力发展的培养上，自身的教学设计与实施过程中存在的不足以及改变，使得基于学生学科能力发展的教学改进策略能够有效的实施。

④"以点带面"，促进团队教学改进

对教师的课堂教学进行评价和研究的目的旨在诊断与改进，改进的方向聚焦在学生数学学科能力发展的培养。"研磨—试讲—改进—评价"环节的另外一个特点是选择两位教师及其教学为例，带动学校教研团队进行数学学科能力改进的研究，以点带面，提高学校教研团队在学生数学学科能力培养上的教学有效性。

(4)数学学科能力后测、学生访谈、教师反思三方评价改进效果

为了能够检测基于学生数学学科能力发展的教学改进效果，对学生进行数学学科能力后测，后测试题严格按照命题规则进行命制，并设置锚题等与前测保持等值。对参与改进研究的学生和教师进行访谈，结合后测数据进行教学改进效果的评价。

综合以上教学改进的研究路径可以归纳为"前测定位—教学诊断—活动设计—关键事件—访谈反思—后测评估"六部曲，如图 5-2。

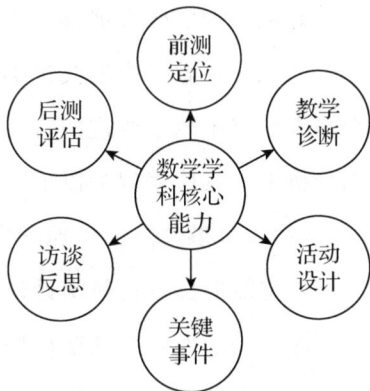

图 5-2　教学改进的研究路径六部曲

2. 关键事件分析聚焦学生数学学科能力发展

重点和难点是教师在教学中重点关注的两个问题。在课堂教学中，突出重点与突破难点的过程，是教师引领学生经历数学化、突破思维难点而获得知识与能力的过程，往往表现为课堂中的关键点[①]或关键事件，这些关键事件推动着教学的发展进程，成为影响学生数学学科能力发展的重要节点。

关键事件可以分为教学设计中的关键事件和教学中的关键事件，教学设计中的关键事件表现为关键的活动设计，比如，学生需要经历有理数的加法法则的形

---

① Yang Y. How a Chinese Teacher Improved Classroom Teaching in a Teaching Research Group [J]. *ZDM*，2009，41(3)：279-296.

成过程是有理数加法第一节课的重点，从中归纳、概括出有理数的加法法则则是难点，设计如下的活动：在教师的引导下，学生列举出有理数加法的不同的算式，通过生活情境计算算式的结果并陈述计算路径是一个关键事件，在此基础上学生概括出有理数的加法法则是本节课的另外一个关键事件，这些是教师在进行教学设计时需要考虑的。在这两个关键事件中，学生可以锻炼概括理解能力、运算能力和数学交流表达能力。教学中的关键事件，表现为当学生思维表现出智慧或出现困难时，教师的教学决策，比如，在证明等腰三角形两底角相等时，学生提出"过顶点 A 作底边 BC 的中垂线"这样的作辅助线的方法时，教师如何处理才能更好地帮助学生发展推理论证能力。

因此，对教学中的关键事件在培养学生数学学科能力发展方面的作用进行分析是本研究中教学改进的着力点。那么，围绕关键事件在促进数学学科能力发展的分析上，具体表现为以下三个方面。

(1)关键事件能够培养学生的数学学科能力是什么

首先需要分析在教学设计和教学中的关键事件是什么，比如，"余弦定理"第一节课，关于理解余弦定理提出的必要性、证明方法的形成过程、不同证明方法的关系，以及课堂中学生表现出的思维过程，课堂练习的选择等是关键事件，然后需要分析关键事件中能够培养学生的数学学科能力是什么。最后分析这些关键事件之间的逻辑关系。

(2)如何才能更好地驱动和激发学生的思维

关键事件如何改进才能更好地驱动和激发学生的思维？首先，根据关键事件设计核心问题串来激发学生思维。课堂教学中，教师的提问是非常重要的，一系列提问的背后应该蕴藏着对问题的设计，这些问题应该能激发学生思考，答案最好是开放的，有着不同的思考角度，属于高层次问题，比如，探索等腰三角形的性质一节课中，设计"①对于等腰三角形，你想研究哪些问题？②从哪些方面研究等腰三角形的性质？③你能提出哪些猜想？你是怎么发现的？④如何论证你的猜想？还有没有别的思路？⑤不同方法之间有怎样的关系？"来驱动和激发学生的思维，在这个过程中，可以锻炼学生提出问题、提出猜想和解决问题的能力，即学生的猜想探究能力。其次，注重师生、生生评价，激发学生质疑、反思等批判性思维的发展，形成良好的课堂氛围。每一位学生的回答都包含着他的思考，或许都有合理之处，教师需要读懂学生的答案，分析其价值与问题所在，发展学生的思维。

（3）如何结合数学学科能力进行有效教学反思

教师也要结合关键事件进行分析，关键事件中教师的处理方式是否得当，学生的行为表现和课后测试反映出的问题，下一次课该如何调整等。

因此根据关键事件，可以形成更加具有针对性的、聚焦数学学科能力的教学改进量表来评估教与学的过程。

3. 基于学生数学学科核心能力评价的教学改进的实施流程

课堂教学改进的实践证明，在确立了课堂改进目标和基本范式之后，要制定一个完整的实施流程，明确每一步的目的、意义和时间安排，做好沟通协调，这样有利于课堂教学改进的有序展开。具体实施流程见图 5-3。

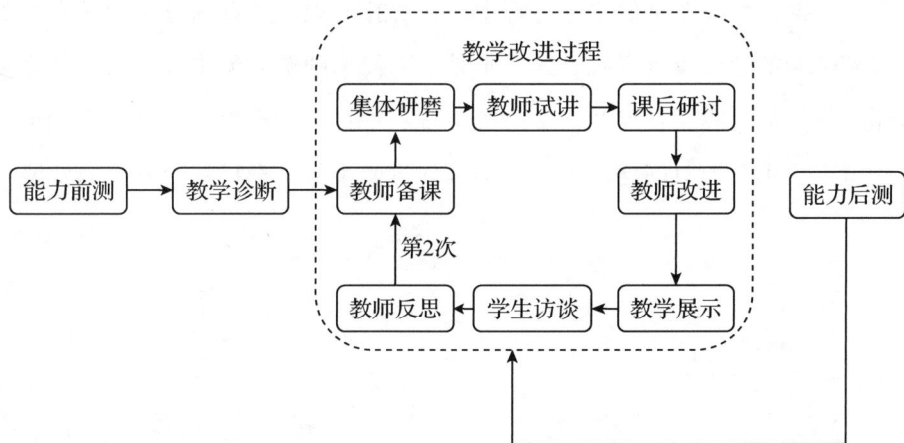

图 5-3　教学改进的实施流程图

在具体的实施过程中要注意以下一些问题。

（1）明确改进的目标。这种课堂教学改进方式是一种基于专家支持与同伴合作的校本教研模式，以促进学生数学学科核心能力发展为课堂教学设计与实践的基本理念，以科学的教育理论和方法为指导，以数学学科能力发展的薄弱点为改进点，以专家支持的研究型集体备课和教学"临床会诊"为方法，旨在实现教师教育理念向教学行为的有效转化，促进学生数学学科核心能力的发展。

（2）发挥团队的力量。在教学改进的实施过程中，参与教学改进团队中的每一位老师都有各自的任务分工，大家在整个教学改进的过程中，发挥各自所长，整合集体智慧，使得课堂教学改进的过程成为一个了解和理解一线数学教师、与一线数学教师共同发现问题和共同解决问题的过程，能够成为与一线数学教师共同学习、共同反思研究以及共同成长的过程。

（3）及时反馈与改进。问题的发现和情况的归因，最终需要教师在教学设计和教学行为上做出反馈和调整。在教师备课、集体研磨、教师试讲、教学展示之后，教学改进团队的成员要及时反馈发现的问题，提出改进的建议。针对数学课堂教学的观察、分析和评论都是为了最终发展学生的数学核心能力，而这需要不断地调整教学的设计与实施方式。

在实际课堂教学改进的实施过程中，从寻找发现改进点到分析问题存在的原因，再到不断的课堂改进实践，这并不是一个简单的单向流水线，而是一个复杂的可循环往复的过程，在课堂教学改进的过程中可能会产生一些意想不到的新问题，这就需要不断面对问题、解决问题，促进学生数学学科核心能力的发展。

第三节　基于数学学科核心能力评价的
教学改进的基本策略

基于数学学科核心能力评价的课堂教学过程改进中，教学改进团队集思广益。以数学课堂为主要阵地，通过转变教研方式，在课堂教学实践中不断完善，促进教师教学方式和学生学习方式的转变，提高学生的数学学科核心能力水平，在这个过程中形成了一些具体的改进策略。

1. 同课异构促进教学改进

顾名思义，"同课"是指相同的教学内容，"异构"是指不同的教学设计。"同课异构"就是选用同一个教学内容，根据学生的实际、现有的教学条件和教师自身的特点，进行不同的教学设计[①]。在本研究中，"同课"不仅指教学内容相同，还指课堂教学改进目标相同。例如，在某校的教学改进活动中，针对"等腰三角形的性质"这节课开展了一次"同课异构"活动，课堂改进的目标都是提升推测解释和猜想探究能力。在备课阶段，授课教师首先要深入理解教学改进目标，以及数学学科核心能力的内涵。接着，教师深入研读教材、理解教材、把握教材。在深入分析、研究学生情况的基础上，根据学生情况进行独立的教学设计。接着，教学改进团队针对两位老师的备课进行合作研讨、精细打磨教学设计，针对教学目标的设定、教学活动的设计、教学提问的预设等多方面进行指导改进。在这个过程凸显了对教学中关键事件的把握，通过"磨课"活动，目的是促进教师思考如何在课堂中培养学生数学学科能力，获得数学教学知识（Mathematical Knowledge for Teaching，MKT），促进数学教师的专业化发展。与一般的教学相比，因为本研究中同课异构的教学内容和教学改进点都相同，所以更具有可比性。在

---

① 唐剑岚，黄丽玲．"三课活动"让同课异构更加有效[J]．教学与管理，2012(7)：34-35.

教学评议和教学反思的过程中，教师对问题的探讨也更加深入。通过这种"同课异构"活动，可以具体探讨如何在数学课堂中进行数学学科核心能力的培养，更好地辨析哪种引入方式、哪种活动设计、哪种设问反馈方式更有利于学生的培养。在这个过程中，教师们可以相互学习不同的教学理念和教学风格。研讨后形成个人的反思，再进一步对自己的教学进行改进。在改进过程中，促使教师不断对教学进行反思，从而不断提高教学技能，另外还能够及时发现教师间的差异，互相取长补短，促进数学教师教学能力提高。

2. 围绕数学学科核心能力改进的听评课策略

在每一个基于数学学科核心能力的课堂教学改进案例的实施流程中，会有多次听评课环节。听评课是教师了解和研究复杂的课堂教学的一种主要方式，也是发现问题、解决问题的一种有效途径。听评课的过程中离不开有效的课堂观察，课堂观察是通过观察，对课堂的运行状况进行记录、分析和研究，并在此基础上谋求学生课堂学习的改善，促进教师发展的专业活动[①]。在课堂教学改进项目的实施过程中，要求改进团队成员带着明确的关注点来观课，将授课教师的课堂教学过程进行细化，通过从课堂中有效地收集整理课堂信息，并依据这些信息，对数学课堂教学进行理性的分析和研究，从中发现数学课堂教学中存在的问题，提高评课的针对性和效率，使得教学改进建议更具科学性和有效性。将已有的一些课堂观察量表用于课堂教学实践，为课堂教学改进提供了理论依据。在课堂观察中，不只关注教师的课堂教学行为，更关注学生的课堂表现。这是因为数学课堂教学改进的目标是提升学生的数学学科核心能力，教师的教学活动设计是为了学生的学，最终要落实到学生身上。

在"全等三角形"案例改进过程中，前期的备课研讨，教学改进团队围绕概括理解能力和猜想探究能力的提高和授课教师一起打磨了教学活动设计。在试讲中，利用"教师提问有效性观察表"，发现这位两年教龄的新教师在数学课堂提问

---

① 曹一鸣，等. 国际视野下的中国中学数学课堂微观分析[M]. 北京：北京师范大学出版社，2011：2-16.

的设问与理答方面存在问题，其中明显的一点是缺乏启发性和引导，没有给学生留出发展数学核心能力的空间和机会。这节课中概括全等三角形的性质是一个核心教学目标，也是本节课的重点和难点。原来设计的是通过活动让学生观察PPT给出的若干组全等三角形，归纳猜想得出全等三角形有哪些性质。试讲时，教师展示出PPT后，直接提问："两个三角形全等时，对应边有什么数量关系？对应角呢？"这个问题剥夺了学生猜想探究的空间，直接把学生思维定位到对应边和对应角的数量关系上，学生失去了一次去猜想探究的好机会，不利于学生猜想探究能力的培养。在课后研讨时，建议教师将提问改为："两个三角形全等时，通过仔细观察，你能发现它们具有哪些性质？"在正式讲课的时候，课堂观察发现这样更为开放的问题，使得学生积极踊跃地思考，给出了很多有价值的结论，教师通过引导学生对结论进行梳理，把学生对结论的关注点集中到边和角这两个方面，归纳得出性质。这个过程既培养和发展了学生猜想探究的能力，还渗透了数学研究的一般方法。

带着关注点来听评课，每位教学改进的成员在评课时都有话可说，所提改进建议具有很强的针对性，而且也令授课者信服，容易接受改进建议。这种详细的分析，让授课教师觉得这对改进教学设计和改变一些不良的教学习惯有很大的帮助。同时这种方法也像给了教学改进团队的每位成员一面"镜子"，促进大家去积极反思自己的优点和不足。

3. 持续跟踪记录，改进成果策略

基于数学学科核心能力的课堂教学改进是一个长期的过程，需要培养数学教师的这种课堂教学改进意识，形成自身的一套改进方法，并将这种改进意识和方法长期运用于数学课堂教学中。采用跟踪记录改进成果策略，使得教师通过一个完整的数学课堂教学改进周期，将改进过程中每一稿的教案、学案、PPT等材料按改进顺序保存下来，并将每次改进的原因、课堂教学改进实施中遇到的困惑和收获、授课教师的感受以及学生的变化、改进团队的评价与建议等记录下来。在这样一个持续跟踪记录的改进过程中，促进教师形成一种主动改进的意识，通过不断反思教师的教学行为和学生的学习表现，将一些好的改进方法固化下来。

学校实施持续跟踪记录改进成果策略具有怎样的教育价值呢？一方面，给改进学校留下了一些固化的改进成果，这些成果有利于今后课堂教学的实施。通过这种行动研究，促进了校本教研的开展，比如，针对习题课教学中，如何促进学生的分析计算能力的提高，在某校开展了 2 次教学改进活动，活动结束后，在改进团队和授课教师的努力下形成了 2 套改进成果案例"直线与圆锥曲线的综合问题""导数的应用"。另一方面，这些教学改进案例可以在区域教研中进行交流推广，这些案例可以用作教师培训时培养教师分析问题、做出决策以及解决问题能力的材料，使得更多教师受益，促进数学教师的专业化成长。

教学改进研究是教学研究中永恒的话题，培养学生的数学学科能力，进一步培养学生数学学科核心素养是教学改进过程中更加关注的焦点。在这个过程中，学生数学学科能力前后测评是依据，教学关键事件的分析与改进是核心，教师数学专业素养的提升是根本保障。本研究中提出的教学改进的模式为教师进行教学改进提供了切实可行的路径，为学校校本教研或区域教研提供了一种研究范式。

第六章

基于学生概括理解能力的
教学改进研究

第一节　数学概括理解的内涵、意义及过程

一般认为，数学是研究数量关系和空间形式的科学，在人们认识一类事物的数学本质或规律的过程中，需要把具体事物的特定数学属性或特征抽取出来，将这些事物的共同属性或本质特征结合起来进行思考，才能发现事物的数学本质或规律，人们一般把这个过程称为"抽象概括"过程。抽象是人们认识数学对象的基本途径，而在抽象的基础上对数学对象所具有的共同属性和本质特征的思维进行整合，体现了数学概括的能力。苏联学者克鲁捷茨基认为"概括是数学头脑的特性，是人类智慧的重要指标"①。已有研究表明，在数学学习中容易获得成功的学生，往往因为他们具有较强的概括能力，肯定了数学概括能力在数学学习中的作用。蔡金法从数学的特点、思维、迁移及实证研究中论述了"数学概括能力是数学能力的核心"②，并认为学生的数学概括能力的培养促进了学生数学能力的发展。

我国在新课程改革中也提倡对学生"数学概括能力"的培养。《标准（2011 年版）》中提出："数学作为对于客观现象抽象概括而逐渐形成的科学语言与工具"③。认同了概括在数学学科发展中的地位，强调在教学中要引导学生进行观察、分析，抽象概括地理解数学的本质，认为培养学生的概括能力具有重要的数学教育价值。高中数学课程标准及考试大纲中，强调学生要具有概括理解数学本质的能力，在考试中也逐步渗透对学生概括能力的考核。

"概括"是学生学习数学知识、概念及数学思想方法的重要思维形式，是学生理解数学本质的基本活动。一般认为，"概括"是学生进行数学理解的重要途径，

---

① 李伯黍.《中小学生数学能力心理学》评介[J]. 心理科学，1983(3)：52-56.

② 蔡金法. 试论数学概括能力是数学能力的核心[J]. 数学通报，1988(2).

③ 中华人民共和国教育部. 义务教育数学课程标准(2011 年版)[S]. 北京：北京师范大学出版社，2012.

在"概括"的基础上对数学本质的理解更加符合数学知识的学习规律，因此，我们把"概括理解"作为学生的核心数学能力。然而，这里的"概括理解"并非割裂"抽象"和"概括"的联系，"抽象"是更基础性、更一般性的数学理解，是学生进行"概括"活动的前提，而"概括理解能力"更加突出了"概括"对于数学学习的价值。

一、学生数学概括理解的内涵、意义

客观事物本身具有多重属性和特征，"数学抽象"是指抛弃事物的形象和感官特征，把事物所具有的数量关系和空间形式特征提取出来，形成的对客观事物的数学认识。这些客观事物既包含形象的、具体的自然事物，也包含数学内部产生的数学概念、定理、法则或数学思想方法等数学对象，对数学对象的抽象比对自然事物更加复杂。在抽象出客观事物的数学特征后，人们更关心这些特征所呈现的共同属性，概括即是将这些共同属性、特征在头脑中融合，提炼数学本质或规律的思维过程，进而获得新的数学认识。抽取出研究对象的共同属性，通过比较、联系形成初步的数学认识，再进一步推广到一般情况，使之得到验证，形成对数学本质或规律的认识，这是通过概括对数学对象进行理解的一般过程。

蔡金法认为，不但数学概念是抽象概括的结果，数学的逻辑推理法则、方法也是抽象概括的结果，数学的高度概括性决定了数学的高度抽象性、严谨性及广泛应用性。数学的形式化符号体系自身就是自然语言的概括，而数学思维方法就是在形式化数学语言的基础上的进一步概括，是高度抽象的概括。因此，数学知识是通过抽象概括的方法逐步得到的，数学概括的对象不仅是具体的、可见的客观事物，也包含已有的数学概括结果。相对于加工材料，人们每一次通过概括得到的数学认识更能体现事物的数学规律或本质，体现了数学学习的进阶性。可以认为，数学学习的过程也是不断进行数学概括的过程。

涂荣豹认为，具体对象的概括一般形成数学概念，而若干数学对象的概括结果是数学规律，学生对数学概念和数学规律的认识都是通过概括的过程形成的。同时，他提出概括具有层次性，概括的方式分为再认型和发现型，概括的结果包括感性概括和理性概括，后者比前者具有更高的层次①。学生在学习的过程中对新的数学对象的认识都经历过概括的过程，随着学习水平的提高，逐步由低层次的概括向高层次的概括转变。

因此，学生通过概括的过程理解数学的能力是学生数学学习能力的标杆，学生的概括理解能力较强，那么他理解新的数学概念、掌握新的数学规律的能力就越强，学生的概括理解能力是构成学生数学学习能力的核心要素。

二、数学概括理解的过程

概括理解是学习者在已有的数学知识体系下自主形成新的数学认识的过程，蔡金法、林崇德分别从学习论和学习心理学角度对概括的过程进行了系统的研究。综合已有文献，一般认为概括理解数学知识的过程包括抽取、筛选、推广、确认四个阶段，这四个阶段相对独立，并且有相对的顺序性，但在实际的概括过程中，四个阶段并非简单的顺序排列，当在某一阶段出现矛盾或问题时，学习者会选择回到前面几个阶段重新思考。例如，林少杰分析概括的四个阶段的逻辑过程，并建立了一般模式结构图②。借鉴已有研究中对概括理解过程的阶段性描述，下面结合中学数学学习阐述在四个不同阶段学生的思维活动。

1. 抽取阶段

抽取是指从事物的复杂的属性或特征中抽离数学属性或特征的思维过程。学生根据学习的需要，舍弃对象的其他属性或特征，而关注对象的一种或一类数学属性或特征，并通过口语、文字、图形或符号表达出来。

例如，将三角形的三条边的边长从三角形中抽离出来，而不考虑三角形的角、三角形的位置或其他因素。这些被抽离出来的三角形的局部属性或特征并不能代表三角形的本质特征，而只是进行下一个阶段所需的材料。"抽取"不同于

---

① 涂荣豹，陈嫣. 数学学习中的概括[J]. 数学教育学报，2004，13(1)：17-22.

② 林少杰. 中学生数学学习中抽象概括的思维障碍研究[J]. 数学教育学报，2012(4)：48-52.

"抽象"，抽取只是对已经抽象了的数学属性的一种抽离方式。抽取出的一系列属性或特征需要学生通过某种方式进行表达，呈现出抽取的思维结果，例如，可以通过符号语言描述抽取出的三条边，分别是 AB，BC，AC，在这一阶段并未对抽取出的对象进行逻辑加工。

2. 筛选阶段

筛选的过程是学习者对抽取的数学属性或特征进行逻辑思维加工的过程，思考这些特征或属性是否存在对立、包含、等价(不等价)、相容(相斥)、有序等关系，进行比较、区分、联系，并筛选出合理的关系。

例如，在抽取的三角形三条边的边长中，可能发现三条边都不相等的关系，或者会发现两边长度的和与第三边的长度存在不等的关系，这些关系的筛选需要学生进行逻辑推理选出来，并进行下一阶段的思维活动。在这一阶段，对学生的逻辑思维能力提出较高的要求，如果学生的逻辑思维水平较弱，筛选后的结果在下一阶段被证实不正确或没有价值，学生的概括思维会返回本阶段继续探索更合理的结果，使概括的过程反复进行。

3. 推广阶段

对于筛选得到的数学关系，是否具有一般意义呢？学生在这一阶段需要由特殊到一般进行推广，得到更加一般的结果。这种论断已经脱离了原有的具体的数学对象，而是更加一般的数学假设或猜想。例如，"三角形的三条边都不相等""三角形的任意两条边的和大于第三边"等推广性假设，这些结果是学生在筛选的基础上进行推广得到的结论，是否合理仍需要进一步验证。

4. 确认阶段

对于第 3 阶段得到的一般性结果，我们需要进一步验证或证明，论证是否能够反映数学对象的本质属性或共同特征。如果验证结果是错误的，则证明推广的结论是不合理的，需要回到之前的阶段再进行分析；如果验证结果是正确的，就成为可以接受的新的数学结论。

例如，可以通过合情推理检验"三角形的任意两条边之和大于第三边"是正确的，那么学生便得到了更一般性的数学规律。然而，在不同的学习阶段学生的数学推理水平差异较大，低年级学生认为可靠的结论在高年级并不一定可靠，随着学生逻辑推理水平的提高，已有结论的可靠性和完备性仍需要检验。例如，实数的运算法则在随着年级的提高逐步由整数范围推广到有理数范围，而学生需要重新对法则进行检验和论证。

通过上述数学知识的概括理解4个阶段的过程，可以看到，课堂上学生的概括理解能力一般是通过学习新的数学概念、定理、数学思想方法的过程表现出来的，学生在已有的知识的基础上进行迁移，从本质上讲这就是一种概括的过程[1]。然而学生概括理解的思维活动，常常隐藏在学生行为之中，不易被察觉，教师需要让学生表达自己的想法，通过细心观察分析学生概括的阶段性过程中的问题或障碍，分析学生在各个阶段存在的思维问题。同时，由于学生的概括理解能力水平差异较大，学生在概括中的表现差异较大，教师不可盲目追求教学进度的一致性，忽略个别学生产生的思维问题。

三、数学概括理解的行为表现特征

学生在学习数学的过程中，对数学知识进行概括理解的思维活动分为四个阶段，即抽取阶段、筛选阶段、推广阶段、确定阶段。在课堂上，教师较难直接分析学生在此过程中存在的思维问题，却较容易从学生的学习行为方面了解学生是否参与了概括理解的过程，以及在参与此过程中的学习策略、态度及遇到的困难。因此，结合已有研究，需要分析学生在概括理解的过程中表现的学习行为特征，作为学生是否通过"概括理解"的途径进行学习的参考依据。

林少杰认为在概括理解的不同阶段，学生存在的一些思维障碍，包括概括的意识不强、概括的言语表达不够流畅、概括的逻辑推理不够严谨、概括不能得到确定性的目标等问题[2]，蔡金法提出，概括是学生主体自发地应对新的数学对象

① 蔡金法. 试论数学概括能力是数学能力的核心[J]. 数学通报，1988(2)：5-8.
② 林少杰. 中学生数学学习中抽象概括的思维障碍研究[J]. 数学教育学报，2012(4)：48-52.

产生的心理过程①，而不是对教师提出问题的反应，概括理解的学习主体是学生而非教师。已有研究从学生学习心理、师生关系及课堂环节等方面刻画了学生在概括理解数学知识的过程中的学习特征，然而较少直接针对学生的行为特征进行归类分析，借助于对学生数学学习行为的观察及分析，结合概括理解的过程性，学生概括理解数学知识的自主性表现、渐进性表现、外显性表现、互动性表现、严谨性表现等行为特征被提取并刻画学生的概括理解行为。

第一，学生概括理解的学习行为具有自主性。研究表明，学生的概括理解是其自身的心理活动，不能被教师的讲解或总结替代，只有主动地思考问题才能形成概括能力。课堂上教师所描述或书写的数学概念、定义、定理，以及为学生构造知识关系图、对已有知识进行总结等，虽然形式上是一种概括理解的结果，然而产生结果的主体是教师而非学生，并不是学生概括理解的学习行为。同时，学生自主思考的概括意识非常重要，这种意识受学习兴趣、学习态度的影响，是学生进行概括的关键因素。学生对数学对象自主进行概括的意识是概括行为的重要特征，主动地进行概括的学习行为，相对于被引导而进行概括的学习行为，表现了学生具有更强的概括理解能力。

第二，学生概括理解的行为具有渐进性。研究表明，概括是一种由显性到隐性，由简单到复杂的过程，学生更容易接受直观的、感性的、再认知的概括，而对高度抽象的、理性的、发现型的概括缺乏信心。涂荣豹认为数学学习中的概括具有层次性，学生的发现型概括比再认型概括层次要高，理性概括比感性概括层次要高②，因此，学生的概括理解的行为也是从较低层次向较高层次渐进的，教师需要按照学生认知心理发展规律逐步提高概括理解能力。

第三，学生概括理解的行为具有外显性。数学是一种描述事物属性的语言和工具，学生概括理解事物的过程中，采用不同的数学语言表征数学对象的特征是概括理解数学知识的基本途径。学生的数学语言表达包括言语、符号、文字或图

---

① 蔡金法．试论数学概括能力是数学能力的核心[J]．数学通报，1988(2)：5-8.
② 涂荣豹，陈嫣．数学学习中的概括[J]．数学教育学报，2004，13(1)：17-22.

形等方面，即使用同一种语言表述数学对象，其表述方法及刻画对象的详细程度也不尽相同，这体现了学生概括理解数学对象的水平。学生对数学对象的概括理解的思维是通过其外显性数学语言呈现的，学生表达自己观点的水平体现了他的概括理解能力，教师也能通过学生学习过程中的外显性行为表现判断学生的概括理解层次。

第四，学生概括理解的学习行为具有互动性。概括理解数学对象的过程是一个人思考问题的过程，然而教师或其他学生的干扰或影响却不可忽略。教师对学生的指导能够帮助其梳理逻辑或思维问题，辅助学生进行正确的概念提取、属性归类、特征分析等活动，例如，在抽取阶段，如果学生从颜色、味道等非数学特征进行思考，或者抽取的关系没有逻辑联系，师生交流能有效引导学生进行正确的概括理解。同学之间的交流是教师不可替代的，学生更容易在与同伴的认识冲突中纠正认识上的错误。

第五，学生概括理解的学习行为具有严谨性。概括理解的严谨性是指学生能够依据数理逻辑合理地进行数学思考。学生概括某一类事物的共同特征时，对于合情推理方法、演绎推理方法的使用存在问题，不能严格地按照数学对象的逻辑性分析问题，猜测而不加以论证，用直观感受代替理性推理是学生常常出现的问题。学生即使有意识地进行理性推理，在推理过程中的严谨性仍存在较大问题。学生进行概括理解过程中的严谨性程度是其概括理解能力的重要表现，概括理解能力越强的学生具有更加严谨的学习行为。

学生在概括理解数学知识过程中表现的行为特征是由概括理解的阶段性、过程性和层次性所决定的，学生概括理解数学的学习行为特征为教师课堂了解学生的概括理解过程提供了可操作的观察角度，便于从行为角度分析学生的学习心理特征。一般的课堂教学存在多个环节，如动手活动、例题讲解、习题练习等，虽然学生"概括理解"的行为普遍地蕴含其中，我们更加关注学生对本节课核心的数学概念或数学思想方法的概括理解过程。

为了使以上学习行为特征更加便于观察和记录，针对数学核心模块或环节设计了课堂教学的学习行为观察表，以五个行为表现特征为依据，呈现出能够描述概括理解过程的学习行为动词，用以记录学生的课堂核心模块的概括理解学习行为，如表 6-1 所示。

表 6-1 课堂核心模块的概括理解学习行为观察表

行为表现特征	学习行为动词
自主性表现	计划、处理、观察、体验、觉察、回忆、提供、收集、感知、查找、自评、思索、提问、自省、识别
渐进性表现	选择、比较、估计、再认、区别、猜测、排除、检索、质疑、拓展、反思、补充、梳理、尝试、迁移
外显性表现	举例、列举、阐述、画图、描述、概述、书写、刻画、总结、标注、构造、记录、表达、整理、操作
互动性表现	辩论、解释、复述、评价、组织、讨论、分享、问答、认同、反驳、倾听、合作、沟通、辅助、回应
严谨性表现	分类、排列、检验、推断、推导、证明、计算、测量、实验、调查、判断、归纳、转化、聚焦、分析

表 6-1 为课堂上观察学生的概括理解学习行为提供了参考的依据和工具。对于每一个学习行为特征，这些行为动词反映了学生是否进行具有该学习行为特征的活动，作为衡量学生进行概括理解学习行为的参考依据[①]。值得注意的是，由于概括理解的四个阶段的相对有序关系，以及它们的非线性特征、可重复性等复杂情况，我们并不能将每个行为动词归类到某一个阶段内，同一个学习行为动词反映的内容可能贯穿到一个或几个阶段。

---

① Anita Woolfolk. 教育心理学［M］. 何先友，等，译. 北京：中国轻工业出版社，2008.

第二节　基于学生概括理解能力培养的教学改进研究方法

2014 年，在国家级重点项目"中小学学科核心能力表现测评及研究"中，项目组对某市三个区的学生进行数学核心能力表现测评研究，分析学生的数学能力表现状况，将学生的概括理解能力作为学生学习理解能力的核心指标之一，备受研究者的关注。通过对测评结果的分析，发现学生的概括理解能力表现相对较弱，许多学校从七年级至高三阶段，学生的学习理解能力存在显著的下降趋势[①]，学生概括理解能力是学生数学学习理解能力的指标，为了提升学生的概括理解能力，项目组选择在该市测试区的两所学校，开展了基于学生概括理解能力提升的教学改进研究，有针对地组织和改善教学活动，促进学生概括理解能力的发展。

一、教学改进研究对象

根据测试区域学生的数学能力的整体表现，我们选择了某地区的两所学校作为代表开展研究。学校 A 是一所区级示范初中学校，学校 B 是一所普通高中学校，两所学校能够代表本区域学校的教学水平。参与项目的 A 校选择了九年级的两个班级作为教学对象，共计 62 名学生，B 校选择了高二年级的三个班级，共计 93 名学生。参与项目研究的还包括本年级数名数学授课教师，以及两所学校的数学备课组教师全体。研究采用了"以点带面"的方式进行，以两位老师及其所在年级的几个班级作为授课对象依次进行教学改进，进而带动整个学校教研组的教师的教学改进。

---

① 曹一鸣. 数学学科能力及其表现研究[J]. 教育学报，2016，12(4).

表 6-2　研究对象基本信息表

教师	性别	年龄/岁	教龄/年	行政职务	年级	班级数量	班级人数	学校
教师甲	女	35	12	备课组长	八年级	2	62	A
教师乙	女	46	22	教研组长	高二年级	3	93	B

二、教学改进的程序化步骤

基于学生概括理解能力的教学改进是根据基于学生数学学科核心能力培养的教学改进的基本范式开展的，并结合所在学校的具体情况及选取内容合理调整教学改进步骤进行的。基于对学生的概括理解能力的理论梳理，在前期对学生概括理解能力进行了测评，并通过课堂观察发现教学问题，进而对教学采取相应的干预措施，使教学能够促进学生概括理解能力的发展。结合实际的教学情况，项目组研制了此次教学改进程序并依次开展教学改进活动。

第一阶段，对学生的概括理解能力进行评价，并根据实际课堂分析影响学生能力培养的教学因素。首先，对学生的概括理解能力进行测评工作。为了了解本校学生的概括理解能力发展状况，在区域大规模测试的基础上，项目组修订了测评工具，对研究对象重新进行能力测评。测评工作提高了教学改进的针对性，也为后期对教学改进效果的评价提供了参考依据。其次，根据学生的实际学习环境进行课堂教学问题诊断。通过课堂教学观察了解教师的实际教学情况，分析教学中不利于学生概括理解能力培养的因素，这些因素既包含教师的个性特质，也包含对课堂中的师生互动、教学方式、教学策略的考查，多层次、多角度分析教学中的问题。在此基础上，结合"课堂核心模块的概括理解学习行为观察表"，对该教师的课堂教学实际情况进行观察，分析学生在学习中对于核心内容的学习在概括理解方面的呈现情况。

第二阶段，根据发现的问题，对教师的教学行为进行干预，在反复备课的基础上进行教学改进。本次教学改进经历三轮"教学方案改进—实际授课及听评—教学反思及研讨"的过程，在逐步打磨的过程中形成了最终的教学策略和活动方案。

教学活动设计体现了教师的基本教学思路和策略，通过教学活动设计的改进，聚焦学生概括理解能力发展，使得课堂教学更具有针对性。在教学设计改进的过程中，我们更关注教学环节如何与学生的概括理解能力培养有效结合，根据磨课过程中学生的表现，对课堂核心内容的教学制定相应的教学方案。

对于每一节课，项目组研究人员对课堂实施进行观察和评价。发现教学中出现的问题离不开对课堂实施过程的直接观察和评价，根据实际教学情况，实时对课堂产生的问题做出记录。课堂实施的观察和评价表有利于项目组发现课堂教学中存在的问题，并反馈给授课教师，深化教师对学生概括理解过程产生的学习问题的认识。通过教学研讨、教师反思和学生访谈等多种方式进一步分析课堂的实际效果。通过教学研讨，项目组与一线教师及授课教师共同评课，分析课堂对于学生概括理解能力发展的效果，提出改进的策略和具体方案；通过教师反思，了解其在教学实施中存在的困难，以及对学生学习情况的认识，分析教学改进的具体问题；通过学生访谈，了解其在课堂的感受，以及对数学概念、定理或思想方法的认识程度，分析学习效果。

第三阶段，对整体的教学改进进行效果评价。在教学改进研究后期，我们对学生做了数学概括理解能力后测，以量化的手段分析教学改进的效果。教学改进后测与前测结果，是我们分析教学改进效果的重要依据。最终基于教学改进的整个过程，分析学生在教学改进中的表现，提出促进学生概括理解能力提升的教学建议。

教学改进的程序化步骤如图所示。

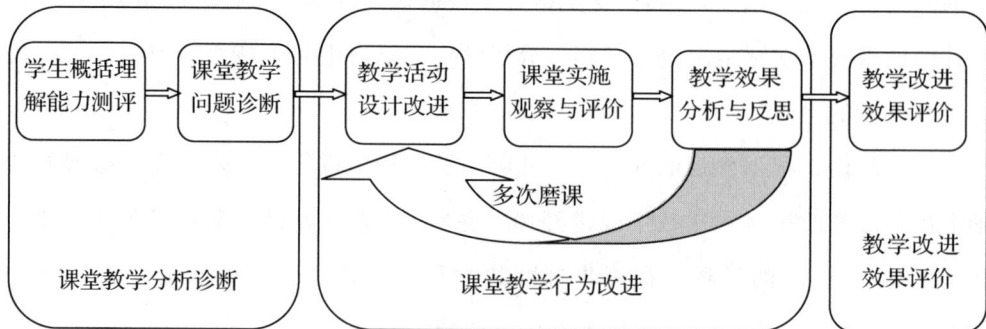

基于概括理解能力提升的教学改进研究过程

第三节　基于学生概括理解能力培养的教学改进案例分析

一、"全等三角形"教学改进案例分析

(一)课堂教学分析诊断

本节课是七年级数学课程"三角形"部分的教学内容,本节课的主要内容包括全等三角形的定义、全等三角形的性质定理及能初步运用性质定理解决问题。在此之前,学生已经认识了三角形的基本要素之间的关系,包括三角形的三个内角、三条边的关系,而对两个或多个三角形的关系尚未触及,本节课的重点之一就是让学生理解三角形之间的全等性关系,此模块的学习也为后面学习三角形的相似性奠定了基础。

初步调查发现,较多学生认为"全等三角形的定义"容易接受,此部分内容的学习不存在太多困难。然而在后期学生应用三角形全等的定义解决问题时发现,学生对于不同位置的、不同形状的全等三角形的全等性认识依旧比较模糊,较难从复杂图形中识别具有全等性的三角形,说明学生在定义的理解上仍存在困难。因此,本节课以"提升学生对全等三角形定义的概括理解能力"作为切入点,引导学生概括三角形全等的定义,增强学生对三角形全等的认识。

1. 初始课教学设计

本节课的教学设计包括"三角形全等的定义"和"三角形全等的基本应用"两个部分,我们对本节课核心内容"三角形全等的定义"模块进行精细分析。

教师进行教学设计的基本思路为:一般图形的全等的识别→三角形全等的识别→三角形全等的定义。即先从六个一般的图形(包括五星红旗、正六边形、俄罗斯方块)识别入手,让学生对图形的全等有感性的认识,并举例说明生活中的全等现象;教师通过动画演示三角形的重合,分析三角形的全等和一般图形全等

的关系；直接得到三角形全等的定义。初始课的教学设计如下。

仔细观察，找出下列图形中形状相同、大小相等的图形。

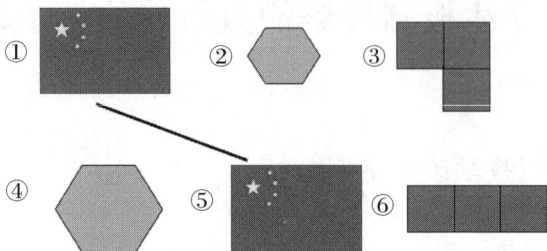

学生观察图形，完成下列活动。

活动1：如何验证图形①和⑤形状相同，大小相等？

活动2：你能再举一些生活中全等图形的例子吗？

活动3：教师利用手中三角形模型进行演示，能够完全重合，从而得到全等形的定义。利用PPT动画演示，两个三角形重合时，三角形的元素也互相重合，利用举例的方法，给出对应元素的概念。

2.教师教学分析

在教学改进之前，教师认为该部分的内容比较简单，并未关注学生形成"三角形的全等"概念的抽象概括过程，而将较多精力放在三角形全等的性质及应用方面。然而教师也意识到，在学生解题过程中较难形象地把握三角形全等的概念，对复杂图形中的全等三角形缺乏认识；学生对全等的理解仅仅停留在"重合"的层面，对于"三角形怎样才能重合""为什么认为三角形重合了"这些问题并未深入思考；学生较少自主地下定义，而往往是等待老师下达指令进行操作或做题，学习的积极性较低。本部分的教学一直停留在字面理解上，对于定义的理解不能吸引学生深入思考。结合实际的教学课堂观察，我们发现在本节课的教学实施存在以下问题。

(1)重视数学概念的应用，却忽略概念的形成过程

在课堂实施的过程中，教师过分强调"全等三角形的定义"这一结果及其应用，忽视学生理解定义产生的过程，学生缺乏经历抽象概括理解新的数学对象的本质的过程。对此过程的忽略不仅导致学生难以理解所得到的概念或定理本身，

还会降低学生接受新的概念或数学思想方法的能力。部分教师认为课堂的效率是在最短的时间内接受更多的知识，采取了压缩学生对概念或定理产生的思考过程，这与学生对新的数学对象的认识规律是矛盾的。抽象概括是一个完整的思维过程，具有渐进性，学生只有通过不断调整认识并通过逻辑推理才能得到属于自己的数学认识，课堂教学不能盲目追求课堂时间效率而忽视学生的能力发展。

（2）忽略学生形象思维和理性思维的联系

七年级学生仍处于抽象思维培养的初级阶段，其对几何对象的认识需要借助于更加直观的形象思维，需要在形象思维的基础上提升学生抽象概括的思维能力。在课堂教学中，学生的理性思维以形象思维为起点，进而建立起系统的、完善的理性推理体系。然而，教师在课堂上常常处于两个极端位置，要么直接由形象的具体事物得到结论，要么回避具体事物过度强调形式化的推理，较少将二者的联系和融合作为课堂教学的脉络。例如，学生在对三角形全等的概念的思考时，会依赖于对图形的全等的思考，将三角形视为一种特殊的图形，因此三角形的全等是图形全等的特殊情况。而在分析三角形全等的情况时，教师常忽略学生直观的、运动的几何认识，直接得出全等的结论，绕过学生的思维习惯，让学生遭遇较大的学习困难。

（3）较难调动学生的学习兴趣和热情

课堂上采用演示动画的方法给出三角形全等的定义，而不让学生思考定义的来源，学生对此表现出较低的学习兴趣。对于这样直观的认识，学生已有经验早已能够感知，因此不愿意投入情感参与到此类学习活动中。学生学习的动机依赖于对未知对象的探索兴趣，以及能够调动其主动思考的活动空间，课堂上以展示的方法呈现结果，忽略学生对新概念、新方法的概括理解过程，会挤压学生思维活动的空间，不能使其全身心地融入学习。

3. 学生学习行为表现分析

在对教师初始课的观察中，重点关注学生在核心内容模块方面的学习行为表现，结合对初始课的"课堂核心模块的概括理解学习行为观察表"，分析学生在概括理解过程中的学习行为。

表 6-3 课堂核心模块的概括理解学习行为观察表——初始课

概括阶段 行为特点	抽离阶段	筛选阶段	推广阶段	确定阶段
自主性表现	观察图形，感知图形的全等性	思索如何验证两个一般图形全等	—	观察教师的动态图形演示
渐进性表现	—	—	检索生活中的全等图形	—
外显性表现	记录三角形全等的定义	对一般图形的全等阐述	举出生活中图形全等的实例	—
互动性表现	—	—	—	认同其他同学关于一般图形全等的阐述
严谨性表现	—	判断两个已知图形是否全等	—	—

初始课的教学让学生较多地进行自主性观察和生活经验的提取，根据直观形象的图形描述一般图形全等的概念，而较少涉及对于三角形的全等的定义的概括理解过程。学生对于此概念的学习的渐进性较弱，没有经历从一般到特殊、从形象到抽象、从简单到复杂的思维过程；学生的互动较少，只是在个别学生回答后对其他学生观点的认同，没有出现讨论或反驳的过程，课堂上较少出现实质性的交流；由于学生只是通过教师的演示得到三角形全等的定义，在对此概念的理解过程中学生并没有接触到推理和论证的过程，对于"为什么三角形全等""怎样使三角形全等"缺乏自己的理性思考。

(二)课堂教学行为改进

1. 基于"概括理解"阶段理论的学习过程分析

学生通过概括理解的过程学习数学离不开对此部分内容从阶段理论进行分析，了解学生在学习理解过程中产生的思维问题，以及可能的教学解决方案。在学生形成"三角形全等"这一概念的过程中，分析学生可能经历的概括理解的阶段性过程。

抽取阶段：学生能从具体的图形或图片出发，抽取出这些具体形象中包含的全等关系，作为判断一般事物全等的条件。例如，"通过平移，可以把两张邮票重合在一起，那么这两张邮票就是全等的"，以及更加复杂的变化"国旗上的四个小五角星也是全等的，因为它们可以通过平移和旋转重合在一起，而小五角星和大五角星不是全等的，因为我们无法把它们重合在一起"，然而，对于对称的变换，部分学生认为"一只头朝向右方的羊和另一只头朝向左方的羊虽然大小相同，但通过平移和旋转是无法重合在一起的，因此它们不是全等图形"。可见，学生对于全等的概念有初步的认识，但并不全面，对于图形的全等的认识仍停留在形象思维，并没有建立起几何对象之间的一般的全等关系。

筛选阶段：在抽离出全等三角形的数学属性或共同特征之后，需要进行逻辑推理，选择并描述他所认可的"数学本质"。例如，学生会提出"两个三角形，可以把一个三角形先通过平移，再通过旋转和另一个三角形重合在一起，那么它们才是全等的"，以及"两个三角形，只要能通过旋转的方法让它们重合，那么这两个三角形就是全等的"，这样的论断，在筛选的过程中，学生通过逻辑上的比较，能够逐步挑选出"若两个三角形通过平移、旋转和反射变换能够重合，那么这两个三角形才是全等的"这一初步条件，并进行下一阶段的思考。

推广阶段：在推广阶段，学生将筛选出的结果应用到一般情况，总结出更为一般的结果。例如，如果学生发现对于已知的所有情形，"两个三角形只有通过平移、旋转和反射变换能够重合才叫做全等三角形"这个条件并不能涵盖所有情况，复杂图形不止经历一步或多步变换，因此会对一般性的结果做出完善。同时，在这个过程中，学生也会发现如果图形的基本形状不相同，或者相似的形状但大小不相同，是不可能全等的。这些结果是学生概括理解中筛选的结果，是学生在推广阶段得到的一般性假设。通常情况下，学生需要通过文字、图形等语言把这些结果表述出来，并进行下一个阶段的验证。

确定阶段：对于上述阶段得到的数学属性或特征的验证，学生一般会从感性推理的角度论证得到的结论是否正确。确定阶段是学生尝试通过各种方法对结果真伪性的检验，当学生从已有的经验中找不到反例时，他们会在思维层次逐步接受所得的结论，并将最终结果形成新的数学概念。

2. 基于"概括理解"学习行为表现特征的教学干预

根据初始课的问题分析以及对学习过程的分析，我们将问题聚焦在促进学生学习行为转变的教学策略。

第一，为学生提供开放的问题，促进学生自主思考。

教师提供的教学素材及问题是学生思考的出发点，如果问题过于固定和局限，必将压缩学生自主思考的空间，因此，相对开放的问题能够促进学生进行自主思考和深入思考。原始课中，教师举例包括同一款笔、相同的国旗以及数学课本封面等，这些素材缺乏想象空间。我们更关注学生能从图形的细致分析中发现什么问题。例如，仅从一面国旗上，存在有大的五角星，以及小的五角星，而小的五角星方向虽然不一致，是否能构成全等是学生思考的问题。学生的眼睛是善于发现和探索未知事物的，这样的素材不仅与教学内容相关，更能激发学生的学习兴趣。在问题的设计方面，较少涉及直接的判断正误，而是更多地让学生表达"你认为的观点是什么"，这样能让学生更乐于从自身经验出发思考问题。

第二，引导学生经历概括理解的过程，促进学生渐进学习。

学生经历概括理解的过程本身具有渐进性，是学习由简入繁、逐步体验、接受所学知识的过程。在初始课的设计中，教师虽然前期有大量的铺垫，但是对于三角形全等的定义的获得却是直接通过演示得到的，并没有给学生更多的思考过程。因此，在教学中，遵循概括理解的阶段性理论，设计问题让学生体验从"提出自己的观点"出发，经历和同学讨论"选择相对正确的观点""推广到一般情况下是否成立"，最终"确定三角形全等的定义"这一过程，让学生逐步建立对定义的理解。

第三，关注学生问题的生成和提出，让学生表达自己的想法。

概括理解的过程关注学生对自己观点的形成和表述，需要让学生不断生成和提出确定的问题或结论，并通过多种语言形式表达出来。这一过程是学生经历概括理解的必要途径，也是教师观察学生思维动向的依据。本节课中，设计让学生

"写下你认为的三角形全等或不全等的理由""试给出三角形全等的定义"等，让学生呈现自己的学习结果。

第四，设计师生、学生之间交互活动，促进学生的交流研讨。

师生交互学习对于课堂教学非常重要，对于基于概括理解过程的学习而言是必要因素，离开学习的交流互动性，学生很难从自己的经验出发得到正确的结果。因此，本节课的教学设计中，设计了师生问答、和同桌讨论、和全班同学交流等活动，让学生融入集体的学习中，在和别人的交流中寻找答案。

第五，鼓励学生进行逻辑性思考，通过数学途径解释、分析、检验数学问题。

学生的已有经验方面，从直观上，学生能够理解图形之间的大小、等同关系，对图形的全等有初步的概念，例如，班内课桌的表面、数学课本的形状、窗台上雕刻的花纹等。而对于抽象的几何对象，学生也能从对称性、旋转变换、平移变换的角度感知几何对象的等同关系，但仍未系统地思考图形全等的定义。本节课更加关注学生在数学方面的逻辑思考，鼓励学生根据已有知识和经验从数学角度出发考虑几何的变换、等同关系等。教学中强调学生的数学分析行为，例如，让学生说出"你的理由"，询问学生"你的判断依据是什么？"，以及让学生"根据三角形全等的定义进行推广"等。

基于以上干预策略，我们对教学设计中该部分内容修订如下。

活动1　概括理解"全等形"的定义

(1)在下列图形中，你能发现哪些图形是全等的？并说明你的理由。

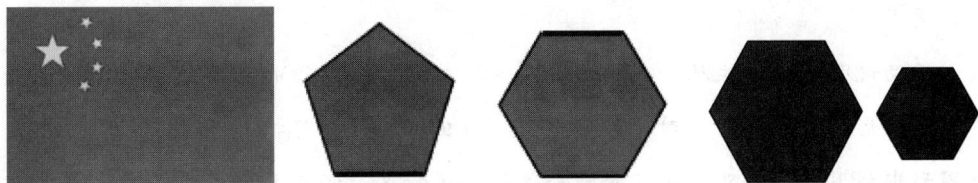

(2)结合同学们的理由，你能给"全等形"下个定义吗？

活动说明：本活动属于开放性活动，目的在于通过对一般图形的全等的认识及对"全等形"定义，让学生熟悉概括理解新的数学概念的路径和方法。所给图形从具体的形象图形逐步到抽象的几何图形，让学生学会分析对象的数学特征(抛开颜色、不同类型事物等)的共同属性，形成对全等图形的概念的认识。鼓励学生从多个角度(如面积大小、方向、剪切拼接、运动等)认识全等，教师引导学生逐步提炼定义；鼓励学生能从复杂图形(如五星红旗)中挖掘全等的图形，学会深入思考问题。对于"全等形"的定义，需要学生结合分析过程给出，并通过语言表达出来。

活动2　概括理解"全等三角形"的定义

(1)类比图形的全等，判断下图三个三角形是不是全等的？写下你认为的三角形全等或不全等的理由，和同桌交流。

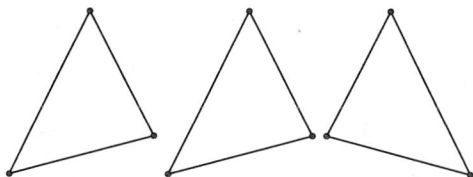

(2)根据你和同桌讨论得到的理由，判断下面图形中有几个全等的三角形？说明你的理由。尝试举出与下图不同的三角形全等的例子。

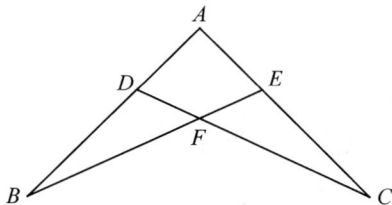

(3)试给出二角形全等的定义，和全班同学讨论，你给出的二角形全等的定义合适吗？

活动说明：让学生从一般图形的全等过渡到对三角形的全等的认识，并试着给出三角形全等的定义。对于"完全重合"给出可视化、可操作的语言解释。在复杂图形中利用所给定义分析三角形全等的具体情况，修正并完善自己对定义的理解。让学生在交互中完善对"三角形全等"定义的概括。教师在活动中需要发挥引导的作用，但不能用自己的理解替代学生的思考。

活动 3 对全等三角形概念的理解

教师利用 PPT 动画演示，两个三角形重合时，三角形的元素也互相重合，让学生给出对应元素的概念，并分析这样的性质是否可以推广到活动 1 中的图形。

活动说明：加深对全等三角形的形象认识，并引导学生提炼出"全等"的本质，从数学角度拓展分析"图形的全等"的意义。

(三)教学改进效果评价

1.学生课堂学习行为表现方面

我们记录了学生在研究课中的学习行为表现，这些行为表现贯穿此核心教学内容的整个过程，同一个活动中会表现出不同类型的行为表现特征。例如，学生在进行活动 1 时，既表现出较强的自主性行为，也表现了和其他同学较强的交流互动行为。在研究课中，学生的学习行为观察表如下表所示。

表 6-4 课堂核心模块的概括理解学习行为观察表——研究课

概括阶段 行为特点	抽离阶段	筛选阶段	推广阶段	确定阶段
自主性表现	观察图形，觉察到可能存在的全等图形	感知图形全等与相似的差异； 体验不同全等类型的图形变换	查找经验中的图形；提出"任意图形的全等"的定义	自省对全等的认识； 思索对全等的验证过程
渐进性表现	选择自己认为的全等图形	比较"全等"与"相似""等同""重合""面积相等"的关系	梳理图形全等定义；将对"三角形的全等"刻画推广到一般三角形； 将全等定义拓展到其他图形	区别了"等同"的不同种情况； 尝试从重合到变换角度解释
外显性表现	描述自己所认为的全等定义； 列举具有全等的图形关系	写出三角形全等或不全等的理由	学生动手去画图形；构造全等与不全等的图形	总结三角形全等的定义

续表

概括阶段 行为特点	抽离阶段	筛选阶段	推广阶段	确定阶段
互动性表现	向同桌解释对于全等的看法； 和同学交流认为全等的意见	倾听同学对"三角形全等"的不同看法	分享自己认为的全等形； 讨论别人的全等定义	对集体的意见形成评价和回应
严谨性表现	对"等同"类型的关系进行分类； 对"全等"的变换关系进行分类	从一般图形全等聚焦三角形全等问题； 从变换和重合角度检验"全等定义"	对不同变换的"全等"进行归纳	判断不同类型的"等同"； 推断"全等"的定义

从课堂观察表中学生的学习行为表现变化可以看出，学生在对"三角形全等"定义的概括理解中，能够在自主性、渐进性、外显性、互动性及严谨性方面呈现积极的学习行为。与初始课相比，学生在研究课中在渐进性、互动性和严谨性方面的表现尤其突出。教师从关注学生学习的结果，到关注学生学习的过程，是学生渐进性的学习行为表现的根本原因。教学中设计的互动环节，增加了学生之间及师生的互动活动，这一环节是学生表达自己观点和概括结果的重要途径。教师更加重视学生逻辑推理的形成，对学生表达方面存在的逻辑问题及时分析和探讨，以及挖掘学生思维的问题，让学生的学习行为表现出更高的严谨性。

2. 教师教学反思方面

教师的教学反思是授课者对课堂最直观的反馈，通过教研过程中对教师反思以及访谈的结果，了解教师对"基于学生概括理解能力培养的教学改进"项目及本节课教学的理解。授课教师的反馈结果如下。

首先，教师认为学生对数学知识的概括理解，是知识应用和强化的起点。教师在教学中更关注具体的数学知识的应用，认为学生对知识的深入理解是伴随着"做题"发生的，学生通过多次重复做题能够深化对数学概念或思想方法的理解。然而事实上，学生"题做多了，却掌握不了方法"的现象十分普遍，学生在接触到新的数学知识或方法时没有进行必要的数学思考，对数学知识的理解比较模糊，未养成遇到新问题自己概括出结果的学习习惯。基于概括理解过程的数学学习，能够帮助学生深刻认识到数学知识的联系性，同时养成良好的数学学习习惯。

其次，教师认为概括理解数学知识，是更高层次的思维理解。"数学是思维的体操"肯定了数学对人们思考问题的价值，然而思维训练对于数学学习也很重要。对学生的数学思维的培养是数学教育的核心要素，在培养学生数学能力的过程中，需要关注学生对数学对象的理解能力，通过抽象概括的方法理解数学对象的本质是数学思维锻炼的过程。通过这一过程学生能经历思维由"散"到"聚"的过程，对于培养学生思维的灵活性、开阔性、严谨性、创造性等有较大的帮助。

最后，提高学生参与学习的兴趣，重在给予学生思考的空间。学生参与数学学习的兴趣是学生数学学习的前提，多数"学困生"的厌学情绪，往往不是因为没有动机去学，而是我们提供的教学方式无法激起他们的学习兴趣，"题海战术"的教学更是打击了学习的积极性。我们需要思考如何为学生提供有兴趣参与的思考空间，让学生乐于参与其中。基于学生概括能力提升的课堂教学依据学生的学习心理规律，能够为学生创设适合学生思考的问题情境，让学生逐步达到学习目标。

二、"直线与平面的垂直关系"教学改进案例分析

(一)课堂教学分析诊断

本节课是"空间几何"部分的教学内容，是高二年级必修数学课程，主要内容包括直线与平面垂直的定义、判定定理及定理的初步运用。其中，如何让学生理解线面垂直的判定定理是本节课的核心内容，也是本课题教学改进中的核心目标。线面垂直的判定定理充分体现了线线垂直与线面垂直之间的转化，又是学生理解由线线垂直到面面垂直的桥梁和纽带，为学生学习空间几何关系奠定了基础。

初步调查发现，学生已有的基础包含两个方面：从直观上，学生能够理解空间中的垂直关系，对直线和平面的垂直能够举出丰富的例子，例如，墙角线与地

面垂直、桌子腿与桌面垂直等客观事实；从数学知识角度，学生对平面中的垂直关系有充分的交流，以及在本学段，对空间中线线垂直的关系以及线面垂直的定义都有所了解，这些是学生进行概括理解活动的知识储备和理论依据。因此，本节课以"提升学生对直线垂直平面的判定定理的概括理解能力"作为切入点，引导学生概括"直线垂直平面的判定定理"，增强学生对判定定理的认识。

1. 初始课教学设计

本节课的教学设计包括对"直线垂直平面的判定定理"和"判定定理的应用"两个部分，我们对本节课核心内容"直线垂直平面的判定定理"模块进行分析。

教师教学设计的基本思路为：类比直线与平面平行的关系感知垂直关系→实验操作直线垂直平面的实例→得到直线与平面垂直的判定。即先从学生已有知识（直线与平面平行的关系）入手，让学生分析"如果一条直线与一个平面内的两条相交直线都垂直"是否能构成直线垂直平面的判定。教师组织学生做活动"能否把一个三角形纸片，通过折叠直立在桌面上"，仍旧让学生感知垂直的判定，从而得到线面垂直的判定定理。初始课的教学设计如下。

活动 1　类比猜想——提出问题

根据线面平行的判定定理进行类比，最终提出问题：如果一条直线与一个平面内的两条相交直线都垂直，那么该直线与此平面垂直吗？

让学生思考和交流。

活动 2　动手实验——分析探究

演示实验过程：过△ABC的顶点A翻折纸片，得到折痕AD，再将翻折后的纸片竖起放置在桌面上（BD，DC与桌面接触）。

问题 1：同学们看，此时的折痕AD与桌面垂直吗？

问题 2：如何翻折才能让折痕AD与桌面所在平面α垂直呢？（学生分组实

验）

问题 3：通过实验，你能得到什么结论？在回答此问题时大部分学生都会直接给出结论：如果一条直线与一个平面内的两条相交直线都垂直，则该直线与此平面垂直。

此时注意引导学生观察，直线 AD 还经过 BD，CD 的交点。请他们思考在增加了这个条件后，实验的结论更准确地说应该是什么？

活动 3　提炼定理——形成概念

给出线面垂直的判定定理，请学生用符号语言把这个定理表示出来，并由此向学生指明，判定定理的实质就是通过线线垂直来证明线面垂直，它体现了降维这种重要的数学思想。

判定定理：一条直线与一个平面内的两条相交直线都垂直，则该直线与此平面垂直。

符号语言：$l \perp m$，$l \perp n$，$m \subset \alpha$，$n \subset \alpha$，$m \bigcap n = A \Rightarrow l \perp \alpha$

图形语言：

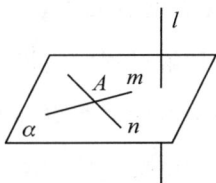

2. 教师教学分析

在与教师的访谈中，我们发现教师对数学概括的理解，仍停留在语言文字方面概括结论的层次，认为"学生如果能把问题通过自己的语言表达出来，就是概括"，或者认为"概括就是类别归纳"，教师对学生概括理解数学对象的内涵及阶段性特征认识不够。

结合实际的教学课堂观察，我们发现在教学实施时一般存在以下问题。

(1)忽视学生抽象概括的过程性。课堂教学中，教师过分强调"直线和平面垂直的判定定理"结果及其应用的重要性，往往忽视学生经历抽象概括的过程、理解新的数学对象的本质的过程。

得到判定定理的过程是复杂的，而教材上呈现出的定理是在数学发展的过程中逐步被人们概括得到的，这样的结果并不一定能获得学生的认同。学生在学完本章节后，会问"为什么我们刚学完直线垂直平面的定义，又要学直线垂直平面的判定定理，用定义来判定是否垂直不可以吗？为什么还要学判定定理?"这样的疑问在学生学习其他的定义、定理和判定时常常提出，学生没有经历知识逐步堆栈的过程，对数学知识的产生充满疑惑。

(2)绕开学生概括理解的思维障碍，不能直面解决学生思维问题。本节课的数学对象是已经高度抽象的空间几何，对于高二学生而言，其空间观念较弱，对空间中直线和平面的关系的理解水平较弱，在此基础上进行的概括理解会遇到更大的挑战。例如，学生在对平面内两条直线与平面外直线的关系的思考过程中，较难把平面外直线放在立体空间进行思考，一般仍认为这条直线应该和已知的两条直线有至少一个交点时，才认可它们的垂直关系，缺乏对空间中直线与直线垂直关系的深刻认识。在逻辑推理方面，学生的逻辑推理能力存在不严谨性，在推广和验证的过程中往往带有错误的推理。发现这些问题，教师会认为这是学生自身的学习弱项，而与本节课的教学重点无关，选择绕过这些困难进行教学。然而，我们认为这恰是学生在概括理解过程中应该解决的思维障碍。忽视或间接绕过学生的思维困难，会让学生在学习中遗留更多的思维问题，教师应直面学生产生的问题，并设计合理的教学活动解决这些问题。

(3)漠视学生概括理解能力差异，缺乏针对的教学指导。学生的概括理解能力存在较大的差异，这种差异性会导致学生理解程度不同。在课堂上，我们能看到两种学生的表现：第一种学生认为定理本身已经十分清楚(在教材或导学案上)，自己已经会应用该定理解决问题；另一种学生认为定理太复杂，无法理解空间中这三条直线究竟具有什么样的关系，以及判定定理和直线垂直平面的定义的区别与联系，在学习中表现较大的困难。这两种类型的学生在班级内占有较大的比例。然而，我们也能发现，第一种学生即使认为自己完全掌握了判定定理，在应用定理解决问题时仍呈现出对定理模糊的理解，并非真正意义上的理解，而第二种学生对空间中的垂直关系也并非完全不理解，而只是缺乏对这些关系联系的深刻理解。

因此，学生的差异性需要教师关注不同学生的学习需求，在教学设计中应多设置开放性的问题让学生思考，这样不仅能调动多数学生的学习主动性，而且有利于学生和教师以及其他同学进行交流。同时在课堂教学实施过程中，强调教师针对学生的具体情况，做更加针对性的学习指导。

3. 学生学习行为表现分析

在对教师初始课的观察中，重点关注学生在核心内容模块方面的学习行为表现，结合对初始课的"课堂核心模块的概括理解学习行为观察表"，分析学生在概括理解过程中的学习行为。

表 6-5　课堂核心模块的概括理解学习行为观察表——初始课

概括阶段 / 行为特点	抽离阶段	筛选阶段	推广阶段	确定阶段
自主性表现	思索线面关系中的垂直与平行	—	—	思索教师提出的"判定"
渐进性表现	类比线面平行的判定	—	—	补充两条直线的"相交"
外显性表现	—	—	—	动手实验分析直线垂直平面；记录判定定理的文字、符号、图形表征
互动性表现	—	—	—	分组活动进行实验探究
严谨性表现	—	—	—	归纳总结"判定定理"

初始课的教学让学生较多对"教师给出的判定定理"进行验证和确认，根据直观感知对判定定理进行理解和接受，而较少涉及对"为什么会有判定定理""判定定理怎么得到的"这些问题的理解过程。学生对于判定定理的学习的渐进性较弱，只是类比平行进行思考，以及对已有的判定方法的严谨性进行补充。学生的外显性学习行为表现一般，较多表现为对教师任务的操作，以及对定理的记录和书写，没有出现阐述、刻画或者构造垂直关系的过程。课堂上较少出现学生之间的

实质性的交流，教师和学生的交流仍是"一对一"的形式，不能调动班级学习的积极性。由于学生只是通过形象的操作实验感知判定定理，在对此概念的理解过程中学生并没有接触到严格的推理和论证的过程，对于"为什么考虑两条直线而不是三条""为什么要相交的直线"缺乏自己的理性思考。

(二)课堂教学行为改进

1. 基于概括理解阶段理论的学习过程分析

学生通过概括理解的过程学习数学离不开对此部分内容从阶段理论进行分析，了解学生在学习理解过程中产生的思维问题，以及可能的教学解决方案。下面我们分析，在学生形成"直线垂直平面的判定定理"这一概念的过程中，学生可能经历的概括理解的阶段性过程。

抽取阶段：学生会从具体的或抽象的已知数学知识出发，抽取出对象中包含的垂直关系，作为判断线面垂直的条件。例如，"一条直线和平面中的一条直线垂直""一条直线和平面中的两条直线垂直""一条直线和平面中的多条直线垂直"等特征，这些关系依赖于学生的生活感知或对已有数学定义(直线与平面垂直的定义)的理解，是学生进行概括理解活动的出发点。

筛选阶段：本阶段是学生对抽离出的数学属性或特征进行逻辑推理的心理过程，比较所抽取的不同数学特征之间的关系，学生能够筛选出更加合乎逻辑的判定条件。例如，"一条直线和平面中的一条直线垂直"对于直线和平面垂直的判定过于简单，在筛选阶段会被排除，而"一条直线和平面中的两条或多条直线垂直"对于直线与平面垂直的判定较为复杂，可能需要进一步的研究。在筛选的过程中，通过逻辑上的比较，学生能够挑选出"一条直线和平面中的两条直线垂直"这一初步条件，并进行下一阶段的思考。

推广阶段：在推广阶段，学生将筛选出的结果应用到一般情况下，总结出更为一般的结果。例如，如果学生发现对于自己已知的所有情形，"一条直线和平面中的两条直线垂直"这个条件下，直线和平面的垂直关系得到了确定，那么他会认为得到了一般性的结论"如果一条直线与平面中的两条直线垂直，那么这条直线和平面垂直"。这一结论是学生概括理解的结果，是学生在推广阶段得到的一般性假设。通常情况下，学生需要通过文字、符号等语言把这种结果表述出来，并进行下一个阶段的验证。

确定阶段：在上述阶段得到的数学属性或特征在成为能够接受的数学本质之前，需要从逻辑上进行验证，以确定是否得到正确的结论。确定阶段是逻辑推理的阶段，学生会尝试通过各种方法对得到的结果进行分析，谋求结果的正确性。例如，学生对所得到的结果举出反例"一条直线与平面中的两条直线垂直，如果这两条直线是平行的，那么这条直线不一定与平面垂直"这个反例，会发现自己在之前阶段得到的结果是无效的，得到了对结果的否定。然而这样的确定阶段不会是概括理解活动的终结，学生需要重新回到数学属性或特征的抽取、筛选或推广阶段，对自己已有的结论增加条件或限制，再返回确定阶段使结论得到逻辑的认可。

2. 基于概括理解学习行为表现特征的教学干预

根据初始课的问题分析以及对学习过程的分析，我们将问题聚焦在促进学生学习行为转变的教学策略。

(1)设计相对开放的问题，促进学生自主思考

课堂中教师提供的问题以及学生产生的问题是学生思考的出发点，而学生产生的问题往往依赖于教师提供的问题。因此，教师提供的问题既要和本节课的主题内容相关，更要给予学生足够的思考空间，教师提供相对开放的问题更能够促进学生进行自主思考和深入思考。初始课中，教师让学生直接类比线面平行的判定，就限制了学生思考的余地。在问题的设计方面，直接给出"你认为该怎么判定?"以及"你认为你的判定方法合适吗?"这样的问题，让学生更乐于从自身经验出发思考问题。

(2)引导学生经历概括理解的过程，促进学生渐进学习

学生经历概括理解的过程本身具有渐进性，是学习由简入繁逐步体验、接受所学知识的过程。在初始课的设计中，教师更多的是给出了所要得到的结果，让学生去"感知"或"验证"给出的结果是否正确，而没有让学生去发现这一结论。因

此，我们在教学中，遵循概括理解的阶段性理论，设计问题从让学生体验垂直的现象出发，经历提出线面垂直的共同特征和与同学讨论自己认为的判定方法，聚焦直线和平面内两条直线垂直的条件去判定线面垂直，最终形成"判定定理"这一过程，让学生逐步建立对判定定理的理解。

(3)关注学生思维脉络的形成，让学生表达自己的想法

概括理解的过程关注学生对自己观点的形成和表述，需要让学生形成自我的思维脉络，并通过多种语言形式表达出来。这一过程是学生经历概括理解的必要途径，也是教师观察学生思维动向的依据。本节课中，让学生"结合定义用图形或符号表示出来""补充条件完善我们的判定定理"等，让学生呈现自己的学习结果。

(4)设计师生、生生之间交互活动，促进学生的交流研讨

师生交互学习对于课堂教学非常重要，对于基于概括理解过程的学习而言是必要因素，离开学习的交流互动性，学生很难从自己的经验出发得到正确的结果。因此，本节课的教学设计中，设计了师生问答、"将自己的判定定理应用到其他同学提出的情况中去""和其他同学分享我们的判定定理"等活动，让学生在和别人的交流中寻找答案。

(5)鼓励学生尝试进行推理和论证

初始课的设计中，尝试用操作的方法对判定定理进行论证，这一策略仍有可取之处。然而，本节课更加倾向于让学生思考定理形成过程中的推理，包括感性推理和理性推理，通过排除、反例、穷举等思维实验，让学生从自己的理解出发对定理进行论证。在得到定理之后，鼓励学生用判定定理的语言去说明自己举出的例子是合理的，也是加深学生对判定定理理解的一种途径。

基于以上干预策略，我们对教学设计中该部分内容修订如下。

活动 1　直观感知，体验垂直关系

根据直线垂直平面的定义，找出教室中你认为符合这一定义的空间关系，并结合定义用图形或符号表示出来。

活动说明：高中生已经对平面垂直及空间垂直的直观感知比较熟悉，能够在

学习了"直线与平面的垂直定义"的基础上进行数学思考。本活动主要是让学生从数学的角度思考垂直的条件，并通过数学语言将垂直的直观条件转化为抽象条件。学生举出的例子较多，如课桌腿与桌面、地板的垂直，窗户立柱与天花板的垂直关系等，然而我们比较关注学生是否能列举不存在明显交点的垂直关系，并通过几何语言、符号语言表示出来，为后期的分析提供抽象的基础。

活动2　抽象概括"空间中线面垂直关系的共同特征"，思考判定方法的产生

(1)交流并探究在你们提供的这些空间垂直关系中，存在哪些共同的特征？

活动说明：列举出垂直的一些条件，如夹角问题、交点问题、平面中的直线等，建立这些抽取出的数学对象的关系，作为直线垂直平面的可选条件。教师需要引导学生甄别这些条件的意义及关系。

(2)在这些共同特征中，提出你认为能作为直线与平面垂直的标准条件，并思考这些条件是否可以应用到其他同学举出的线面垂直情境中。

活动说明：选取可能作为直线垂直平面判定标准的条件，对这些条件关系进行筛选，选取出适合进一步思考和讨论的判定标准。

(3)聚焦问题：如果一条直线与平面内的两条直线垂直，能证明这条直线与平面垂直吗？给出你的理由。

完善我们的条件，你认为如果一条直线与一个平面内的两条相交直线都垂直，那么这条直线与此平面垂直吗？试证明我们的猜想。

活动说明：学生对自己得到的"判定定理"进行推广和确认阶段，聚焦于一个核心的问题，让学生试图说明合适或不合适的理由。尝试引领学生进行逻辑推理。在对判定定理的确认过程中，关注学生对判定定理的表述，能够通过图形、符号等语言提炼出判定条件。

活动3　回归具体形象，加深对定理的理解

根据我们得到的结论，试解释为什么你在活动1找出的线面垂直关系成立？

活动说明：加深学生对形成的判定定理的理解。与活动1不同，需要学生辨析活动1的条件。

三、教学改进效果评价

1. 学生课堂学习行为表现方面

我们记录了学生在研究课中的学习行为表现，这些行为表现贯穿此核心教学内容的整个过程，同一个活动中会表现出不同类型的行为表现特征。在研究课中，学生的学习行为观察表如下。

表6-6 课堂核心模块的概括理解学习行为观察表——研究课

概括阶段 行为特征变化	抽离阶段	筛选阶段	推广阶段	确定阶段
自主性表现变化	观察教室中的线面垂直关系；收集线面垂直的共同特征	提供自己认为可行的判定条件	思索"判定定理"在一般情况的可行性	对自己的"判定定理"进行评价
渐进性表现变化	检索线面垂直的共同特征；猜想线面垂直的条件	排除不可作为判定的条件；质疑条件的可靠性	尝试将判定定理应用到一般情形	补充条件进行论证；梳理判定定理表述
外显性表现变化	列举线面垂直下的条件关系	描述自己认可的"判定条件"	整理出一般条件下的"判定定理"	概述论证垂直的思维过程
互动性表现变化	向其他同学解释"自己的判定条件"；倾听别人的"判定条件"	评价别人的"判定条件"；回应"判定条件"的合理性	反驳同学"判定条件"的充分性	和其他同学讨论结论的正确性
严谨性表现变化	对"判定条件"进行归类	判断"一个条件""两个条件"及"更加复杂条件"的合理性	归纳一般情形下的"判定定理"	对判定定理进行推导和实验

从课堂观察表中学生的学习行为表现变化可以看出，学生在对"直线垂直平面的判定定理"的概括理解中，能够在自主性、渐进性、外显性、互动性及严谨性方面呈现积极的学习行为。与初始课相比，学生在研究课中在外显性、互动性

和严谨性方面的表现尤其突出。教师更加关注学生自己的表达，让学生提出判定定理的条件，而不是直接给出条件让学生论证。教学中设计的一系列问题，需要学生之间进行讨论和思考。教师尝试让学生进行逻辑推理，关注学生论述及解释过程中的数学逻辑，而不仅仅依赖于实验和展示。

同时，与初始课的设计相比，研究课过程突出了概括理解的过程性，关注数学共同特征的抽离阶段、筛选阶段及推广阶段的实施，而不仅仅是关注判定定理的确定阶段。

2. 教师教学反思方面

通过对研讨中教师的教学反思的分析，以及课后教师访谈，能够发现教师对于教学改进的策略的认可，教师对于课堂的主要反思结果如下。

首先，认为课堂教学需要由重视概括的结果向重视概括的过程转变。在以往的教学，往往更加关注具体的数学知识的掌握和应用，较少关注学生对知识的理解情况。抽象概括是学生理解知识的基本过程，概括理解数学的能力代表学生学习数学的能力。学生在被动地接受数学知识之后，对概念、定理以及数学思想方法的理解仍停留在表面层次，没有形成对数学知识的深刻的认识，学生的概括理解过程是学生获得知识的过程，更是学生加深知识理解的过程。基于学生概括理解能力培养的教学更加重视学生通过抽象概括的思维过程得到数学对象的数学本质的经历，学生经历抽象概括的各个阶段后，才能完成旧知识向新知识的迁移。同时，一线教师对数学概括理解的过程了解还不够深入，需要结合具体的课程实例进行教学设计和优化。

其次，认为聚焦概括理解能力提升的教学，能够促进学生学习能力的提升。数学学习中有大量关于数学概念、定理及数学思想方法的学习，通过抽象概括得到新知识是基本的学习路径，能够帮助学生有效获得新的数学知识。在这种模式的学习下，学生不仅对知识有深入的理解，而且掌握了更加一般性的学习方法和策略，能够迁移到新的数学学习过程中，促进全面的数学学习能力的提升。学生在解题的过程中，对信息的挖掘、整合、利用和探索，与学生对新知识的概括理解路径相似，都是从已有知识中寻找知识之间的联系，进而得到合适的方法和策略解决问题。概括理解数学的过程是学生经历的心理过程，对于学生数学解题、数学建模及数学创造等具有模范作用，能促进学生数学能力的全面提高。

最后，认为在基于学生概括能力提升的教学中，学生更乐于参与课堂活动并主动思考。学生对数学学习的兴趣和主动参与数学思考的学习态度非常重要，在以往的教学中，我们常常罗列丰富的教学材料，却较少关注这些材料的联系性，不能激发学生的学习热情。基于概括能力提升的教学更加关注学生对数学材料的加工，让学生去寻找数学对象的共同特征或本质属性，这不仅调动了学生主动学习的积极性，而且激发了他们探索未知数学概念或思想方法的热情。设置开放性的数学问题让学生探究数学结果，能够让"学优生"和"学困生"在不同层面上提升自己对数学对象的理解，因而他们更加乐于参与其中。没有学生思维参与的课堂不是合格的课堂，而基于学生概括能力提升的课堂教学要求教师更加关注学生自主的知识构建，关注学生在此过程中产生的思维障碍，并有针对性地对学生进行思维指导，这样的教学更加受到学生的欢迎。

第四节　基于学生概括理解能力培养的教学改进研究结果

一、教学改进的学生概括理解能力变化

1. 学生概括理解能力前后测评对比

项目在原有区域数学学科能力测评的基础上，开发了针对教学改进学校的测评工具，分别在教学改进前期和教学改进末期对参与教学改进的班级的学生进行了测评，以探究学生在经历教学改进活动后的数学能力表现。测试工具包括对学生学习理解能力、实践应用能力和创造迁移能力三个维度的考查，其中概括理解能力作为学生学习理解能力的一部分，数学总能力指学生在三个能力的综合表现。参与教学改进项目的 A 校和 B 校共计 155 名学生参与了测评。

根据测评结果，我们把学生的数学与能力值及概括理解能力值转变为标准分数（z 分数），比较前后两次测评，学生的能力表现如表 6-7。

表 6-7　基于概括理解能力提升的教学改进学生能力测评

测评对象	年级	学生班级人数	测试阶段	数学总能力	学习理解能力	概括理解得分率
A 校学生	八年级	62	前测	−0.030	−0.414	0.333
			后测	0.141	−0.281	0.450
			同比变化值	+0.171	+0.133	35.1%
B 校学生	高二年级	93	前测	−0.120	−0.518	0.457
			后测	−0.018	−0.425	0.674
			同比变化值	+0.102	+0.093	47.5%

从数据上可以看出，两所学校的学生在教学改进后，数学总能力和学习理解能力均得到较大的提升，说明在教学改进中，学生的综合数学能力得到了提升。在概括理解方面测试项目的得分率，A 学校提升 35.1%，B 学校提升了 47.5%，

表明两所学校学生在该测试维度方面的提升幅度都比较大。B校属于普通高中学校，A校为区级示范初中学校，两个不同类型的学校中，学生在该模块的得分率变化均呈现较大幅度的提高，说明不同水平的学生在概括理解能力方面均得到较好的提高。

2.学生在课堂学习过程中概括理解的学习表现

通过课堂实施观察表对学生学习行为的记录，我们从以下几个方面分析学生在学习方面的表现。

表6-8 基于概括理解能力提升的教学改进学生学习行为表现特征变化

学习行为 表现特征	学习行为特征变化
自主性表现	学生参与课堂学习的自主性得到了提升，提升了主动通过抽象概括的过程得到数学概念、定理或数学思想方法的意识，学生参与课堂获得的意愿得到了提升
渐进性表现	学生从简单到复杂，从形象思维向抽象思维逐步转变，逐步体验概括理解过程的渐进性，逐步揭示数学对象的本质和属性
外显性表现	学生能够将思考的过程通过语言、文字、图形、符号表述出来，能够更加清晰地呈现自己的思考内容
互动性表现	学生参与数学活动的行为较多，和教师、其他同学的交流更加频繁，在互动过程中提升了数学交流的能力
严谨性表现	学生在思考问题时表现出较好的推理能力，能借助多种方法论证结论的可靠性，思维的严谨性得到了提升，关注结论的相容性、完备性等特点

从学生在课堂上进行概括理解的学习行为表现可以看出，在教学改进的策略之下，学生学习的主动性逐渐提升，认识到思维发展的渐进性，而不是直接接受教材或教师给出的结果。学生更乐于表达和交流自己的想法，乐于创造性地发现问题，在和同学的交流中纠正自己的错误思维，学生的逻辑推理能力得到了提升，对数学特征有更严谨的分析，能够采用更合理的逻辑推理思考问题。

3.教师在教学改进中的反思与成长

教师的教学理念和教学方法的提高是本次教学改进的重要目的，从教师的访谈和自我反思中可以发现，教师在教学改进中认可了基于学生概括理解能力提升的教学策略，逐渐认识到学生的抽象概括的数学学习过程对学生学习的意义和价值。

教师在实际的教学中，逐步感受到基于抽象概括能力提升的教学对于数学学习的意义，这样的教学更符合学生学习数学的心理规律。教师认为在教学中应该关注学生的自主性，给学生开放的学习环境去思考问题，留给学生足够的时间去表达自己的思想，教师才能从中发现学生的学习困难，进而对学生的学习进行有效的指导。

教师认为要关注学生的情感需要，为学生提供丰富的学习材料，吸引学生的学习兴趣，让学生进入"沉浸式"的学习状态。

二、教学改进的建议

抽象概括不仅是数学学科发生发展的基本方法，也是学生学习已有数学知识的基本方法，学生对数学对象理解的差异表现为概括理解能力的差异，课堂教学不仅要让学生学会知识，更应该促进学生概括理解能力的发展。

本章结合教学改进项目的实施给出的两个教学典型案例，即"全等三角形的定义"和"空间中直线和平面垂直的判定定理"两个核心内容的数学学习呈现让学生感知概括理解数学的重要性。数学中的其他概念、定理，包含复杂的数学思想方法及解题策略的学习，也可以通过让学生概括的方法获得，这样的教学理念同样适用于其他具体数学内容的学习。结合课题研究，下面给出基于概括理解能力提升的教学改进的两个建议。

1. 教师需要深入理解数学概括能力的内涵，关注概括理解的过程，基于学生的数学概括能力提升设计教学活动

数学概括能力是数学的核心能力，是学生学习数学的能力的集中表现，提升学生的概括能力能够提高学生学习数学的效率。概括是学生理解数学对象的基础，经历概括得到的数学认识更能反映数学的本质，学生对数学才会有更深层次的理解和认识。然而，从实际教学现状来看，教师对学生概括能力的理解是片面的，认识不到数学概括和其他学科的概括的差异，忽略概括在数学学习中的核心价值。因此，教师对数学抽象概括的内涵、价值和意义的理解，对学生抽象概括

能力的培养教育价值的认识，是进行教学改进的前提。

对学生数学概括能力的培养需要关注学生进行抽象概括的过程。已有研究表明，抽象概括是学生学习数学的心理过程，这一过程包括抽取、筛选、推广、确认四个阶段，在每个阶段都存在学生的认知加工，学生表现出的学习问题常常表现为在不同阶段的思维障碍。教师在培养学生的抽象概括能力时不能忽略这一过程，或者在这一过程中用教师的思维替代学生的思维，这样学生便无法经历知识的构建过程。相反，教师应该合理设计教学活动，引导学生去逐步概括、展现思维脉络，暴露思维障碍，教师在此基础上对学生进行学习指导。

不仅概括的对象是广泛的，概括的方式也是多样的，涂荣豹先生认为，概括包括类比式概括、归纳式概括、演绎式概括、经验式概括、理论式概括和简约式概括①，这就要求教师根据不同的教学内容设计合理的教学活动。在设计教学活动时，也需要考虑不同概括能力水平学生的学习需求，开放性的问题能够满足不同层次学生的思考需求，同时也能促进学生进行发散性思考，在开放型问题的引导下，学生能够更加积极地进行概括学习。

2. 教师需要关注学生在数学概括理解过程中的学习困难

尽管数学抽象概括能力的价值得到了教育学者的认可，然而在针对概括能力培养的教学中，学生在经历这一过程中常常表现出一定的学习困难。本研究抽取学生一般性的学习困难并作为课堂实施的观察指标，对学生课堂的学习表现进行了记录和分析，这些学习困难包括以下几个方面。

(1)概括的自主性仍需要提高。由于在日常教学中，教师忽视或压缩对新的数学概念、规律的教学，将更多时间放在知识熟记和应用上，学生参与知识的形成的经历较少，学生缺乏自主概括数学知识的意识。从学生表现可以看出，在教学改进的初级阶段，学生较少主动地呈现自己的想法，往往期待教师给出"合理的解释"，而在教学改进后期，学生乐于表达自己"古怪的想法"，希望将自己的困惑和不解表达出来。学生概括的自主性经历了压抑到释放的过程，每个学生都

---

① 涂荣豹，陈嫣. 数学学习中的概括[J]. 数学教育学报，2004，13(1)：17-22.

有表达自己想法的心理需求，教师在教学中应该学会等待，给学生更多的空间和时间进行自主思考。

（2）概括需要学生在自己认知的基础上逐步渐进。学生自身的理解能力存在较大差异，在概括的过程中表现为思维的不灵敏、不严谨等特点，而概括的过程是一个渐进的过程，并不需要学生直接得到相应的答案。许多学生在看到教师给出的"标准结果"后，未加思索地中断自己的思考过程，遗留了许多疑而未解的思维障碍。教师应该理解学生概括过程的渐进性，避免盲目打断学生的思维脉络。

（3）概括需要学生更多地呈现自己的思维，让思维外显出来。维果茨基认为，语言是思维的具体表现，学生在学习中的思维问题，需要通过学生的语言呈现出来。不同于其他语言，数学语言是更加复杂、更加抽象的语言，数学思维是通过数学语言表达出来的，包括言语、文字、图形、符号等表达方式，让学生通过语言表达思维是概括过程的需要。然而，学生的数学语言体系还不够完善，尤其在表达数学思维方面存在较多的问题，无论是图形语言还是符号语言都不够完善，在学生表达自己想法的过程中会把概括过程中对问题的错误理解暴露出来。教师应该鼓励学生表达自己的想法，这也是发现学生概括理解能力问题的重要途径。

（4）概括需要师生间的交流与互动。学生的概括理解过程是自身知识的建构过程，逻辑推理在这个过程中占据较大的比重，然而学生自我很难判断自己的思维合理与否，与其他学生或教师的交流是其纠正和调整思维脉络的必要途径。通过交流自己的想法，接受他人的建议，学生能整理出更好的思绪，进行合理的推理。同时互动的过程不仅是人际交流的需要，也能满足学生学习的情感需要，获得他人的认可或建议能够促进其学习兴趣的提升。

（5）数学概括的过程需要学生具有严谨的思维品质。文学方面的概括重视学生的"达意"，而数学的概括更重视学生逻辑的"达理"，这就要求学生在概括过程中逐步提高思维的严谨性，只有严谨的数学推理才能够揭示数学的本质属性。处于不同学习阶段的学生推理的严谨性不同，在初中阶段，学生常借助感性思维进行合情推理，而在高中阶段，则要求学生更多地借助数学的形式化进行理性推理，同时对推理的严谨性提出更高的要求。在概括理解数学对象时，学生的思维的严谨性是逐步提升的，这种提升同时带来了学生概括理解能力的提升。

学生在概括理解过程中表现学习行为特征仍需要进一步结合大量实际教学经验进行分析，这些学习行为特征所蕴含的学生思维障碍是阻碍学生概括理解能力提升的因素。教学改进的过程中提出相应的教学策略是在学生学习行为研究的基础上提出的，对于一般的"概括理解"类型的教学具有可借鉴性。

第七章

基于学生运算能力的
教学改进研究

数学运算能力是数学学科能力中的一项核心能力。人们将早期的数学称为算学，即是运算的学问，运算不仅是传统中学数学教学中的重要内容，而且随着数学的发展，对运算能力也提出了更新更高的要求。运算能力不仅是学生继续学习数学的基础，还是学生继续发展的必备素养。随着科学技术的飞速发展，在当今这样一个信息化、数字化的时代，运算能力是每一个现代公民必须具备的一项基本数学素养。国际比较研究中的 PISA 和 TIMSS 测试也重视对学生运算素养的考查。

苏联心理学家克鲁捷茨基曾经说过："数学才能早在童年时期就能形成，其中主要是以运算能力的形式出现的。当然，这个时期的运算能力还不是完整的数学能力，但在这种运算能力的基础上，却可以常常形成其他的数学能力，例如，求证能力、推理能力与独立掌握数据的能力。"①随着我国基础教育数学课程改革的不断深入推进，数学教育界对运算能力越来越关注，逐渐形成一些共识：学生的运算能力的培养是必需的，如果运算能力欠缺会制约学生数学能力的提高和问题的解决。数学在其他各学科、各领域中的运用也是以数学运算能力为基础的。通过数学课堂教学提高学生的数学运算能力，可以改善学生的思维品质，培养学生的数学思维能力和创新能力。

---

① 皮连生．教育心理学［M］．上海：上海教育出版社，2004.

第一节 运算能力的内涵、意义与价值

一、数学运算能力的内涵

1. 一些学者对运算能力的界定

曹才翰在《中国中学教学百科全书·数学卷》中对运算能力的界定如下:"运算能力并不是一种单一的数学能力,而是运算技能与逻辑思维等独特结合的一种能力。它主要是通过解题而逐步发展起来的。所以,运算能力的研究要从学生的数学解题活动中来分析。"[1]

徐有标在《数学教学与智能发展》中对运算能力的界定如下:"运算能力主要是指学生在有目的的数学运算的活动过程中,能够正确、合理地完成数学运算活动任务的个性心理特征。运算能力不止包含加、减、乘、除运算,还包含与观察能力、理解能力、记忆能力、推理能力、想象能力、表达能力等相关的、由低到高的综合能力,以及在各种能力之间相互渗透,相互支撑,从而形成的一种数学能力。"[2]

罗增儒在《数学教学论》中对运算能力界定如下:"运算能力是数学的各种能力中最基本的能力,它包含运算技能与逻辑思维。在数学运算中,运算技能主要体现在:运算结果是否准确,运算过程是否合理,逻辑推理是否严密,运算速度是否迅速等。而逻辑思维则主要体现在:能否合理运用数学公式;能否推理运算;能否自我改正错误;能否对结果进行检查与判断;能否简化运算过程等。"[3]

[1] 曹才翰. 中国中学教学百科全书·数学卷[M]. 沈阳:沈阳出版社,1991.
[2] 徐有标. 数学教学与智能发展[M]. 北京:光明日报出版社,1991.
[3] 罗增儒,李文铭. 数学教学论[M]. 西安:陕西师范大学出版社,2003.

　　林崇德在《中学数学教学心理学》中指出中学阶段运算能力主要表现为："根据中学数学的法则、公式等进行数学运算中表现出来的正确、合理、灵活、熟练程度；理解运算的算理，根据题目条件寻求最合理、最简捷运算途径的水平。更注重算法算理，大量进行的是字符运算。数值计算突出准确性和快速性，避免繁杂和机械的重复计算，重视考查估算和估计的推理运算作用。"①

　　2. 数学课程标准对运算能力的要求

　　与《义务教育数学课程标准(实验)》相比，《标准(2011年版)》中指出："在数学课程中，应当注重发展学生的数感、符号意识、空间观念、几何直观、数据分析观念、运算能力、推理能力和模型思想。运算能力主要是指能够根据法则和运算律正确地进行运算的能力。培养运算能力有助于学生理解运算的算理，寻求合理简洁的运算途径解决问题。"②特别强调的是算理和结果的正确性。《普通高中数学课程标准(实验)》中指出课程的总目标是"使学生在九年义务教育数学课程的基础上，进一步提高作为未来公民所必要的数学素养，以满足个人发展与社会进步的需要"。其具体目标中提到要"提高空间想象、抽象概括、推理论证、运算求解、数据处理等基本能力"。③ 教育部考试中心指出："运算能力主要包括能够理解运算，会根据运算法则、公式与运算定律正确地进行运算，同时能根据题目的条件寻求到简捷的、合理的运算途径，能够运算迅速、准确和熟练。"④对运算素养的考查不仅包括对数的运算，还包括对式的运算，兼顾对算理和逻辑推理的考查。对考生运算素养的考查主要是以含字母的式的运算为主，包括数字的计算、代数式和某些超越式的恒等变形、集合的运算、解方程与不等式、三角恒等变形、数列极限的计算、求导运算、概率计算、向量运算和几何图形中的计算等。

---

　　① 林崇德. 中学数学教学心理学[M]. 北京：北京教育出版社，2001.

　　② 中华人民共和国教育部. 义务教育数学课程标准(2011年版)[S]. 北京：北京师范大学出版社，2012.

　　③ 中华人民共和国教育部. 普通高中数学课程标准(实验)[S]. 北京：人民教育出版社，2003.

　　④ 教育部考试中心. 能力考试的研究与实践[M]. 北京：中国人民大学出版社，1999.

3. 数学运算能力的特点

(1)综合性

从数学运算的过程看，数学运算能力的一个显著特点就是具有综合性。运算能力不可能独立地存在和发展，而是与思维能力、空间想象能力以及观察力、记忆力、理解力、想象力等一般能力互相渗透、互相支持的。[①] 记忆力是运算能力的"助手"，数学运算所需的基本公式及变形、运算法则、常用数据等都需要牢固、长久地记忆，这有利于复杂运算的进行。观察力、想象力是运算能力的起点。学生如果善于观察，就能够对问题进行深入理解，发现算式的特点，并对其进行有效的转化变形，可以提高运算的灵活性，否则就不可能选择合理的运算方法进行有效运算，甚至也发现不了运算结果中的不合理之处。数学运算常常作为解决问题、完成推理和判断的工具，这就要求把运算方法的选择、运算过程的优化、运算结果的取舍同一些复杂的推理、演绎有机整合在一起。运算能力是综合能力的体现，它的培养离不开其他能力而孤立进行。

(2)层次性

数学运算能力的发展具有层次性，总是由简单到复杂、由低级到高级、由具体到抽象逐渐发展起来。因此对运算的认识和掌握也必然是逐步有序、有层次地进行。例如，不掌握实数运算就不可能进行复数运算，不掌握代数式的运算以及方程、不等式的求解运算就不能掌握超越运算。这种层次性也体现在运算中，如加减运算是最基本的运算，在此基础上，发展出了乘除运算，乘方、开方运算等，这些都体现了运算的层层递进的过程。数学运算能力是随着学生数学知识的不断增长、抽象程度的不断提高而逐步发展的。中学生数学运算能力发展可以分为以下三级水平：第一级水平为了解与理解运算的水平，指的是学生对数学运算的含义有感性的、初步的认识，能够(或会)在有关的问题中识别它，并进一步对运算的法则、公式、运算律等达到理性认识的水平，即不仅能够说出是什么，怎样得来的，而且要知道运算的作用和相互之间的联系。第二级水平为掌握应用运

---

① 曹才翰，章建跃. 中学数学教学概论［M］. 北京：北京师范大学出版社，2008.

算的水平，指的是学生在了解与理解的基础上，通过练习形成技能，能够（或会）用运算去解决一些基本的常规问题。第三级水平为综合评价运算的水平，指的是能够综合运用多种运算，并达到灵活变换的程度，可以对同一问题采取不同的运算方案，并迅速准确地判断出最合理、最简捷的运算途径是什么，从而形成高级阶段的能力。[①]

二、数学运算能力的意义和价值

数学运算能力是数学三大能力之一，它是数学能力结构中非常重要的一个能力构成。数学运算能力形成的中心环节，是准确把握运算目标，学会根据问题特点及运算的条件选择适当运算途径的策略，形成合理简洁的运算的意识和习惯。[②]

1. 数学运算能力有利于其他数学能力的培养

由于数学运算能力具有综合性的特点，数学运算过程又是一个复杂的过程。那么在进行数学运算能力培养时，首先，就要求学生对所学的数学知识的内涵、作用和用法熟练掌握。比如，学生要熟记数据和公式，这样才能正确、迅速地进行各种运算，要对数学概念或基础知识深入理解，这样运算时就会有理有据。其次，还要求学生具有较强的观察力。如果学生善于观察，能从问题特点入手，就能对问题进行有效的分解、组合变形，发现需要运用哪些数学知识来解决问题才能获得运算结果的捷径，并能选择合理的运算方法和途径，也能觉察到运算中不合理的地方并及时改进。最后，培养学生的想象力。如果学生能够把数、式的运算与图形等其他数学表示形式联系起来，那么其运算过程就会灵活多变。运算中会涉及大量的、复杂的推理过程，这与数学思维能力紧密相关，体现了在深刻理解算理的基础上，能根据条件寻求合理、简捷的运算途径的水平。在培养发展学

① 林崇德. 学习与发展：中小学生心理能力发展与培养(修订版)[M]. 北京：北京师范大学出版社，2003.

② 曹才翰，章建跃. 中学数学教学概论[M]. 北京：北京师范大学出版社，2008.

生数学运算能力的基础上，有益于培养学生其他的数学能力。

2. 促进学生理解数学符号化与形式化的特征

符号化与形式化是数学学科发展的重要特征，从数学发展的历史看数学学科的运算，从中可以看到数与运算的发展与数学的符号化与形式化进程相伴随，在发展过程中它们之间是互相推动和互相促进的。对于运算来说，运算对象和运算规律是其最基本的要素。数与运算的发展过程中，运算对象不断得到抽象和符号化，进而研究这些被符号表示的新的形式化对象的运算规律，比如，正整数幂 a^n 是对 n 个 a 相乘的简化，从而有了正整数幂形式化的运算性质。在数学学习中，理解用字母表示数，是学会用符号表示数量关系和变化规律的基础。对符号表达的形式化的运算对象的意义的理解是掌握运算技能的基础。在运算能力培养的过程中应渗透这些思想，这有助于学生正确理解数学，树立正确的数学观，而不仅仅把数学理解为依据权威者规定的规则对无意义的符号进行的形式化机械操作。

3. 有助于逻辑推理能力的培养

运算本身是代数研究的重要内容，项武义教授认为代数问题就是运用运算和运算法则解决的问题，这样概括是有道理的。在某种意义上说，在中学阶段，解方程问题、解不等式问题、一些函数性质的研究等，这些都是代数问题。代数问题的基本特点是不仅要证明在什么条件下"解"存在，而且要把"解"具体地构造出来，这是一种构造性的证明，运算和运算律是构成代数推理的基本要素。例如，讨论二元一次方程组时，不仅要证明在什么条件下二元一次方程组无解、有解，而且还会把"解"具体构造出来。

在运算过程中，每一步运算都是依据运算法则，运算法则的作用类似于几何证明中的公理，它是代数推理的前提和基本依据。运算过程本身就是代数推理的过程。因此，运算与推理有着紧密的联系，可以说，运算也是一种推理，运算可以"证明问题"，这是数学学习需要"留给学生"的重要的思想，因此，运算能力的培养对于学生的逻辑推理能力的培养同样具有重要作用。

4. 运算能力的培养促进相关数学概念的理解

运算在中学数学中具有基础性作用，运算主要是为推理、演绎、判断或证明服务的。从数量和数量关系的角度来看，数学是建立在概念和符号的基础之上的，为了研究数量，先从数量中抽象出自然数及自然数的运算法则，根据运算的需要逐渐进行数的扩充：自然数与加法，整数与减法，有理数与除法，实数与极限；为了研究数量关系，定义了方程、不等式、函数、导数、微分、积分、微分方程①。认识运算是进一步理解相关数学概念的基础。例如，对函数性质中单调性、奇偶性、周期性等重要概念的理解，都离不开运算，这些概念本质上就是对函数运算的某些特性的反映。对于基本初等函数的性质的研究，就是对这些函数解析式所反映的运算特性的研究，例如，二次函数的对称性，其本质是由平方运算的特性决定的，所以在高中阶段，对二次函数的再认识的教学，就需要从函数解析式的角度，从运算特性来阐述和解读二次函数的轴对称性。又比如，等差数列和等比数列这两个概念，是以相邻项的差运算和商运算规律来定义的，因此从运算的特性入手进行教学，能够更深刻地理解这两个基本数列模型的特点。所以教师在数学课堂教学中可以通过运算能力的培养促进学生对相关数学概念的理解和掌握。

目前，加强和提高学生的运算能力已成为国际数学教育改革的重要内容之一。美国、日本、新加坡等国对课程标准中的运算能力提出了相应的要求。比如，第三次国际数学与科学教育研究之后，美国进行了一系列针对运算能力的教育改革，提出"使用高效的与精确的运算方式进行运算是非常必要的，学生还应学会使用不同的运算方式与合理的运算规则进行复杂的运算，其中包括笔算、心算、估算等"。数学运算能力具有重要的意义和价值。

---

① 史宁中．数学思想概论（第 1 辑）［M］．长春：东北师范大学出版社，2008．

第二节　基于学生运算能力培养的
教学改进研究方法、过程和结论

随着基础教育数学课程改革的不断深入推进，数学教育界对运算能力越来越关注，逐渐形成一些共识：对学生的运算能力的培养是必需的，运算能力欠缺会制约学生数学能力的提高和问题的解决。通过基于对学生数学学科能力的测评和对数学教师课堂中对运算教学的观察分析，从中发现存在的一些问题，针对这些问题对数学课堂教学进行改进研究，从而更好地培养学生的运算能力，促进学生思维品质的提升。

一、研究对象的选择

选取 BJ 地区的一所高中进行基于数学学科能力测评的课堂教学改进研究。在这所学校分别选择了高二和高三年级进行教学改进研究。为了提高研究中的针对性和有效性，研究中采用"以点带面"的方式进行，分别选择了两个年级各一位青年教师及其所教授的班级作为教学改进的主要研究对象，教学改进过程中以他们为点，带动整个学校教研组的教师在运算能力方面的教学改进，促进整个教研组团队的发展。

二、研究方法

研究方法的基本范式主要有质的研究和量的研究两种研究范式。本次教学改进，采用了综合研究的方法。主要的研究方法有：问卷测试法、课堂观察法、访谈法、分析法等。

（1）问卷测试法

通过编制学科能力测试卷，深入了解学生数学学科能力的发展状况，寻找学生数学学科能力发展中的薄弱之处，作为课堂教学的改进点。

（2）课堂观察法

一方面现场观察，另一方面录制录像。通过课堂观察和课后录像的深入分析，记录师生的课堂语言和行为，发现学生运算能力培养中存在的一些问题，为有针对性的教学改进提供依据。

（3）访谈法

通过课前和课后对教师面对面的访谈，进一步了解教师的教学设计、教学思路、困惑等隐性信息。通过对学生的访谈，了解学生对教学内容的掌握情况，对教师教学实施的看法和意见等信息。

（4）分析法

收集教师教学改进前后四次教学设计稿、学生学案和作业、教师教学反思以及研究者的课堂观察笔记等，通过对以上资料的分析，探寻教学改进的措施，提炼基于发展学生数学运算能力的教学策略。

三、研究过程

1. 区域大数据测评学生数学学科核心能力发展状况

2014 年对本次教学改进学校所在区域进行了分层抽样测试，通过科学编制学科能力测试卷，经过对学生测试，深入了解区域学生数学学科能力和核心知识上的表现，发现学生数学学科能力发展中存在的一些问题，聚焦教学改进的主题。具体见表 7-1。

表 7-1　区域学科能力测试各维度学生能力值得分

	高一年级	高二年级	高三年级
学习理解	1.845	1.378	1.994
实践应用	−0.130	−0.265	0.402
创造迁移	−0.672	−0.724	−0.328
函数	−0.007	−0.346	0.560
方程与不等式	−0.037	−0.223	0.120
图形与几何	0.020	−0.121	0.213
统计与概率	1.003	1.389	2.194

从上表中可以看出区域测试中，在能力维度上，学生在学习理解、实践应用、创造迁移三项能力发展中，学习理解能力表现优于实践应用能力，实践应用能力优于创造迁移能力。在内容维度上，"方程与不等式"和"函数"部分较弱。

2. 数学学科核心能力前测准确定位改进班级学生能力改进点

在参与区域大数据测试的学校中，根据测试出现的问题和学校的意愿，选择了本次改进的学校参与课堂教学改进研究。为了更好地诊断出学生在数学学科能力发展中存在的问题，通过科学编制数学学科能力前测试卷，2015 年 9 月对参与课堂教学改进研究的学校及班级进行前测，进一步了解改进班级学生在核心知识和数学学科核心能力上的表现，寻找学生数学学科能力发展中的薄弱之处，定位数学学科能力教学改进点。具体前测结果见图 7-1、图 7-2 和图 7-3。

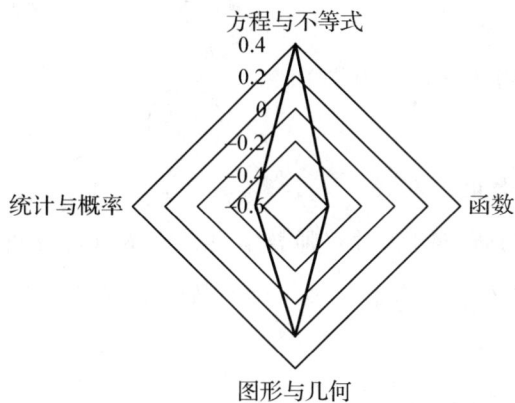

图 7-1　学生前测内容维度得分

图 7-2　学生前测能力维度得分

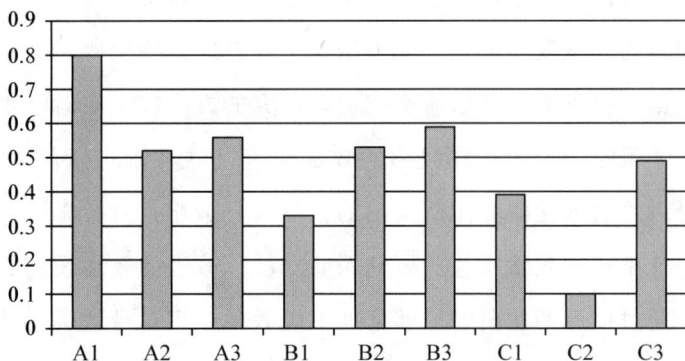

图 7-3　学生前测二级能力维度得分

　　从上面三个图可以看出，从内容维度看，学生在函数部分相对比较薄弱。从能力维度上看，学习理解＞实践应用＞创造迁移。这些结果与之前 FT 区的大样本数据是一致的。再从二级能力维度上看，"B1：分析计算""C1：综合问题解决""C2：猜想探究"比较薄弱。由大学教授、区域教研员和一线教师组成教学改进研究团队，对前测试卷进行仔细分析，结合区域大数据结果以及对前测结果的分析，发现学生的运算能力比较薄弱，因此把运算能力作为主要改进点，以"直线与圆锥曲线的综合问题""导数的应用"两节习题课作为运算能力改进的课题。

　　3．"研磨—试讲—改进—正式讲—评价"有效提高教学改进的针对性

　　在定位运算能力作为改进点和确定课题之后，教学改进团队按照"研磨—试讲—改进—正式讲—评价"的流程进行教学改进。具体见图 7-4。

　　在教学改进的过程中，教学改进团队从以下几方面进行教学改进的落实。

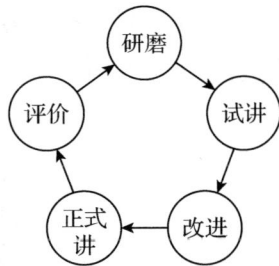

图 7-4　教学改进流程图

　　（1）教学设计文本分析聚焦学生运算能力发展

　　由大学教授、区域教研员等构成的研究团队对教师教学设计文本进行分析，从教学目标到活动设计，聚焦到如何更好地培养和发展学生的数学运算能力，提出切实可行的教学设计改进策略。

　　（2）课堂教学实施聚焦运算能力发展的落实

　　教师按照教学设计进行试讲，研究团队对试讲运用观察法进行分析，一方面现场观察，另一方面录制录像。通过课堂观察和课后录像的深入分析，记录师生的课堂语言和行为，发现学生运算能力培养中存在的一些问题，为有针对性的教学改进提供依据。接下来，课后研磨改进，研究的方向聚焦在对学生运算能力发展的培养的教学策略上，为一线教师的教学改进提供具体的、有针对性的指导。一线教师在研讨之后内化研究团队提出的教学改进策略，对教学设计进行再次改进，并再次进行正式的教学实施。研究团队对教师改进的教学设计与正式实施进行研究分析，通过前后两次研磨能够帮助一线教师认识自身教学设计与实施在运算能力发展的培养上的不足以及改变，因为有了第二次的实施，教师能够通过教

学，体验不同教学策略的效果，提高自身的教学水平，促进教师专业化发展。研究团队运用观察法对正式讲进行分析，课后进行评价，提出建议，促进授课教师对改进策略的理解和掌握。研究中为了使研究更有针对性，改进过程中设计了基于发展学生运算能力的教学观察表（见表7-2）。

表 7-2　基于运算能力的教学观察表

主题	具体内容	具体表现
教学设计	教学目标	教学目标是否突出运算能力的培养
	教学内容	教学内容选择是否有利于学生运算能力的培养
	活动设计	活动设计是否具有启发性、挑战性、适切性
课堂教学	教师行为	教师教学中是否能够渗透和提炼运算的基本思想和方法
		教师课堂上是否留给学生足够的思考和实践时间
		教师是否尊重学生的思维
		教师提问的层次性
		教师教学中对运算学习是否进行有效的指导
	学生行为	学生的课堂参与是否主动积极
		学生是否敢于探索、质疑、反思及调整
	课堂文化	教师是否尊重和鼓励学生的探索，师生间是否民主平等，互动是否积极
课后反思	教师反思	教师是否就运算能力培养进行反思

（3）"以点带面"促进团队教学改进

对教师的课堂教学进行评价和研究的目的旨在诊断与改进，改进的方向聚焦在学生运算能力发展的培养。"研磨—试讲—改进—正式讲—评价"环节的另外一个特点是选择两位教师及其教学为例，收集两位教师教学改进前后四次教学设计稿、学生学案和作业、教师教学反思以及研究者的课堂观察笔记等，通过对以上资料的分析，探寻教学改进的措施，提炼基于发展学生数学运算能力的教学策略，带动学校教研团队进行数学学科能力测试的研究，以点带面，提高学校教研团队在学生运算能力培养上的有效性。

4.数学学科核心能力后测、学生访谈、教师反思三方评价改进效果

为了能够检测基于学生数学学科能力发展的教学改进效果，对学生进行数学学科能力后测，后测试题严格按照命题规则进行命制。在整个研究中通过课前和课后对教师面对面的访谈，进一步了解教师的教学设计、教学思路、困惑等隐性信息。通过对学生的访谈，了解学生对教学内容的掌握情况，对教师教学实施的看法和意见等信息。通过对参与改进研究的学生和教师进行访谈，结合后测数据进行教学改进效果的评价。

四、主要的研究结论和策略

1.目前数学运算教学出现的问题

通过数学学科能力前测和课堂观察分析，当前的数学运算教学存在以下一些问题。

(1)教师缺乏对运算教学的正确认识

有些高中数学教师对运算的认识不够全面，教学力度不够，认为这是小学、初中数学的内容，高中课时紧、内容多，无暇顾及运算能力的训练，导致学生运算能力下降。其实，运算能力不仅仅是"算"。数学运算能力的一个显著特点就是具有综合性。运算能力不可能独立地存在和发展，而是与思维能力、空间想象能力以及观察力、记忆力、理解力、想象力等一般能力互相渗透、互相支持的[①]。它是在有目的的数学运算活动中，能合理、灵活、正确地完成数学运算，包括分析运算条件、探究运算方向、选择运算公式、确定运算程序等一系列过程中的思维能力，也包括在实施运算过程中遇到障碍而调整运算的能力以及实施运算和计算的技能。

(2)对"四基"的培养还需加强

现实中，发现学生在数学学习中，并没有牢固掌握基础知识和基本技能，不注重对数学思想方法的归纳、反思和总结，是造成运算能力低的又一重要原因。由于学生不注重知识储备、数学概念模糊不清，从而导致运算失误。数学中公式

---

① 曹才翰，章建跃.中学数学教学概论[M].北京：北京师范大学出版社，2008.

众多，学生在应用数学公式或者性质解决问题时，由于记忆不准，导致运算失误。再次，由于数学语言不过关，加之数字、文字、符号、逻辑和图形等语言形式，在各类数学问题中交替运用，如果在理解上出现失误，也就将会导致运算上的错误。

（3）缺少学习方法和分析方法的指导

通过测试和课堂观察发现，学生在掌握了基本知识和技能之后，运算时面临的主要困难就是如何探究运算方向、如何选择运算方法。数学课堂中教师对学习方法和分析方法的指导欠缺。教师要重视培养学生分析问题的能力，要给学生恰当的学习方法和分析方法的指导，很多学生在课堂上没有学会如何分析题意，不会根据问题的不同条件与特点，合理选择运算途径，没有明确的解题思路，运算方法的选择也不恰当，进而导致运算步骤烦琐，而步骤越烦琐，运算出错的可能性也会增大，形成了一个恶性循环。这就要求教师在课堂上要有意识地多进行学习方法和分析方法的指导，帮助学生学会学习、学会分析。

2. 教学改进的策略

在对两位教师两轮的教学改进过程中，整个教学改进团队针对运算能力的教学培养集思广益，形成了一些具体的改进策略。

（1）重视基本数学问题的教学，积累数学活动经验和基本数学模型

运算能力的形成需要经历从知识、技能到能力的转化，是一个由简单到综合的过程。这就需要教师重视基本数学问题的教学，以相应的知识为依据，使得学生理解有关知识，熟悉相关运算的程序。这个教学过程中教师要本着"先慢后快""先模仿后灵活"的原则，指导学生严格按步骤进行，并让学生做到步步有据，运算过程表述规范准确、条理清晰。教师在组织进行运算训练时，选择的题目既要达到一定的量，又要注意题目的典型性，要循序渐进地进行。接下来，让学生逐渐学会简化运算步骤，灵活运用公式、法则，以形成运算策略。通过这个过程学生逐步积累了基本的数学活动经验和数学模型，并通过适当的综合训练，实现运算知识、技能的灵活迁移。教师要通过设计合理的教学环节帮助学生探究知识，教师由知识的传递者变为知识的引导者，从台前退到幕后，而学生冲上前，学生想，学生说，学生做，学生成为课堂的主要参与者，充分体会知识的形成过程，

加深对知识本质的理解，获得分析、解决问题的一般方法。

（2）精心选取教学内容，合理安排教学环节

一提到运算能力的培养，大家就会想到大量练习题目。在教学改进过程中，通过试讲和正式讲的比较，发现数学问题的选取非常关键。数学问题的难度要适当，适合学生的已有基础，学生拿到问题后入手角度较多，解题方法多样，有利于发展学生的分析运算能力。通过题目将不同的知识联系起来，达到完善知识结构，培养思维灵活性作用。问题的选取重在培养学生产生想法，强调一题多解的重要性，通过启发和指导学生从不同的层面、不同的角度，用不同的途径和不同的运算过程去分析、解决同一道数学问题。在每一节课中，教师要帮助学生学会观察、思考问题的方法和思路，提高综合素质和学科能力，这就需要精心选取数学问题，合理安排教学环节，并在课堂中细心倾听，分析学生的思路，正确引导，帮助学生突破分析运算的难点。

（3）加强良好运算习惯和学习方法的培养

良好的运算习惯是提高运算能力的重要条件。这里特别要强调，在运算技能的形成阶段，要让学生养成明确运算目标、运算步骤和步步有据的习惯。事实上，学生进行运算时都是依据相应的基础知识来使用具体的运算技能。选用的每一个运算步骤，也都是以相应的基础知识为指导，但是学生理解了基础知识并不等于形成了运算技能，因为从知识到技能还需要一个练习过程。这里特别要强调目标、步骤和依据。在课堂教学中，要做好学习方法的指导。比如，教师在指导学生如何探究运算方向，选择运算方法，设计运算程序时，就需要强调审题的重要性，教会学生如何挖掘题目中的隐含条件。指导学生学会解决问题的一般步骤：①题目的分析；②解题策略的分析；③解题步骤的梳理；④学生动笔进行运算；⑤运算过程的分析和优化；⑥结论；⑦题目的小结反思。在数学问题的分析中强调文字、图形、符号之间的转换，数学问题数与式的表达，数学式的等价变形，数学问题的等价转化等。在数学问题的求解过程中强调解题策略和方法的择优，解题策略和方法的落实，运算求解过程中的算法指导，数学结论的问题解释。数学问题解决之后的反思，要强调基础知识的梳理，基本方法的提炼，基本技能的掌握，数学思想的凝练。

第三节　基于学生运算能力发展的案例研究

下面基于学生运算能力的发展，以高二年级"直线与圆锥曲线的综合问题"这节习题课为案例进行研究。

一、基于运算能力的数学内容分析

"直线与圆锥曲线的综合问题"是一节解析几何的习题课。解析几何是以代数方法为工具来研究几何问题的一门数学学科。在对解析几何内容进行考查时，运算能力是一个很重要的考查点。解析几何是在平面直角坐标系下用代数的方法来研究图形的几何性质，问题一般涉及的变量多，运算量大，虽然解题思路往往具有一定的程序性，但盲目的解题经常会带来烦琐的讨论或繁杂的运算。本节课想通过让学生经历例题的分析和求解的过程，提高学生分析与解决问题的能力，在题目的运算过程中提高运算能力。

二、教学改进

1. 教学设计初稿

在明确了教学改进目标之后，授课教师进行了本节课的教学设计。具体如下。

教学目标：

(1)通过对直线与抛物线问题的求解，进一步熟悉坐标法的工具作用，体会用代数方法解决几何问题的思想方法。

(2)在学生解题策略的分析和解题过程优化的过程中，发展学生的分析、计算能力。

教学重点：坐标法。

教学难点：几何条件代数化。

教学方法：学生自主探究与教师讲授法相结合。

教学过程：

教学过程	学生活动	教师活动
例题1　在直角坐标系 xOy 中，直线 $y=kx+b$ 与椭圆 $\dfrac{x^2}{4}+y^2=1$ 交于 A，B 两点，记 $\triangle AOB$ 的面积为 S. 当 $\lvert AB\rvert=\sqrt{3}$，$S=\dfrac{\sqrt{3}}{2}$ 时，求直线 AB 的方程。 	学生分析解题思路。 两名学生板演计算过程。	教师点评。 教师巡视。
设计目的：(1)进一步巩固坐标法。(2)通过对计算过程的分析优化，进一步提高学生的计算能力。(3)提炼解决直线与圆锥曲线综合问题的分析过程。	学生和教师共同评价。	教师小结。
例题2　在直角坐标系 xOy 中，曲线 C：$y=\dfrac{x^2}{4}$ 与直线 l：$y=kx+2(k\neq0)$ 交于 M，N 两点，点 P 在 y 轴上，且满足不论 k 取何值时，总有 $\angle OPM=\angle OPN$ 成立，求点 P 的坐标。	读题，画图，分析解题策略。 分享交流解题策略。	教师巡视。 教师适当点评
设计目的：通过对已知条件的分析转化和问题解决策略的分析，进一步提高学生的计算能力。	解题策略的实施。 学生板演。	教师巡视。

2. 试讲存在的问题

按照教学设计初稿教师进行了试讲，和预设的结果差距较大，暴露了一些问题。

(1)教师对学生的学情把握不足，教师预计例题1比较简单，让学生在黑板上板演，然后将重点放在例题2的处理上。但是实际上由于学生对例题1中的计算存在困难，教师没有让学生充分思考就上去板演，也可能平时学生在黑板上板演的机会不多，导致学生板演书写凌乱，运算错误很多，出现很多难点。最终整节课仅讲解了例题1。

(2)教师在试讲时，没有引导学生去分析题意，对学生的各种思路准备不足。

在学生说明思路后，教师的引导作用体现不足，没有及时对学生的解题步骤进行梳理，明确每一步的目标和任务，也没有针对学生运算中的难点给予指导和示范。

（3）由于教师没有特别明晰解题的步骤，对每一步中计算上的难点预估不足，所以无法真正在难点处慢下来，真正帮助学生解决难点。本节课中，例题1中的难点是：①忽略直线与椭圆相交这一隐藏条件。②书写过程的规范。③弦长公式的选择。④通分运算。详见如下解题过程。

解：设 $A(x_1，y_1)$，$B(x_2，y_2)$，将直线与椭圆方程联立得

$$\begin{cases} y=kx+b, \\ \dfrac{x^2}{4}+y^2=1。 \end{cases}$$

整理得 $(1+4k^2)x^2+8kbx+4b^2-4=0$。

$\Delta=(8kb)^2-4^2(b^2-1)(4k^2+1)=4^2(4k^2-b^2+1)$。

$|AB|=\sqrt{(x_1-x_2)^2+(y_1-y_2)^2}=\sqrt{1+k^2}\cdot\dfrac{\sqrt{\Delta}}{|a|}=\sqrt{1+k^2}\cdot\dfrac{4\sqrt{4k^2-b^2+1}}{4k^2+1}=\sqrt{3}$。

由面积 $S=\dfrac{\sqrt{3}}{2}$ 得

$$\begin{cases} \sqrt{1+k^2}\cdot\dfrac{4\sqrt{4k^2-b^2+1}}{4k^2+1}=\sqrt{3}, \\ \dfrac{|b|}{\sqrt{k^2+1}}=1。 \end{cases}$$

解得 $\begin{cases} k^2=\dfrac{1}{8}, \\ b^2=\dfrac{9}{8}。 \end{cases}$

（4）解题后的小结反思不到位，教师没有让学生对题目从分析思路到运算求解过程进行很好的总结，尤其是没有对运算方法进行有效的总结。

3. 教学改进思路分析

在试讲结束后，课题组对本节课提出了如下的教学改进思路。

(1)进一步明确教学目标，要突出运算求解过程，让学生经历例题的分析和求解过程，提高分析与解决问题的能力以及运算求解的能力，另外还要增加学生克服运算困难的信心。

(2)对教学内容进行改进。试讲暴露的问题：原来的题目对于学生来说运算量过大，因此对内容进行了重新选择。由两道例题减少为下面这一道例题。

例题：在直角坐标系 xOy 中，曲线 C：$y=\dfrac{x^2}{4}$ 与直线 l：$y=kx+2$ 交于 M，N 两点。

问：y 轴上是否存在点 P，使得当 k 变动时，总有 $\angle OPM=\angle OPN$？若存在，求出点 P 的坐标；若不存在，请说明理由。

例题减少了，这样使学生有时间思考，分析题目条件，也有时间经历运算过程，反思运算方法的得失。

(3)改变教学方式。由于试讲时学生板演存在不少问题，建议采用学生先在学案书写，然后回答思路和方法，教师板书示范，通过教师的示范作用，引导学生逐步养成良好的运算习惯。

(4)加强对学生的学习方法的指导。教师要引导学生思考如何去分析问题和选择运算方法。建议教师按下面步骤去示范指导：题目的分析，解题策略的分析，解题步骤的梳理，学生动笔进行运算，运算过程的分析和优化，题目的小结反思。

4. 改进后的教学设计(第四稿)

经过和教学改进团队的多次讨论，授课教师三易其稿，最后的修改稿如下。

教学目标：

(1)通过对直线与圆锥曲线综合问题的求解，进一步熟悉坐标法。

(2)经历例题的分析和求解过程，提高分析与解决问题的能力以及运算求解的能力，体会方程的思想和解析的思想。

(3)经历问题的求解，树立克服困难的信心。

教学重点：题目思路的分析和运算方法的选择。

教学难点：几何条件代数化。

教学方法：学生自主探究与教师讲授法相结合。

教学过程：

教学过程	学生活动	教师活动
例题　在直角坐标系 xOy 中，曲线 C：$y=\dfrac{x^2}{4}$ 与直线 l：$y=kx+2$ 交于 M，N 两点。 问：y 轴上是否存在点 P，使得当 k 变动时，总有 $\angle OPM=\angle OPN$？若存在，求出点 P 的坐标；若不存在，请说明理由。 解：存在。 设 $M(x_1,y_1)$，$N(x_2,y_2)$，$P(0,a)$， 联立抛物线 C 与直线 l 的方程 $\begin{cases}y=\dfrac{x^2}{4},\\ y=kx+2.\end{cases}$ 消去 y，整理得 $x^2-4kx-8=0$。　　　(1) $\therefore x_1+x_2=4k$，$x_1x_2=-8$。 $\because \angle OPM=\angle OPN$， $\therefore k_{MP}=-k_{NP}$。 $\therefore \dfrac{y_1-a}{x_1}=-\dfrac{y_2-a}{x_2}$。 整理得 $x_1y_2+x_2y_1-a(x_1+x_2)=0$。　(2) 将 $y_1=kx_1+2$ 和 $y_2=kx_2+2$ 代入(2)整理得 $2kx_1x_2+(2-a)(x_1+x_2)=0$。　　(3) 将(1)式代入(3)式整理得 $4ka+8k=0$。 由 k 的任意性得 $a=-2$。 $\therefore$ 点 P 的坐标为 $(0,-2)$。 作业：在直角坐标系 xOy 中，已知抛物线 $y^2=2x$。问：x 轴上是否存在点 P，使得经过点 P 的任意一条直线（x 轴除外）与抛物线的两个交点 A 和 B 满足 $OA\perp OB$？若存在，求出点 P 的坐标；若不存在，请说明理由。	学生进行题目的分析并画图。 难点：点 P 的存在性的初步感知。 学生进行解题策略的分析 难点：$\angle OPM=\angle OPN$ 这一几何条件如何转化。 学生进行运算过程的分析 难点：运算的方向和消元的方法。 学生进行解题步骤的梳理。 设点联立，转化得方程，消元求解。 学生在学案书写。	教师引导并点评。 教师引导并点评。 教师引导并点评。 教师引导并点评。 教师巡视。 教师小结。

三、教学改进后的课堂实录分析

在经过充分修改和准备之后，授课教师做了一节区级公开课，下面对这节课进行分析。

1. 导入环节

师：前几节课，我们分别对圆锥曲线：椭圆、双曲线、抛物线进行了研究，在研究的过程中，我们采用坐标法，将几何问题转化成代数问题，通过代数问题的求解，进而使得几何问题得以求解。今天我们继续用这种方法来研究直线与圆锥曲线的综合问题。请大家看例题。（45″）

> 例　在直角坐标系 xOy 中，曲线 C：$y=\dfrac{x^2}{4}$ 与直线 l：$y=kx+2$ 交于 M，N 两点。
>
> 问：y 轴上是否存在点 P，使得当 k 变动时，总有 $\angle OPM=\angle OPN$？若存在，求出点 P 的坐标；若不存在，请说明理由。

学生看学案上的例题。思考并动笔，教师巡视。（45″～4′15″）

分析：教师从前面所学内容引入，将方法进行了简单概括，总结了解析几何问题的本质，有利于学生调动已有的学习经验。开放性问题的设计，可以引发学生发散性思维。选择难度适当的问题引起学生的认知冲突，可以激发学生的求知欲和思维的积极性，提高学生的数学学习兴趣。教师在提出问题之后，给学生留了充分的时间让他们思考，这样有利于学生产生想法。

2. 引导分析题目的环节

师：好，我们先停一下，拿到这个题的时候，我看大家都先画了一个图，对吗？

我们来看看这个画图的过程。（几何画板演示）

首先我们根据第一个条件画出曲线 C，是抛物线，对吗？然后根据这条直线的解析式画出直线 l 的图像，这条直线有什么特点？

生（齐答）：过（0，2）点。

师：这条直线还有什么特点？

生：k 值不定。

师：那么这条直线的特点是……

生：这条直线可以绕着$(0, 2)$点旋转。

师：这条直线转到哪个位置比较特殊啊？（边问边演示几何画板，让直线旋转）

生：$k = 0$ 时。

师：这时整个图形就完全对称了。在 k 变化时，这条直线和抛物线始终有两个交点，这是可以保证的。（5′10″）

师：题目要求的是 y 轴上是否存在点 P，使得当 k 变动时，总有 $\angle OPM = \angle OPN$？如果存在，求出点 P 的坐标；如果不存在，请说明理由。

师：你感觉这个点 P 存不存在？（停顿 5 秒）

师：××同学请回答。

生 1：我感觉应该存在。

师：你感觉存在，那它大概会在哪个位置？

生 1：我觉得应该在$(0, 2)$点下面。

师：在下面，对吗？有没有可能在点的上面？在上面行不行？（演示几何画板）

生：在 $k = 0$ 时可以。

师：也就是他找到了一个特殊位置，$k = 0$ 时，点 P 在哪都行？这时图形有很好的对称性。我们先拿上面一个点试一下，大家感受一下。如果点 P 在上面，$k \neq 0$，这时两个角可不可能相等？

生：不可能。

师：为什么？

生：如果两个角相等，PN 和 PM 所在直线关于 y 轴对称，条件达不到。

师：那也就是说点 P 在下面的位置。这时候能满足 $\angle OPM = \angle OPN$。（7′28″）

师：当这条直线在变化的时候，谁始终是不变的啊？

生：点 P。

师：那我们下面的任务就是把点 P 求出来就可以了。那么该采用什么方法，大家思考一下。

生：利用前面学的方法，把点 P 设出来，然后利用代数方法来求解。

师：好，那我们不妨统一把 P 点坐标设为 $(0，a)$。下面该怎么办了？$(8')$

生：需要寻找关于 a 的方程。

师：那么需要从哪些已知条件或哪个已知条件中得到关于 a 的方程，重点挖掘哪个已知条件？（教师等待）

生：$\angle OPM = \angle OPN$。

师：也就是角相等。为什么呢？

生：因为这个条件是关于点 P 的。

分析：教师在这个过程中借助几何画板演示引导学生分析题意，教师通过启发性的语言引导学生思考。教师对题目的分析到位，强调了审题的重要性，引导学生将题目中隐含的条件挖掘出来，渗透了分析题目的方法，由因到果，由果索因。在学生回答问题时，教师不断地追问，有利于学生将条件中的关键之处寻找出来。

3. 几何条件代数化的环节

师：下面就请大家独立思考如何将角相等这个几何条件代数化，在代数化的过程中得到关于 a 的方程。$(8'55'')$（同学们思考，教师巡视）

师：大家在转化的过程中，哪些点的坐标是我们需要引入的呢？

师：我看到大家把 M 和 N 点的坐标都设出来了，我们统一设 $M(x_1，y_1)$，$N(x_2，y_2)$。

（教师巡视过程中和部分学生交流）

$(12'20'')$

师：大家都转化得很好，一会儿我们交流一下想法。

$(13'10'')$

师：好，大家停一下，我们一起交流一下。你是怎么利用 $\angle OPM = \angle OPN$ 这个条件，在代数化的过程中得到关于 a 的方程的。谁来说说，你们做得都很好。好，××同学。

生2：我想通过斜率，就是 PM 的斜率和 PN 的斜率，它们互为相反数。

师：你解释一下为什么？

生2：因为 $\angle OPM = \angle OPN$，PM 倾斜角和 PN 的倾斜角互补。所以它们的正切值，也就是斜率互为相反数。

师：就是 $k_{MP} = -k_{NP}$，然后怎么办？

生2：我就写出了一个关于 x_1，y_1，x_2，y_2 和 a 的一个方程。

师：用坐标把它表示出来了，具体是什么？

生2：$\dfrac{y_1 - a}{x_1} = -\dfrac{y_2 - a}{x_2}$（教师板书）。

师：整理一下。

生：$x_1 y_2 + x_2 y_1 - a(x_1 + x_2) = 0$。

师：很好，他转化得很好，见到角相等，他把角转化了一下位置，得到两条直线倾斜角之间的一个关系，进而得到斜率之间的关系，最后用坐标把它表示出来。得到了这样的一个方程，实现了几何问题代数化。（16′）好，其他同学还有其他的想法吗？

生3：我想用相似。

师：你是怎么做的？

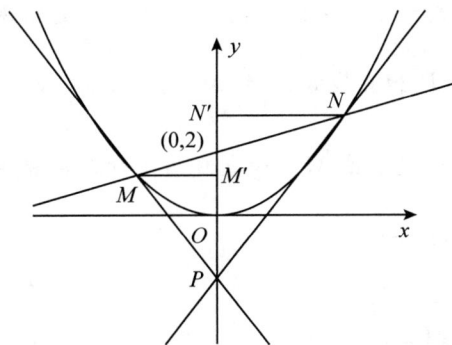

生3：$\triangle PM'M \backsim \triangle PN'N$，得到 $\dfrac{MM'}{PM'} = \dfrac{NN'}{PN'}$，然后把这些长度都用坐标表示 $\dfrac{-x_1}{y_1 - a} = \dfrac{x_2}{y_2 - a}$。

师：你整理一下，是不是和我们刚才上一种方法得到的式子一样啊。

生3：化简后是一样的。

师：你的方法也很好，她见到了角，就想到了三角形相似，把边的比转化成坐标之间的关系。刚才我还看到有人利用这两个角的正切值，和这种方法是一样的。（19′10″）还有没有？××同学。

生4：因为这两个角相等，M 点关于 y 轴的对称点 M'' 也在抛物线上。N，M''，P 三点共线。设 $M''(-x_1,\ y_1)$，$k_{NP} = k_{M'P}$，$\dfrac{y_2 - a}{x_2} = \dfrac{y_1 - a}{-x_1}$。

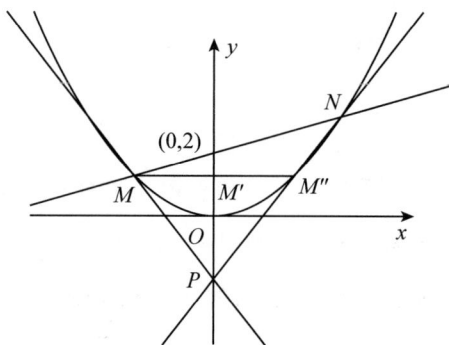

师：大家看，这个式子整理过之后，还是 $x_1 y_2 + x_2 y_1 - a(x_1 + x_2) = 0$（22′）还有吗？

生5：由角相等，想到角平分线上的点到角的两边距离相等，O 点到角的两边距离相等。把直线 NP 和直线 MP 表示出来。l_{MP}：$y = \dfrac{y_1 - a}{x_1} x + a$，$l_{NP}$：$y = \dfrac{y_2 - a}{x_2} x + a$，转化成点 O 到直线 MP 和直线 NP 的距离相等。

师：好的，我们来表示一下。

生5：$d_1 = \dfrac{|a|}{\sqrt{1 + \left(\dfrac{y_1 - a}{x_1}\right)^2}}$。

师：先不要化简，我们来看一下。

生 5：$d_2 = \dfrac{|a|}{\sqrt{1 + \left(\dfrac{y_2 - a}{x_2}\right)^2}}$。

师：现在需要这两个式子相等，实质只需要……

生 5：保证 $\left(\dfrac{y_1 - a}{x_1}\right)^2 = \left(\dfrac{y_2 - a}{x_2}\right)^2$ 即可，也就是括号里面的两个式子相等或互为相反数。

师：你再观察一下，能相等吗？这是不是就是第一种情况，$k_{MP} = -k_{NP}$ 就是这两个数互为相反数。

师：大家思维的切入点是不一样的，但是不管你从哪入手，通过仔细分析都是可以找到方法的。我看还有用向量的，还有用夹角余弦值的，都可以得到答案。大家可以课下尝试做一下。（26′20″）

分析：几何问题代数化的过程，是在学生经过充分思考之后，对题目条件进行仔细分析而后实现的。在这个过程中，利用数学对象表现形式的多样性，学生对同一数学对象给出多种不同表示，从而使他们能够接触数学对象不同方面的特征，从而打通了对知识的沟通联系，促进学生的理解。教师在这个环节把时间留给了学生，让学生充分地发表意见，畅所欲言。经过学生的积极思考和交流，一共得到了六种转化条件的方法，学生分析问题的能力得到了培养。通过这道例题将解析几何、平面几何、向量等知识联系起来。学生在教师的引导下，在把握数学对象不同方面的基础上，将不同表示法中所蕴含的信息组合在一起，这大大增加了建立数学对象不同方面的联系性，理解并把握数学对象本质特征的可能性，将知识结构完善起来，培养思维的灵活性。教学过程中重在培养学生产生想法，强调一题多解的重要性。在这个过程中，教师也引导学生比较这些方法的特点，使得学生学会选择。教师在上课的过程中不只是关注结果的呈现，更加注重学生在教学过程中的参与，培养学生分析问题，思考问题的方式方法。教师通过设计合理的教学环节来帮助和引导学生，教师从台前退到幕后，而让学生想，学生说，学生做，学生成为课堂的主要参与者，让学生充分体会分析解决问题的过程，加深对知识本质的理解，获得一般方法。这种教学方式有利于引导学生开展高水平、深层次的数学思维活动，使学生自主探究式学习成为可能并得到落实，学生的数学学习兴趣，可以被更有效地激发，教学活动也能开展得更加生动活泼而富有成效。

4. 运算环节的处理

师：大家再来看看这个转化过程，都是将角相等这个几何条件，做了适当的转化，然后将转化的结果分别用坐标表示出来，这样就可以得到 $x_1 y_2 + x_2 y_1 - a(x_1 + x_2) = 0$ 这个方程，大家观察一下这个方程里有几个元？

生：有 5 个元。

师：哪个是我们要求的？

生：a 是我们要求的。

师：把其他的四个元消掉即可。如何消元？请动笔尝试一下。看怎么实现消元，最后把 a 求出来。（27′）（教师巡视指导）

（31′20″）同桌可以讨论一下。（32′30″停止）

师：好，××同学，你是怎么消元的？

生6：将 $y_1 = kx_1 + 2$ 和 $y_2 = kx_2 + 2$ 代入 $x_1 y_2 + x_2 y_1 - a(x_1 + x_2) = 0$，把 y_1 和 y_2 消掉，整理得 $2kx_1 x_2 + (2-a)(x_1 + x_2) = 0$。（3）（教师板书）

师：接下来怎么做呢？

生6：因为式子中 $x_1 x_2$ 和 $x_1 + x_2$ 看起来很像韦达定理。联立直线和曲线 C，
$$\begin{cases} y = kx + 2, \\ y = \dfrac{1}{4}x^2, \end{cases} \quad \text{消去 } y \text{ 得，} x^2 - 4kx - 8 = 0, \ x_1 + x_2 = 4k, \ x_1 x_2 = -8, \ (1)$$

将（1）代入（3）中，得 $-16k + 4k(2-a) = 0$，由 k 的任意性得，$a = -2$。

所以点 P 的坐标为 $(0, -2)$。（36′）

师：大家看，××同学是这样一步一步消元的，她先把 y_1 和 y_2 消掉，得到（3）式。接着利用韦达定理消去 x_1 和 x_2。有没有其他的方法？

生7：将 $y_1 = \dfrac{1}{4}x_1^2$ 和 $y_2 = \dfrac{1}{4}x_2^2$ 代入 $x_1 y_2 + x_2 y_1 - a(x_1 + x_2) = 0$。

师：你说说你整理得到的式子。

生 7：$x_1 {x_2}^2 + x_2 {x_1}^2 - 4a(x_1 + x_2) = 0$。

师：下面你处理出来了吗？

生 7：没有。

师：正好，你说说你怎么处理？

生思考。

师：你观察一下式子。

生 7：前两项可以提出来。$x_1 x_2 (x_1 + x_2) - 4a(x_1 + x_2) = 0$，接下来 $(x_1 + x_2)(x_1 x_2 - 4a) = 0$。

师：前面这项可不可能为 0？

生：有可能。

师：这道题由于 k 是变动的，所以这个式子等于 0 的关键是让谁为 0？

生：后面这一部分为 0。

师：所以 $x_1 x_2 - 4a = 0$，接下来用韦达定理就可以了。（38′40″）

师：好，我们来看一下这个消元的过程，就是引入了几个关于 x_1，x_2，y_1，y_2 的方程，我们把它们写在这里，所以求解的过程本质就是对关于 x_1，x_2，y_1，y_2，a，k 的方程组进行消元的过程，这个方程组有 6 个元，5 个方程，通常来说是求不出解的，但是我们最后求出了 a，说明点 P 是定点，而其他的元是求不出来的，说明点 M，N 和斜率 k 都在改变，这与我们之前的几何直观感知是一致的。

$$\begin{cases} x_1 y_2 + x_2 y_1 - (x_1 + x_2)a = 0, \\ y_1 = kx_1 + 2, \\ y_2 = kx_2 + 2, \\ 4y_1 = x_1^2, \\ 4y_2 = x_2^2. \end{cases}$$

下面请大家动笔，在学案上把我们刚刚的整个思维过程清晰地表达出来。

分析：教师在解析几何的教学时，要不断加强和培养学生的运算能力，有必要使学生掌握一些常见的计算，形成简便运算、合理设计算法的意识，使学生有能力解决一些繁杂的计算或简化运算。本节课教师引导学生运算时，观察思考，寻找算法，分析如何简化运算过程，使运算更加合理快捷。让学生通过动笔计算、尝试，来领悟和掌握其中的运算技巧和方法。教师将"如何消元""怎样求解"这些问题抛给学生，给学生提供了培养良好运算能力、锻炼学生意志力的机会。

5. 小结环节

师：最后我们将解题步骤梳理一下，第一步设点联立，第二步转化得方程，第三步消元求解。

本节课我们研究了一道直线与圆锥曲线的综合问题，我们是按照怎样的方法进行研究的？

生：几何问题代数化，得到关于所求未知数的方程，再对代数问题进行求解。

师：很好，这就是解析几何的基本方法。好，今天的课我们就上到这里，下课做一下练习，体会一下解析几何的一般方法。（40′）

分析：本节课最后的小结，教师一方面归纳了解题的具体步骤，又让学生总结了解析几何的研究方法，教师要引导学生对解题方法的反思，并通过课后练习，将课堂延伸到课外，达到对方法的熟练掌握。教学中要注意引导学生把整理学习内容、建立新旧知识的联系作为必需的学习过程，及时将当前学习的新知识纳入到已有的认知结构的适当位置，使之形成具有较强结构功能的新认知结构。

四、教学改进的效果及思考

教师将教学改进理念和方法贯彻于课堂，在将近一年的教学改进结束时，对改进班级学生进行了后测。

1. 在内容维度上的表现

学生在内容维度上的表现，后测比前测均有所提升，其中提升最大的是函数，其次是方程与不等式和统计与概率，最后是图形与几何。

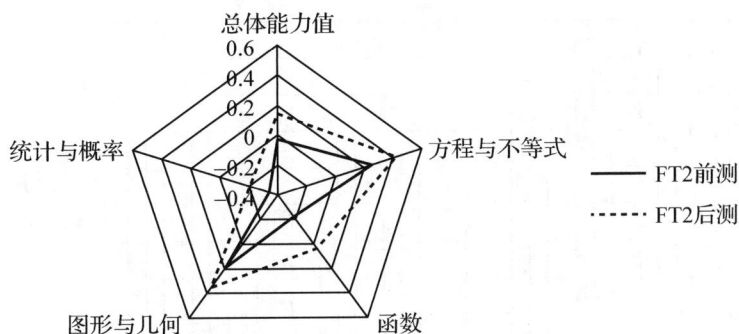

图 7-5　学校 FT2 高二学生在内容维度上的表现

2. 在一级能力维度上的表现

学生在能力维度上的表现，后测比前测都有提升，其中提升最大的是"A：学习理解"，其次是"C：创造迁移"，然后是"B：实践应用"。

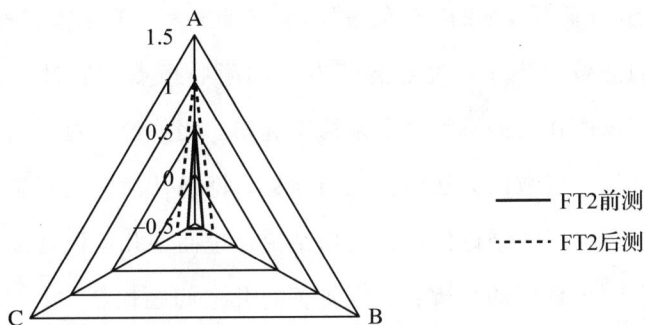

图 7-6　学校 FT2 高二学生在一级能力上的表现

3. 在二级能力维度上的表现

对学生进行了后测，通过前后测结果比较表明，参与教学改进班级的学生在运算能力方面都有显著提升。为了能够进行比较，前后测采用了锚题设计和等值处理，运用项目反应理论计算得出学生运算能力值由前测的 0.33 提高到后测的 0.50，是前测的 1.5 倍，具体结果见图 7-7。

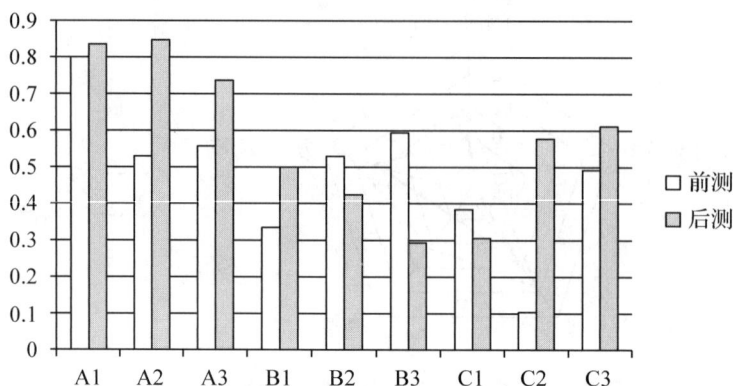

图 7-7　学校 FT2 高二学生在二级能力上的表现

4. 对授课教师的访谈

对授课教师的访谈：在参与北师大课题研究的过程中，我经历了由理论到实践，再由实践到理论这样循环反复的磨炼的过程，并在此过程中有了很多的收获和感悟。

在这节课的准备过程中，经过各位专家的耐心指点，通过对每个细节的讨论，原本模糊的东西在我的脑海中渐渐清晰起来。比如说，对解析几何本质的把握更清晰了，就是用代数的方法研究几何问题，即将几何问题代数化，通过对代数问题的求解，再将代数结论翻译成几何结论，进而使几何问题获得解决。这个求解的过程包含两个重要的步骤：一是如何将几何问题代数化，二是如何对代数化后的方程或不等式求解。这些问题都是在准备这节课的过程中逐渐清晰起来的。

在这节课的实施过程中，重点就是抓住了两个环节：一是如何将几何问题代数化，二是如何求解代数问题。在这两个过程中，都充分地发挥了学生的主体性，具体的实施过程主要由学生自主完成，最后教师再进行总结，使分析和计算的思路和步骤更加清晰化。

总之，通过这个课题的深入参与，收获还是非常大的，希望以后还能有这样的机会。

对访谈的分析：

从访谈中发现参与教学改进的教师的教学观念发生了一些转变。从数学教学信念上逐步关注到对学生数学学科能力的培养，真正地发挥学生的主体地位，提高了对数学知识的理解与把握。在教学设计与实施中真正关注学生的知识形成过程和思维过程，注重学习方法的指导，发展学生的数学学科能力。

5. 对运算能力教学改进的思考

运算能力的生成是学生个体的数学知识、思想、方法、解题经验、情感意识自然内化不断升华的活动过程，是建立在记忆能力、观察能力、理解能力、表述能力等基础上的，各种思维能力的联系、比较是运算能力生成的关键，更是确定解决问题途径的前提。教师在教学中要敢于放手，让学生获取自己的体验，让他自己去锻炼，自己找到解决问题的办法。教师要加强基础题训练，使学生清晰地理解记忆基本公式与定理，掌握基本技能和方法，力求达到规范、熟练、快捷的程度，直至获取基本的数学学习经验。

运算能力是一项基本能力，这种能力的培养应该成为每一节课追求的基本目标之一。学生运算能力的提高并非一朝一夕就可以解决的，而是在教师潜移默化的影响下逐步形成的，同时也是学生在经历模仿、练习，在不断感悟、提高和创新后逐步形成的。在日常教学中，要养成学生良好的运算能力，教师要起好示范作用。课堂教学中，对于概念的讲解、公式法则的推导、例题的推演过程，要注重学生对于知识的认知发展过程，充分展现思维过程，重视板书的示范作用，使学生参与到过程中。教学中，教师要敢于把时间让给学生，也有必要和学生一起推演整个过程，将其清晰地展现在黑板上（具体见图 7-8）。通过这样的教学，学生参与其中，体会运算中化繁为简，一步一步走向成功的喜悦。

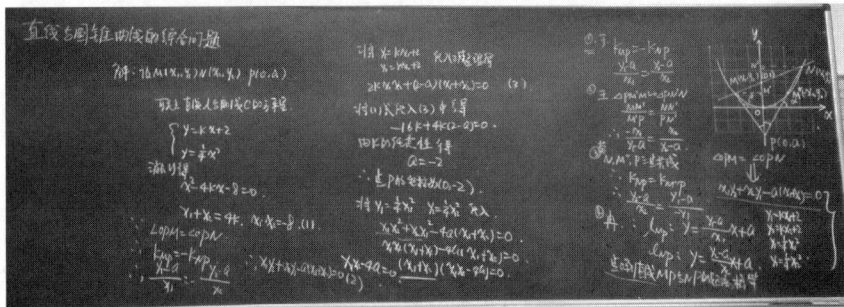

图 7-8　教师的板书设计

第八章

基于学生猜想探究能力的教学改进研究

第一节　数学猜想探究能力的内涵、意义与方法

如何促进和评价学生数学素养和数学能力发展已然成为当前理论研究和教学实践研究关注的热点问题之一。数学素养和数学能力密切相关，数学素养又表现为某些关键数学能力。《标准（2011 年版）》提出："学生发现问题和提出问题是创新的基础""要不断提高学生发现问题和提出问题的能力、分析问题和解决问题的能力"。《普通高中数学课程标准（实验）》也强调："让学生不断经历直观感知、观察发现、归纳类比、空间想象等思维过程，强调返璞归真，数学课程要讲逻辑推理，更要讲道理，使学生理解概念、结论、定理产生的背景和形成的过程。"PISA 数学素养测试[①]和中美跨文化研究[②]则表明中国学生在非常规数学问题（如在较为复杂的问题情境或开放性问题）中获取信息、提出问题和分析问题的能力有待提高。而发现问题、提出问题、分析问题是数学猜想探究能力的核心要素。教学实践研究显示[③]，96.3％的教师完全认同"课堂教学要以学生为主体"这一观念，而教学实践中"完全做到"的比例较低。教师设计了自主探究、自主学习、练习的环节，但经常没有充分的时间去实现这些环节。2014 年，"中小学生学科能力表现研究"课题组对 B 市三个区八年级至高三年级的学生从学习理解、实践应用和创造迁移三个维度开展了大规模的数学学科能力测试，测试结果显示，八年级至高三年级学生存在的共同问题之一是创造迁移维度上的能力最低，其中猜想探究能力是创造迁移能力的二级指标，学生在这个能力维度上的平均得分率仅为

---

①　张民选，黄华．自信·自省·自觉——PISA2012 数学测试与上海数学教育特点［J］．教育研究，2016(1)：35-46.

②　Jinfa Cai. Mathematical Thinking Involved in U. S. and Chinese Students' Solving of Process-Constrained and Process-Open Problems［J］. *Mathematic Thinking and Learning*，2000，2(4)：309-340.

③　何光峰，高欣．初中数学教师教学观念与教学行为的落差分析——基于十五节初中数学课堂教学录像的分析［J］．数学教育学报，2013，22(3)：24-27.

51%。因此，目前教学中对猜想探究能力培养存在怎样的问题和如何改进教学才能更好地培养学生的猜想探究能力，是值得深入研究的两个问题。

一、学生数学猜想探究能力的内涵与意义

猜想是个体通过观察、比较、分析事实和现象，根据已有的知识发现问题，提出问题进而作出符合一定经验与事实的推测性想象的思维形式。猜想属于合情推理。数学猜想是指在数学学习或问题解决时展开的分析、尝试和探索，是对涉及数学问题的思想、方法以及结论的形式、范围、数值等的猜测，它是探究的核心。探究是在对猜想进行推理论证，反复与事实、现象进行验证而获得可靠的结论的过程。因此，猜想探究在数学发展过程中发挥了重要作用，数学家通过猜想探究发现新的结论，创造新的数学概念，进而推动了数学的发展，猜想探究是学生学习数学的主要方式之一，也是学生获得新的知识的必备的数学素养之一。

就像苏联著名数学教育家斯托利亚尔（Stolyar）指出，"数学在其建立过程中，也像其他在发展过程中的任何人类知识体系一样：我们必须先发现定理然后才能去证明它，我们应当先猜测到证明的思路然后才能做出这个证明。因此，如果我们想在数学教学中在某种程度上反映出数学的创造过程，就必须不仅教学生'证明'，而且教学生'猜测'。"G·波利亚也强调了猜想在数学学习过程中的重要性，"只要数学的学习过程稍微能反映出数学的发明过程的话，那么就应该让合理的猜想占有适当的位置"。这表明，数学家的猜想探究与学生的猜想探究在"知识与探究的关系"上是一致的，学生也需要通过探究来获得对世界的认识与建构。虽然数学家的猜想探究与学生的猜想探究在"知识与探究的关系"上是一致的，学生也需要通过探究来获得对世界的认识与建构。但必须辨明的是，数学家"做数学"和学生"学数学"是两个层面的问题，数学家的猜想探究与学生学习数学所经历的猜想探究在思维方式、探究方法、探究过程的机制方面是不完全一样的[①]，学生猜想探究是由"前概念向科学概念转化的过程"，是皮亚杰提倡的"同化"与

---

① 袁维新．科学探究教学模式的反思与批判[J]．教育学报，2006，2（4）：13-17.

"顺应"的过程，是学生自主建构数学概念，形成数学知识结构的过程。学生在经历相关的数学知识的猜想探究过程中，建立、培养和发展数学猜想探究能力。因此数学猜想探究能力是学生独立根据已有的知识结构提出新颖的值得论证的数学猜想并进行推理论证的能力，而"新颖的数学猜想"并不是严格意义上的数学新结论，而是相对于学生数学学习来说，是新的结论，学生在猜想探究的过程中，获得的不仅仅是新结论，更重要的是获得解决问题的思考方法。

学生数学猜想探究活动主要包含以下五个方面：发现问题、提出问题、提出猜想与假设、分析与推理、形成一般化的结论（符号化）。参与猜想探究活动的学生思维活动属于高层次思维，即是有意识的，围绕特定目标的，付出持续心理努力的，需要发散、研究判断和反思等认知活动的复杂思维，它包括问题解决、创造性思维、批判性思维以及自我反思等思维活动[①]。

二、开展数学猜想探究教学的理论依据和教学模式

建构主义学习论认为：知识不是通过教师传授所得，而是学习者在一定的情境下，借助其他人的帮助，利用必要的学习资料，通过意义建构的方式自我获得的。它包含学习情境的创设、与他人的合作、建立新旧知识间的关联、形成对新意义的建构和对原有经验的改造与重组。学生要成为意义上的主动建构者，就要求学生利用探索法和发现法去建构知识的意义，对所要学习的问题提出各种假设并努力加以验证等。因此，建构主义学习论是在教学中开展数学猜想探究教学的理论基础和依据。与猜想探究能力培养相适应的是动态的数学观与数学教学观。所谓动态的数学观是指，把数学知识看作处于动态发展过程中的知识，从而一定包含猜想、尝试、错误、修正和再尝试的过程[②]，相应的，动态的数学教学观则关注知识的形成过程，让学生经历知识的"再创造"的过程，所谓的"再创造"并不

---

① 刘儒德．基于问题学习对教学改革的启示[J]．教育研究，2002(2)：73-77.

② 喻平，等．数学实验教学：静态数学观和动态数学观的融通[J]．数学教育学报，2015(1)：26-28.

是学生真正提出新的结论，也不是重走数学家创造概念和结论的曲折过程，而是由学生像数学家那样，经历在问题解决过程中，猜想提出解决方案，不断地尝试和修正解决方案，对解决问题的过程进行反思，形成一般化的知识的过程。重视知识的形成过程，是数学教育界普遍达成的观点。在知识的形成过程中，如何培养和发展学生的猜想探究能力也成为教育研究和教学实践关注的热点。

研究表明，探究式教学是培养学生猜想探究能力的有效教学方法之一，探究式学习的基本模式有以下八种：（1）发现式学习（Discovery Learning）；（2）学习环模式（The Learning Cycle）；（3）5E 学习环模式（The 5E's Learning Cycle Model）；（4）四个层次的探究教学（Four Levels of In-quiry-Based Learning）；（5）基于问题的学习（Problem-Based Learning）；（6）基于项目的学习（Project-Based Learning）；（7）基于案例的学习（Case-Based Learning）；（8）过程导向的指导探究性学习（Process Oriented Guided Inquiry Learning）①。但是在实际教学中，探究式教学并没有被一线教师很好的采纳和实践，概括起来有四个原因：（1）教师认为探究式教学比较浪费时间，不如讲授法承载知识量大，从考试成绩来看，还是讲授法好，如果再进一步追问，为什么教师会有这样的观念，或许这和很多教师持有的静态的、工具化的数学观有关系；（2）教师没有掌握探究式教学的本质特征，从而在一定程度上降低了探究式教学的有效性；（3）探究式教学对教师的数学专业素养要求较高，猜想探究之前，教师需要为学生准备恰当的素材，学生探究的过程需要教师恰当、适时的引导，而如何引导考量的是教师的专业素养；（4）学生的猜想探究能力难于评估，猜想探究能力不像数学知识那样显性化，易于评估，虽然很多教师意欲发展学生的猜想探究能力，但无奈不知如何测评，通过教学实践之后，也无从知道学生猜想探究能力是否得以发展，从而导致猜想探究能力的培养和发展这样的教学目标在教学中很难落实。

实际上，数学中的很多内容并不适合严格按照探究式教学的步骤去组织教学，这就提出了两个方面的问题：（1）教师需要仔细考虑哪些素材适合开发成探

---

① 王林雪．国内外探究式教学的研究述评[J]．教育教学论坛，2015，11(44)：1-4.

究式学习资源，需要认真设计探究式教学的组织、引导及评价，这一类我们称为"扩展性数学内容"，比如，"解等腰三角形"是学习"解直角三角形"之后的扩展性资源。（2）哪些内容适合课堂上适度的开放，引导学生猜想探究。对于不能完整开发成探究式学习资源的数学学习内容，在某些环节适度地引导学生经历猜想探究的过程，发展猜想探究能力，这一类我们称之为"常规性数学内容"。比如，等腰三角形的性质中如何发展学生猜想探究能力。可能第（2）个方面的设计能够帮助教学克服探究式教学时间、效率与课堂组织等问题。

因此，发展学生的猜想探究能力，教师不应该机械固守探究式教学的模式和程序，而应该力图反映猜想探究的本质，遵循"自主性、鼓励性、合作性、基础性、情境性和渗透性"等教学原则，通过鼓励等积极评价，激发猜想探究的欲望，暴露学生在探究过程中的"智慧"与"错误"，分析其思维过程的价值，引导其关注"前概念"与"科学概念"之间的关系，论证自己的发现，发展其合情推理和逻辑推理能力。

一般地，通过数学猜想探究经历如图 8-1 所示的教学模式：

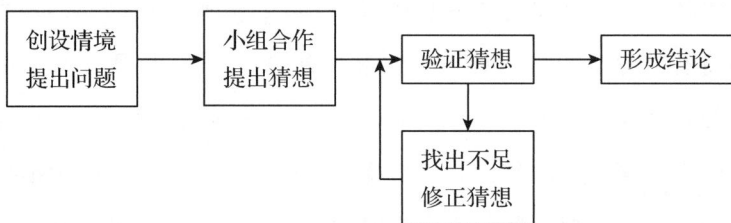

图 8-1

三、中学生数学猜想探究的方法

数学猜想也被称为合情推理，波利亚在《怎样解题》中提出特殊化、一般化、类比、归纳法等获得猜想的方法，更为具体的方法有不完全归纳法、相似类比法、强化或减弱定理的条件、逆向思维以及观察或经验概括等[①]。数学猜想被看

---

① 任樟辉. 数学思维理论[M]. 南宁：广西教育出版社，2001：51-53.

做数学探究活动的核心，表现为思维主体从一定依据出发，利用非逻辑手段，直接获得猜想性命题的创造性思维过程，这种思维过程表现为直觉判别、直觉想象和直觉推断三种表现形式，更加强调直觉在猜想中的重要作用①。猜想不一定正确，或许是错误的，数学探究是对猜想进行验证或证明，主要方法有反例法、逐次逼近法、命题转化法和反证法。在中学数学教学中，教师要向学生渗透数学猜想探究的方法。

1. 观察猜想

观察是猜想的外在表现行为，背后表现为直觉、想象等多种内隐的思维形式。观察什么是教师要在教学中渗透的。一般地，数学学习中，观察需要关注几何图形要素之间或几何图形之间的数量关系或位置关系，可以借助直尺或量角器等测量工具。比如，在三角形中位线定理的学习中，教师可以给出如下的问题情境：如图 8-2 所示，B，C 两地被池塘隔开，在没有任

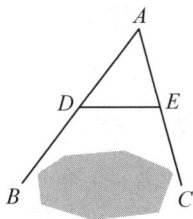

图 8-2

何测量工具的情况下，小明通过下面的方法估测出 B，C 间的距离：先在 BC 外选一点 A，然后步测出 AB，AC 的中点 D，E，并步测出 $DE=30\text{m}$，你能猜测出此时 BC 的长度吗？你能验证你的猜想吗？第一个猜想是请学生观察大概估计出 BC 与 DE 之间的数量关系，第二个验证猜想，不是证明，而是希望学生能够在练习本上画一个三角形，作出中位线，通过测量验证第一问的猜想。

2. 类比猜想

类比是依据两个对象之间存在着某些相同或相似的属性，推出它们存在其他相同或相似的属性的创造性思维方法。数学上的类比是指依据两类数学对象的相似性，有可能将已知的一类数学对象的性质迁移到另一类未知的对象上去的一种合情推理。哲学家康德就曾说过："每当理智缺乏可靠论证的思路时，类比这个方法往往能指引我们前进。"而类比猜想即是从特殊到特殊的一种猜测、推理。类

---

① 范叙保. 论数学猜想在数学探究活动中的思维形式[J]. 数学教育学报，2002，11（4）：20-23.

比的基本步骤是：(1)找出两类对象的相同或相似点；(2)探寻归纳两类对象进行类比的规律；(3)由一类对象的某个性质类比得出另一类对象的相应性质；(4)对得出的新结论、新命题进行严格论证①。中学数学中运用类比猜想的例子很多，有概念类比猜想，性质类比猜想和方法类比猜想等，比如，从分数的概念到分式的概念，从分数的性质到分式的性质，从圆的轨迹定义到椭圆和双曲线的定义，类比有理数的加法研究方法研究有理数的乘法，类比全等三角形的判定方法研究全等四边形的判定，类比解直角三角形的方法研究解等腰三角形的方法等。通过猜想探究，不仅是对原有知识的巩固，还培养了研究能力和创新能力。

3. 归纳猜想

归纳法是从个别的事物中概括出一般原理或结论的科学方法，分为完全归纳法和不完全归纳法。在中学数学教学中常用的是不完全归纳法，比如，通过几个有理数加法的算式，归纳出有理数加法的法则；通过画 $y=x+1$，$y=2x-1$，$y=-x+1$，$y=-2x-1$ 的图像归纳出一般一次函数的性质；观察前几个式子的规律，归纳出一般的式子的结构等。

4. 强化或减弱条件

对真命题的条件进行强化或减弱，得到猜想看结论是否仍然成立或者发生了怎样的变化，比如，某版本初中数学教材中有这样一道习题：如图 8-3，直线 $AB \parallel CD$，则 $\angle BAE + \angle AEC + \angle ECD = $ _____，

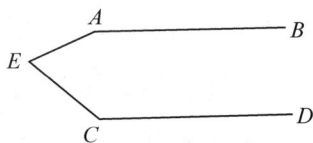

图 8-3

那么可以减弱条件，得到猜想，如果点 E 是平面上任意一点，$\angle BAE + \angle AEC + \angle ECD$ 还是 360°吗？这三个角的关系是什么呢？再比如，已经学习过平行四边形的性质，强化条件，如果让平行四边形的四条边都相等，会有哪些性质呢？

5. 逆向思维

逆向思维就是"反其道而思之"，让思维向对立面的方向发展，从问题的相反

① 黄勇. 重视猜想教学，培养创新能力[D]. 上海：上海师范大学，2013.

面深入地进行探索，从结论入手，看看能得到哪些新的发现。比如，图 8-3 的例子，可以思考如果 $\angle BAE + \angle AEC + \angle ECD$ 的度数为 $360°$，直线 $AB \parallel CD$ 还成立吗？学习过平行四边形的性质定理之后，可以反过来思考，对角线互相平分的四边形是平行四边形吗？在教学中，让学生根据性质定理去猜想判定定理，然后进行推理论证。

通过猜想—验证（或推理）—形成结论—应用等学习过程，学生也经历了"再创造"的过程，经历完整的、充分的数学基本活动过程，积累数学基本活动经验，在解决非常规等不熟悉的问题时，自觉观察特例，尝试性提出猜想和修正猜想，能形成猜想后再验证的自觉意识①，进而能够找到解决问题的思路。

---

① 郭玉峰，史宁中. 初中学生数学基本活动经验的量化研究[J]. 课程·教材·教法，2013，33(11)：48-54.

第二节　基于学生猜想探究能力培养的
教学改进研究方法与结论

如何测评学生猜想探究能力成为研究的关键之一。郭衎等开发了数学学科能力测试工具，从学习理解、实践应用和创造迁移三个维度对学生数学学科能力进行了评估，能够进一步地诊断出学生在猜想探究能力维度上存在的问题，使得聚焦于猜想探究能力的教学改进具有可操作性。能力测评问题为教师在教学设计、教学实施以及教学反思与评价提供了改进的方向与依据。因此，教学改进研究采用数学学科能力测评工具①。

一、基于学生猜想探究能力培养的教学改进研究方法

(一)教学改进对象的选择

我们选择了某地区的两所学校进行基于学科能力测评的教学改进案例研究。学校 FT1 是一所普通校，学校 JD 是一所区级示范校。在两所学校分别选择了八年级和九年级进行教学改进研究。为了提高研究中的针对性和有效性，研究中采用"以点带面"的方式进行，分别选择了四位年轻教师及其所教授的班级作为教学改进的主要研究对象，以她们的教学改进作为点，通过团队研讨，带动整个学校教研组的教师在猜想探究能力方面的教学改进。

表 8-1　授课教师基本信息

	性别	年龄/岁	教龄/年	行政职务	年级	学生班级人数	学校
教师 WL	女	38	17	无	八年级	45	JD
教师 ZH	女	42	20	备课组长	八年级	45	JD

---

① 郭衎，等．基于课程标准的数学学科能力评价研究[J]．数学教育学报，2015，24(2)：17-21.

续表

	性别	年龄/岁	教龄/年	行政职务	年级	学生班级人数	学校
教师 LM	女	28	2	无	八年级	33	FT1
教师 WY	女	24	3	无	九年级	36	FT1

(二)教学改进范式与方法

1. 教学改进范式—教学改进六部曲

教学改进研究中，采取教学改进研究路径六部曲：

第一，前测定改进点，为了更有针对性地诊断教学改进的班级的数学学科能力状况，在研究中，对四位教师所教授的 159 名学生进行了数学学科能力前测。测试结果显示（图 8-4～图 8-12），学生在猜想探究能力维度上的平均得分率为 13.5%，是 9 个二级能力指标中得分率最低的。因此学生在猜想探究能力上的提升空间最大。

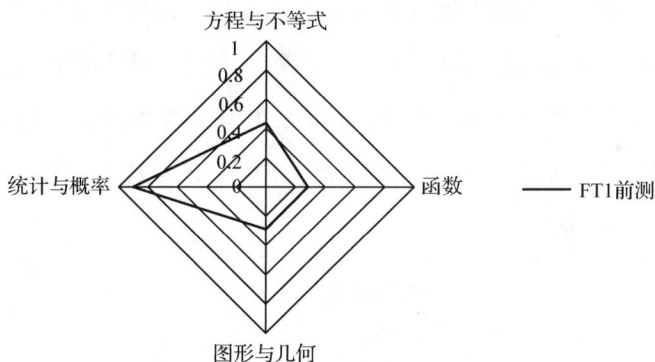

图 8-4 学校 FT1 参与前测的八年级学生在内容维度上的表现

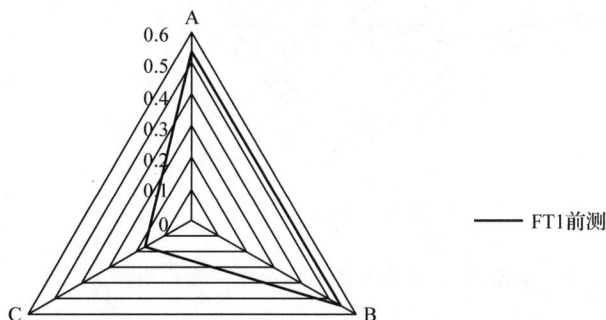

图 8-5 学校 FT1 参与前测的八年级学生在学科能力维度上的表现

225

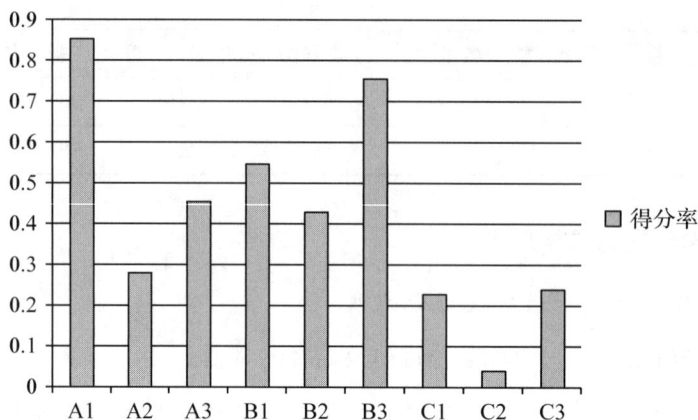

图 8-6　学校 FT1 参与前测的八年级学生在二级能力维度上的表现

从图 8-4、图 8-5、图 8-6 中可以看出，从内容维度看，FT1 参与测试的八年级学生在统计与概率维度表现最好，其次分别是方程与不等式、图形与几何，函数部分相对比较薄弱。从能力维度上看，在学习理解维度上表现最好，其次是实践应用维度，创造迁移维度表现最弱。这些结果与之前 FT 区的大样本数据是一致的。再从二级能力维度上看，创造迁移的 3 个二级指标提升空间大，尤其是"C2：猜想探究"是表现最弱的，因此学校 FT1 八年级测试班级数学学科能力改进点为"C2：猜想探究"。

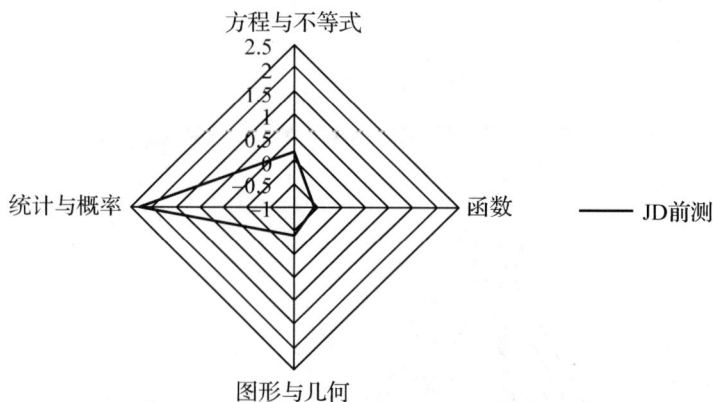

图 8-7　学校 JD 参与前测的八年级学生在内容维度上的表现

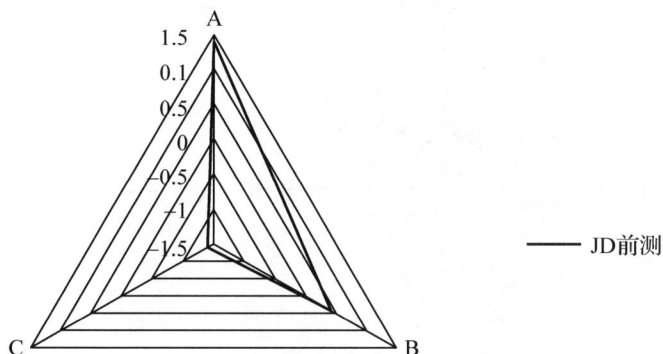

图 8-8　学校 JD 参与前测的八年级学生在能力维度上的表现

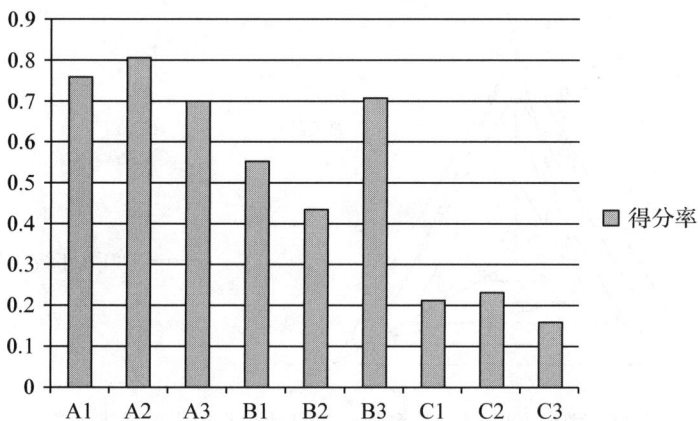

图 8-9　学校 JD 参与前测的八年级学生在二级能力维度上的表现

　　从图 8-7 中可以看出，学校 JD 八年级参与测试的学生在统计与概率上的表现最好，其次是方程与不等式，最后是图形与几何和函数。因此学校 JD 选择改进的主题是图形与几何领域。

　　从图 8-8 和图 8-9 中可以看出参与测试的学生在从能力的二级维度上看，在创造迁移的 3 个二级指标上表现较弱。在充分研究学生的测试结果、分析学生的能力表现之后，学校 JD 八年级测试班级数学学科能力改进点选择了"B2：推测解释"和"C2：猜想探究"作为教学改进点。

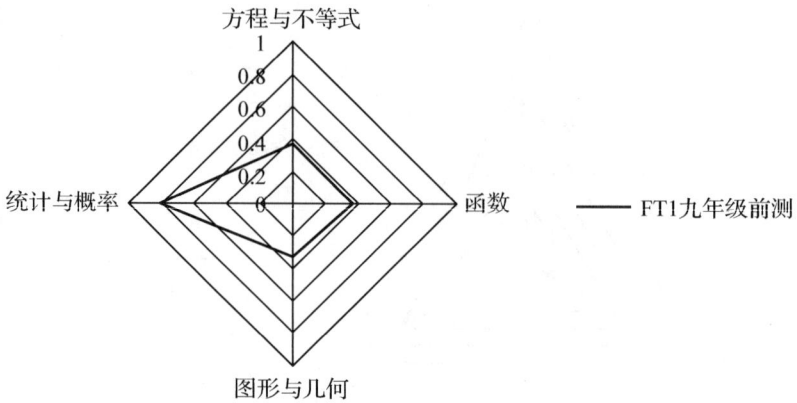

图 8-10 学校 FT1 参与前测的九年级学生在内容维度上的表现

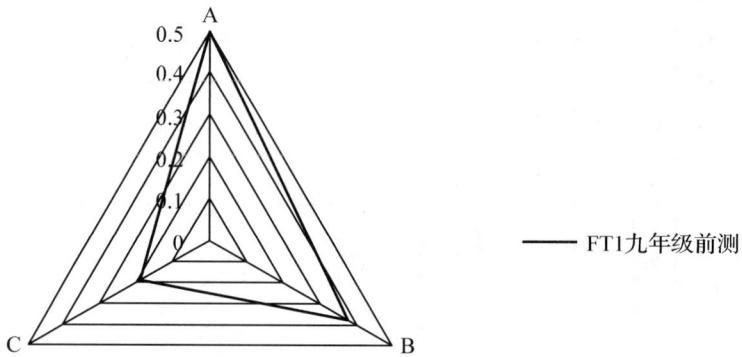

图 8-11 学校 FT1 参与前测的九年级学生在能力维度上的表现

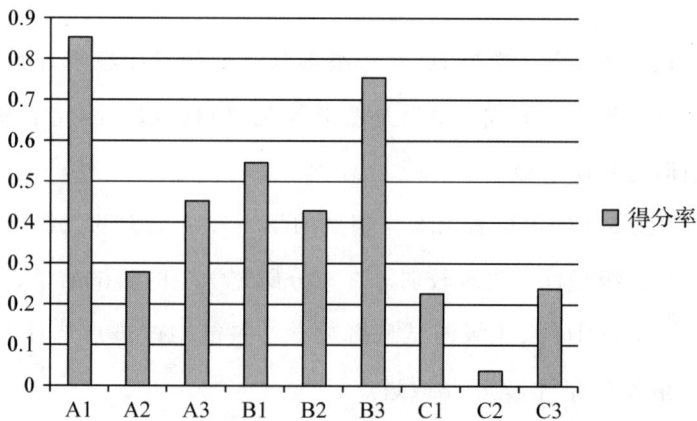

图 8-12 学校 FT1 参与前测的九年级学生在二级能力维度上的表现

从图 8-10 中可以看出，学校 FT1 九年级参与测试的学生在统计与概率上的表现最好，其次是函数内容，然后是方程与不等式，在图形与几何上的表现最弱。

从图 8-11 和图 8-12 中可以看出，参与测试的九年级学生在能力的二级维度上，在创造迁移的 3 个二级指标上表现较弱。在充分研究学生的测试结果、分析学生的能力表现之后，学校 FT1 九年级测试班级数学学科能力改进点选择了"C2：猜想探究"作为教学改进点。

第二，教学诊断，走进四个测试班级听了四节课，诊断教师的教学在猜想探究能力培养方面出现的问题，为下一步的教学改进提供依据。

第三，教学活动设计改进，聚焦猜想探究能力发展。四位教师以"等腰三角形的性质""全等三角形的性质"和"双等腰三角形探究"作为教学改进的课题（有两位老师的课题同为"等腰三角形的性质"）。四位教师先进行教学设计，然后由课题组一起研究如何通过一系列的关键性的活动把"猜想探究能力"发展的目标外显化，这主要包含两个方面：（1）问题的提出与活动的设计，什么样的问题能够激发学生猜想探究的欲望与兴趣；（2）什么样的活动及组织形式能够帮助学生完成猜想探究活动。

第四，课堂观察与课后分析，研究猜想探究能力的培养。教师在吸纳课题组意见的基础上，对教学活动设计进行再次修改之后进行第一次试讲，课题组在进行课堂观察、记录与录像之后针对课堂中出现的问题进行分析与研讨，教师再次修改教学设计，并选择另外的班级进行正式讲，课题组进行课堂观察研究，正式讲之后，再结合猜想探究能力进行分析与研讨。

第五，访谈与反思。课后访谈与教学反思聚焦猜想探究能力的发展。在课后，访谈学生和教师，对学生的访谈主要关注他对本节课活动的理解和看法，对教师的访谈关注其在培养学生猜想探究能力较为好的方面与需要改进的方面。

四位教师会进行两轮"教学设计研磨—试讲—正式讲"的教学改进活动，两轮的课题会选择不同的教学内容，但都是围绕培养学生的猜想探究能力。在研讨过程中，课题组力求借助两个具体的教学内容这样的"点"，通过分析教学关键事件中的数学学科能力，特别是猜想探究能力的培养，向授课教师渗透基于数学学科能力培养的教学理念，帮助授课教师掌握分析方法，以及课堂教学组织方法，以达到影响教师在日常教学中也能落实这些理念与方法的目的。

第六，后测诊断教学改进效果。在经历了一学期的教学改进研究之后，对学生进行后测，通过量化的手段分析教学改进的效果以及存在的问题，并为进一步教学改进提供方向和指导。

2. 教学改进的方法——基于学生猜想探究能力的教学改进表

在教学改进中主要采用课堂观察和访谈等量化和质性[1]的分析方法。目前已有的研究对于课堂教学评价的标准和评价量表从传统的一维转向多维的视角，尽管不同的学者对于课堂评价标准看法不尽相同，但综合起来，主要从以下几个方面：教学目标、教学效果、教学内容、教学方法与策略、教师素养、教学过程、学生行为、教师行为等[2][3]。这些评价标准和评价量表都力图从不同的视角和较为全面的角度去分析和评价一节课，但没有从数学学科能力培养的视角，尤其是聚焦到猜想探究能力培养的视角去观察和分析教与学，因此，结合已有评价量表的维度和教学中的关键事件，根据猜想探究能力的核心要素和课堂诊断出现的问题，设计了基于培养学生猜想探究能力的教学改进表（见表8-2）。

表8-2　基于猜想探究能力的教学改进表（以"等腰三角形的性质"为例）

主题	具体内容	具体表现	改进前表现	改进后表现
教学设计	教学目标	教学目标在猜想探究能力的培养上表述是否清晰准确	教学目标表述突出了"观察—猜想—探究—验证"的目标	教学目标修改为"经历动手操作—提出问题—提出猜想—探究猜想和推理论证的过程，发展猜想探究能力"
	活动设计	活动设计在开放性、挑战性、适切性上的表现	折纸和填表格的活动不能吸引学生的兴趣	(1)动手做或画等腰三角形；(2)发现并论证性质。学生呈现了多样的画法和证法，兴趣很高

① 李泽林. 课堂研究方法：基本范式与路径嬗变[J]. 教育研究，2013(11)：99-103.

② 李俊扬，秦华，李少军. 数学课堂教学评价标准的研究与思考[J]. 数学教育学报，2011，20(5)：24-27.

③ 王娟. 多维、合作、反思：中美课堂观察模式的比较与启示[J]. 教育研究与实验，2016(1)：37-42.

续表

主题	具体内容	具体表现	改进前表现	改进后表现
课堂教学	教师行为	教师能够向学生渗透和提炼猜想探究的方法	没有渗透猜想探究的方法	类比提出问题；观察、测量、折叠、推理等探究方法
		教师留给学生进行独立猜想探究的时间	未给单独的猜想探究的时间，采用直接提问	给学生独立思考时间7分钟（5＋2）；小组合作探究15分钟
		教师如何尊重学生的思维	1名学生出错，直接否定；学生回答正确（8名），未分析解释	1名学生出错，追问原因；学生回答正确（12名），追问怎么发现的或如何思考的
		教师的提问具有怎样的层次性（高层次与低层次提问）	83%的提问属于低层次认知问题（20/24），17%的提问属于高层次问题（4/24）	60%的提问属于低层次认知问题（9/15），40%属于高层次问题（6/15）
	学生行为	学生是否独立思考	教师未给独立思考的时间	教师给学生7分钟独立思考的时间
		学生在发表不同的见解的表现	4名学生分别展示做等腰三角形的方法；1名学生给出性质1的证法；1名同学给出性质2的证法；2名同学回答练习题	3名学生分享做等腰三角形的方法；7名学生分享了对性质证法的思考
		学生在质疑、批判、反思及调整等高水平思维上的表现	从课堂观察中，学生一直在静听和抄笔记，无明显表现	学生在尝试证明方法，修改证法，完善证法
		学生小组合作交流的效果	没有小组合作交流	每个小组的学生都获得了2～3种证法；证明有困难的学生获得了帮助

　　根据猜想探究能力的教学改进表，我们收集教学改进前后教师四次教学设计稿、学生作品、教师访谈与反思、课堂录像及研究者课堂观察笔记等，通过对以上资料的分析，提炼基于发展学生数学猜想探究能力的教学策略。

二、教学改进研究的主要结论及解决策略

(一)目前数学猜想探究教学出现的问题

通过对四位授课教师的课堂教学诊断及研究发现，四位授课教师在教学目标中都制定了发展学生"观察—猜想—探究—验证"的目标，在教学实践中也都积极探索学生猜想探究能力培养的方式和策略，经过访谈发现，一方面是国家课程标准等提出了明确的要求"要培养学生的创新意识和实践能力，学生应当有足够的时间和空间经历观察、实验、猜测、计算、推理、验证等活动过程"；另一方面是考试评价的导向作用，中考考查学生猜想探究的能力。同时，我们也发现，四位数学教师在培养学生猜想探究方面仍然存在着以下三个方面的问题。

1. 借猜想探究之名而无其之实

有些数学活动尽管被教师称为"猜想探究"或"探究"，在教学目标中也确定了相应的探究目标，但仔细观察却发现，其教学并没有体现猜想探究的基本要素。比如，在"全等三角形的性质"一课中，本应是学生去猜想探究的全等三角形性质——对应边和对应角的数量关系和位置关系，却被教师明确提出来，降低了猜想探究的思维难度，学生的思维没有很好地得到激发，而所谓的探究活动，也带有明确的指向，学生并没有进行真正意义上的探索，也就不能借助这样的活动发展猜想探究能力。

2. 学生没有获得猜想探究的权利

学生没有获得猜想探究的权利主要有三个方面的表现，第一，学生猜想探究的欲望没有被点燃，教师提供的猜想探究的材料不能激发学生真正的猜想探究的兴趣。第二，学生没有获得足够的时间进行猜想探究的活动，实际上，猜想探究在教师的"引导"下变得支离破碎，常常是还没有充分思考，教师即开始提问。第三，学生在猜想探究活动中提出的想法没有得到教师的价值性判断，仅仅是事实性判断。比如，学生提出的想法从表面上看和教师的思路不一致，就被教师强行打断而转换思路。

3. 教师的不当引导干扰学生的猜想探究活动

教师在进行课堂教学前，都会根据自身的教学理念、专业知识与素养、学生情况等对猜想探究活动进行详细的设计与思考，这些都体现了作为教师的决策主动权。但在实际课堂教学中却发现，有时候教师的不当引导反而会对学生的猜想探究活动造成一种"强干扰"，教师力图引导学生向着自己预定的方向走，反而破坏了学生探究的思路。比如，学生在探索"什么样的三角形能够分割成两个等腰三角形"时，学生举出了很多能够分割的例子，正在学生苦苦思索寻找一般性的结论时，教师在黑板上列出了如图 8-13 所示的三角形的度数，让学生观察有什么规律，从而把几何图形分割问题转化成为数字规律探索问题，这是不好的导向。第一，一般性的结论需要借助几何图形本身的特点进行探索。第二，这样的规律是一个误导，这些并不能真正揭示出需要探索的结论的全部特征。第三，打断了某些有想法的学生的思路。

30°,	60°,	90°
45°,	45°,	90°
25°,	50°,	105°
20°,	60°,	100°

图 8-13　三角形的规律

(二)教学改进的策略

针对以上教学中存在的问题，在教学改进中，主要采用了如下的教学策略。

1. 设计高认知水平学习任务，培养学生的猜想探究能力

所谓高认知水平学习任务的特征是具有非常规性、情境性、开放性，需要学生进行复杂的非算法式思维，并随时调控自己的认知过程，需要相当大的认知努力。比如，"一个三角形分割成两个等腰三角形的条件""路径最短问题""如何解等腰三角形"等都属于高水平认知学习任务。这些任务需要调动学生多知识模块的内容，对知识的联系与迁移要求较高，提出问题及猜想的难度大，推理论证的难度也大，这个过程中需要学生调动分析与批判、反思与调整等高层次思维活动，对学生的学科素养的发展有非常好的促进作用。

2. 教师尊重学生猜想探究的权利

教师尊重学生猜想探究的权利，需要有动态的数学观和教学观，以及积极的

学生观，具体来讲，主要有以下四个方面。

第一，要给学生猜想探究的时间，不能提出问题，学生还没有开始真正思考，就开始提问和讲解。要给学生相互交流的时间，学生之间的相互交流能够帮助学生突破思维上的困难点，释放情绪上的紧张感，在和同学交流的过程中，学生能够整理自己的思考过程，从而降低认知负荷。

第二，要给学生猜想探究的空间。若教师明确给出猜想探究结论中的关键词，这样就失去了猜想探究的意义。比如，"等腰三角形的性质"中，教师的原设计如下："观察折叠的图形，找出重合的线段和角，填入下表，你能猜猜等腰三角形有什么性质？"平面几何中的线段和角"重合"就意味着数量关系"相等"，这样就降低了思维的难度，没有给学生留出足够的猜想探究的空间，不能很好地发展学生猜想探究的能力，因此，建议改为"根据你制作的等腰三角形，你能提出什么问题？你能猜想一下问题的结论吗？如何论证你的结论是否正确呢？"然后教师引导学生对提出的问题及猜想进行从边、角、形三个角度进行梳理，最后进行论证。

第三，要尊重学生的思维过程，注意倾听学生的回答，发现其回答中的闪光点，能够分析学生的错误中的合理之处，而不是一味打断，强行引导到教师需要的答案上来。要对学生的猜想与论证进行价值性判断而非简单的是非判断。比如，在"等腰三角形的性质"的试讲中，当学生提出"作 BC 的中垂线 AD"证明"等腰对等角"这一性质时，教师直接进行了否定，课后通过分析学生作法的合理性、存在的问题以及如何引导，建议应该尊重学生的思维，把它看做发展学生推理能力的机会。

第四，让学生经历完整的猜想探究的过程，不管课上还是课下，相信"探究"是学生认识世界的基本方式之一，尊重、激发、保护学生的探究欲望，发展其探究能力，而完整的猜想探究过程，需要独立思考、需要与他人交流、需要反思与修正。比如，在探究三角形中位线定理时，学生通过图形直观猜测到结论时，教师转而引向"中位线的定义""测量角度有什么数量关系，线段有什么位置关系，你有什么结论"等活动，看似教师在引导，实际上割裂了学生猜想探究过程的完整性，强行按照教师的设计走，不利于学生猜想探究能力的发展，不如放手让学生探索论证方法，引导学生交流想法、反思论证过程，抽象形成一般性的结论等。

因此，发展学生的猜想探究能力，教师不应该机械固守所谓探究式教学的模式和程序，而应该力图反映猜想探究的本质，通过鼓励等积极评价，激发猜想探究的欲望，暴露学生在探究过程中的"智慧"与"错误"，分析其思维过程的价值，引导其关注"前概念"与"科学概念"之间的关系，论证自己的发现，发展其合情推理和逻辑推理能力。

3. 教师要激发学生之间的相互评价与自我反思

猜想探究能力的发展是在确定与否定、独立思考与合作交流、质疑与批判、反思与调整的过程中发展起来的，学生需要在课堂中能够积极思考，能够对他人的观点进行质疑和批判，能够从推理与反例两个方面分析论证猜想，能够与同学进行合作交流，能够反思出现的问题及时调整思路，教师需要激发学生之间的相互评价，以促进学生质疑、反思与批判性思维的发展，需要教师在日常教学中营造开放的、学生敢于质疑与批判的课堂氛围。

第三节 基于学生猜想探究能力培养的教学改进案例研究

一、"等腰三角形的性质"教学改进研究

1."等腰三角形的性质"教学内容与学情分析

"等腰三角形性质"是义务教育课程标准实验教科书《数学（人教版）八年级上册》第 14 章第三部分第 1 课时的内容。等腰三角形的性质就是寻找等腰三角形的各个要素之间的联系，等腰三角形的各个要素包括等腰三角形的边、角这些基本的组成要素，也包括等腰三角形的高线、中线和角平分线等衍生要素，还包括角的大小、等腰三角形的面积、周长等度量要素，性质就是组成要素、衍生要素和度量要素之间的联系。在等腰三角形的诸多性质中，"两底角相等"和"三线合一"是两个最重要的性质，其中"两底角相等"由于欧几里得在《几何原本》中的证明方法巧妙而烦琐，不容易被初学者理解而被称为"驴桥定理"，这两个性质也是等腰三角形具有的非常直观的、优美的对称性的具体体现。性质的证明不仅仅是常规的作顶点的角平分线、底边的中线和高线，还可以作腰的中线、高线和底角的角平分线，不同的作辅助线的方法体现了不同的思维方式和难度，对学生的思维有很好的锻炼。等腰三角形的性质是在学生学习了轴对称概念、轴对称性质的基础上进一步研究的内容。等腰三角形的性质是研究等边三角形，也是证明线段相等和角相等的重要依据。

学生在小学已经认识了等腰三角形，对等腰三角形的性质有一些直观的感受，并能够猜想出一些结论，所以在教学中可以让学生猜想等腰三角形的性质，之后进行推理论证猜想，培养学生数学猜想探究能力和推理论证能力，同时在猜想时也不仅仅局限于教材中的两个性质，可以进行发散得到很多等腰三角形的性质。对性质进行梳理，同时也要帮助学生提炼猜想探究的方法，比如，类比、直观、推理等。学生在推理论证的时候，往往会过顶点作角平分线，或高，或中

线，但由于前面学生刚刚学习过轴对称，对中垂线的印象很深刻，也会提出，过顶点作对边的中垂线，要帮助学生分析这种作法的问题并进行修正。"三线合一"的性质实际上是三个命题，在教学中需要引导学生分解出三个命题，写出已知和求证，并进行证明。在教学中可以根据学生情况，引导学生用不同的方法证明性质定理。教科书呈现的顺序是：动手操作得出概念→观察实验得出性质→推理证明论证性质→应用新知识进行巩固，这一思路也体现了对猜想探究能力和推理论证能力的培养。

2. 教学设计改进

通过对学生前测中数学学科能力表现的分析，"等腰三角形的性质"的课堂教学改进主要聚焦于学生猜想探究能力的培养，但这并不意味着会忽视其他能力的培养，如推理论证能力等。

(1)教学设计初稿

教学目标	知识技能	1. 经历剪纸、折纸等活动，进一步认识等腰三角形； 2. 了解等腰三角形是轴对称图形； 3. 能够探索、归纳、验证等腰三角形的性质，并学会应用等腰三角形的性质
	数学思考	体会数学来源于实际生活并应用于生活实际
	问题解决	培养分类讨论、方程的思想和添加辅助线解决问题的能力
	情感态度	培养合作交流、体验成功、体验审美、增强自信心，同时，充分体会分类讨论数学思想在解决问题中的广泛应用
重点		等腰三角形的性质的探索和应用
难点		等腰三角形的性质的验证

教学过程：

一、情境导入

1. 动手操作，观察猜想

请同学们按照如图所示的方法剪一个三角形，这是什么三角形？

【设计说明】鼓励学生积极地投入活动中，并留给学生足够的独立思考和自主探索的时间与空间。问题的提出建立在学生已有知识等腰三角形定义的基础上让

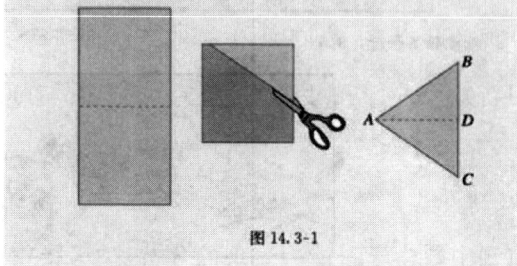

探究

如图 14.3-1，把一张长方形的纸按图中虚线对折，并剪去阴影部分，再把它展开，得到的 △ABC 有什么特点？

图 14.3-1

学生再进行研究。

2. 揭示课题、整理概念、板书

有两条边相等的三角形叫做等腰三角形。相等的两边叫做腰，另一边叫做底边，两腰所夹的角叫做顶角，底边与腰的夹角叫做底角。

二、探究等腰三角形的性质

1. 教师引导学生折纸：

把剪出的等腰三角形 ABC 沿折痕（AD 所在的直线）对折后，你发现了什么？

观察折叠后的图形，找出其中重合的线段和角，填入下表：

重合的角	重合的线段

你能猜一猜等腰三角形有什么性质吗？

【设计说明】通过提出问题，引发学生思考，鼓励学生积极地投入活动中，并留给学生足够的独立思考和自主探索的时间与空间。

2. 等腰三角形的性质：

(1) 等腰三角形的两个底角相等（简写成"等边对等角"）。

（2）等腰三角形的顶角平分线、底边上的中线、底边上的高互相重合（通常称作"三线合一"）。

3．讨论研究，验证猜想

(1)性质1(等腰三角形的两底角相等)的条件和结论分别是什么？

(2)用数学符号如何表达条件和结论？

(3)如何证明性质1和性质2？

【设计说明】在学生小组讨论的过程中为学生提供充分从事数学活动的机会，从而激发学生的学习积极性，体会在解决问题的过程中，与他人合作的重要性。让学生在轻松的氛围中积极参与与发表自己的观点，并尊重与理解他人的见解，能从交流中获益。

练习

(1)在△ABC中，AB＝AC，∠B＝40°，则 ∠C＝_____，∠A＝_____。

(2)在等腰△ABC中，∠B＝40°，则底角∠C＝_____。

4．范例点击，应用性质

例1．如图，在△ABC中，AB＝AC，点D，E在BC边上且AD＝AE。求证：∠BAD＝∠CAE。

练习

如图，在△ABC中，AB＝AC，点D在AC上，且BD＝BC＝AD。

求：△ABC各角的度数。

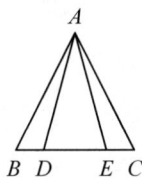

（例图）

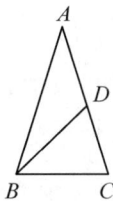

（练习图）

练习改编为：

(1)图中共有几个等腰三角形？分别写出它们的顶角与底角。

(2)你能求出各角的度数吗？

【设计说明】培养学生的语言转换能力，增强理性认识，体验性质的正确性，提高演绎推理的能力。改编课本例题，使问题更富层次性与探索性，使学生认识到从复杂图形中分解出等腰三角形是利用性质解决问题的关键。培养学生数形结合的能力和方程的思想。

【讲评策略】已知中没有给出角度，需利用三角形内角和为 $180°$ 的条件来求具体度数，但由于未知数过多，需根据已知各边的关系寻找出△ABC 的各角关系，由图中的 3 个等腰三角形的底角及三角形的外角性质，可设∠$A=x°$，列方程解决。

根据等边对等角的性质，我们可以得到

∠$A=$∠ABD，∠$ABC=$∠$C=$∠BDC，

再由∠$BDC=$∠$A+$∠ABD，就可得到∠$ABC=$∠$C=$∠$BDC=2$∠A。

再由三角形的内角和为 $180°$，就可求出△ABC 的三个内角。

三、课时小结

这节课我们主要学习了什么内容？有哪些收获呢？

【设计说明】让学生在互相交流的活动中，通过总结与归纳，更加清楚地理解化归的思想。

（2）改进思路分析

教学设计初稿在教学目标上能够体现猜想探究的基本环节：动手实践—探索—归纳—验证，但"验证"一词并不准确，通过实验可以验证结论正确，但是这并不符合数学推理的要求，经过访谈教师，验证实际是学生需要经过推理对结论进行证明。但教学目标中的"数学思考"中的描述并不恰当，没有体现"等腰三角形的性质"这一内容为学生带来的数学思考是什么？重点难点定位准确。综合起来，教学设计初稿在教学目标中能够结合"等腰三角形的性质"教学内容的特点，突出其对学生猜想探究能力的培养。

教学活动设计主要有两个大的环节：动手操作、观察猜想和讨论研究验证猜想，说明教师有意识在培养学生的猜想探究能力。第一个环节"动手操作，观察猜想"又分为两个主要活动：一是制作等腰三角形，二是提出研究问题。第一个

活动学生按照教师出示的方法制作三角形，然后判断三角形的形状。看似学生动手操作和观察猜想，但此举实则限制了学生的思维，学生在被动地跟着教师的指示操作，学生不明白"为什么要如此剪三角形"，实际上，此方法的依据是等腰三角形的性质，而在小学，学生已经了解过等腰三角形，也有很多办法做或画一个等腰三角形。情境导入的作用是激发学生的兴趣，这个活动并没有很好地激发学生的能动性，不具备开放性和挑战性。第二个活动教师引导学生对折三角形纸片，观察折叠后的纸片，找出重合的角和边，提出问题：等腰三角形有什么性质？本活动的特点是，研究问题是由教师提出，研究方法（重合）与研究思路（对折、列表、观察）也是由教师设计，学生仍然在教师的强力牵引下步步向前走，思维跟着老师亦步亦趋。几何研究图形的数量关系和位置关系，重合意味着相等，本应该由学生探究的结论却由教师直接提出，学生操作验证即可，由此降低了学生猜想探究的思维含量，本活动可以更加开放，直接放手让学生探究等腰三角形具有怎样的性质，然后对猜想进行归纳和提炼。

第二个环节是讨论研究验证猜想，教师希望学生能够充分地进行小组合作交流，在轻松的环境下发表观点，尊重他人的观点，说明教师非常有意识建立有利于猜想探究的氛围和课堂文化。需要突出的是，教师需要对学生的证明方法进行分析和提炼，比如，为什么这样添加辅助线？你是怎么想到的？这几种证明方法有什么异同点？比如，证明等边对等角，常用的方法是过顶点 A 作底边的高或中线或角平分线，那么还有别的证明方法吗？过点 B 和点 C 分别作对边的高或中线呢？激发学生用不同的方法去证明，发散思维。

最后的练习也仅仅停留在知识点的巩固方面，而且求角度的问题在小学已经学习过，学生不能很好地练习本节课学习的方法。建议题目设计得开放一些。

综上所述，教学活动设计在描述上能够注重猜想探究的基本环节，但实质没能够落实猜想探究的本质，需要更开放和更具有挑战性，不能束缚住学生的思维，就像在设计意图中说明的，给学生充分的探究空间和时间。学生没有经历完整的探究环节，被教师强行分割成一个个单元，剪纸活动得到等腰三角形，学生可能会有很多问题，但此时学生的思维被教师强行打断，去分析等腰三角形概念中的"腰和底角"，这些对猜想探究来说并不是很重要的内容，其定义可以在探究活动中给出。

(3)教学设计改进稿(第四稿)

经过和教研组的多次讨论，授课教师四易其稿，最后的修改稿如下。

教学目标：1. 学生通过制作或者画一个等腰三角形，经历提出研究问题，探索、归纳和证明等腰三角形的性质的过程，发展猜想探究能力；

2. 掌握等腰三角形性质 1 和性质 2 及其不同的证明方法；

3. 在探索过程中，提高独立思考和数学交流的能力，能够清晰表达自己的观点，尊重他人观点，敢于质疑和反思。

重点：等腰三角形的性质定理。

难点：用不同的方法证明等腰三角形的性质。

教学过程：

课前请同学们独立制作或画一个等腰三角形。

环节一　提出问题

1. 请同学们说说如何画或者制作一个等腰三角形？

学生的方法预设：长方形折叠剪三角形；在线段的垂直平分线上任取一点；在线段的两端用量角器量出相同的角度。

追问：你怎么想到这么做的？为后面的证明铺垫。

2. 关于等腰三角形，你们想研究哪些问题？（可以提示学生：想想关于平行线我们都研究了哪些问题——渗透提出问题的方法。）

对学生的研究问题进行归纳与聚焦。

（预设：1. 等腰三角形的性质；2. 等腰三角形的判定。）

3. 研究问题：等腰三角形的性质有哪些？

环节二　探究问题

1. 提出猜想

(1)引导：等腰三角形的性质我们都关注哪些方面呢？

（渗透几何图形研究的两个方面——数量关系和位置关系，可以类比研究三角形的角度。)

预设：研究等腰三角形的角、边的数量关系，重要线段(高、中线、角平分线)的性质以及图形的对称性。

(2)提出猜想

独立观察、思考，写下你的发现，然后和小组的同学交流一下。以小组为单位，全班分享猜想：你的猜想是什么？你是怎么发现的？

预设：等腰三角形的两个底角相等——对折之后重合。

等腰三角形底边上的中线也是其高和顶角的角平分线——折叠或测量或叙述推理。

等腰三角形底边上的高也是其中线和顶角的角平分线——折叠或测量或叙述推理。

等腰三角形顶角的角平分线也是底边上的高和中线——折叠或测量或叙述推理。

等腰三角形是轴对称图形，对称轴是其底边上的高或中线或顶角的角平分线。

等腰三角形的底角大于$0°$，而小于$90°$。

2. 推理论证猜想

请把你的猜想写成"已知……求证"的命题形式，画出图形，证明猜想。

预设1：过顶点作底边上的高，证明全等(HL)——两底角相等，高线也是顶角的角平分线和底边的中线。

预设2：过顶点作底边上的中线，证明全等(SSS)——两底角相等，中线也是顶角的角平分线和底边上的高。

预设3：过顶点作角平分线，证明全等(SAS)——两底角相等，顶角的角平分线也是底边上的高和中线。

3. 形成定理：概括性质——性质1(等边对等角)、性质2(三线合一)，用三种语言表示定理。

4. 证明思路扩展——发散思维。

由于等腰三角形具有非常优美的对称性，很容易想到作底边上的高或中线或顶角的角平分线，那么能否作腰上的高、中线、底角的角平分线证明呢？尝试一下，激发学生兴趣和好奇心，本证明思路具有挑战性，小组合作完成，每个小组选择作腰上的一条辅助线，全班分享交流。课上分析思路，课后写出证明过程。

环节三　反思与总结

本节课大家的收获是什么？

教师归纳总结：

1. 猜想探究的思路：提出问题—提出猜想—论证猜想。

2. 猜想探究的方法：类比（提出问题——数量关系和位置关系）、测量、折叠、推理论证。

3. 从不同的角度论证定理，推理的方法不是凭空产生的，是可以找到线索的，比如，类比作底边上的高，想到作腰上的高。

4. 同学之间的合作与交流很重要。

3. 课堂教学改进

课堂教学改进主要从教师行为改进角度入手，教师行为具体表现为猜想探究的方法的渗透、猜想探究的时间、对学生思维的尊重和提问层次四个方面，课堂改进效果则主要从教师行为和学生行为两个角度呈现。在试讲时，授课教师在课堂中没有帮助学生提炼猜想探究的方法，在提出研究问题之后，未给学生留出探究的时间，采取了直接提问的方式，性质1提问了1名学生，性质2提问了1名学生，分别采用三种方法证明性质定理，性质1和性质2的分别证明，这在时间上造成了浪费，因为这两个证明过程几乎一样，除了回答问题的学生，其余学生对这个问题的思考都处于静默状态。教师通过PPT展示把"三线合一"性质定理分解成三个命题，但通过课堂观察和课后访谈发现，很多学生对此理解得并不是很好，仍然认为这是一个命题，写不出已知和求证。一位学生提出过点A作底边的中垂线，教师直接进行了否定，并没有分析这一思路的问题与价值。提出的大部分问题属于记忆型等低层次问题，比如，什么是等腰三角形？问答方式主要是教师自问自答，提问过于琐碎。

根据试讲中出现的问题，教学改进的建议是：①提炼学生猜想的方式；②留给学生猜想探究的时间，通过独立思考、小组交流和全班展示完成；③对学生的思路进行分析，肯定其价值，修正其问题；④尽可能地提一些高层次问题，促进学生思维发展，比如，你是怎么发现的？你是如何想出这样作辅助线的？⑤激发学生与学生之间的评价，培养学生质疑、反思等批判性思维，比如，对于 A 同学的想法，你是怎么想的？你认为呢？他的想法有没有可以借鉴之处等。通过试讲及之后的研讨，正式讲取得了预期的效果，等腰三角形的性质试讲和正式讲的改进效果表现如表 8-2 所示。

4. 教学改进效果

教学改进主要以"等腰三角形的性质"一课为载体，授课教师在研究团队的指引下，经过四次磨课和两次课堂教学实践，提高对学生猜想探究能力培养的意识，在教学设计和教学实践中实施猜想探究能力培养的方法和策略，并在日常教学中一以贯之。因此在学期末对参与教学改进的班级进行了数学学科能力后测，前后测具体表现如下（以学校 JD 为例）。

(1)在内容维度上的表现

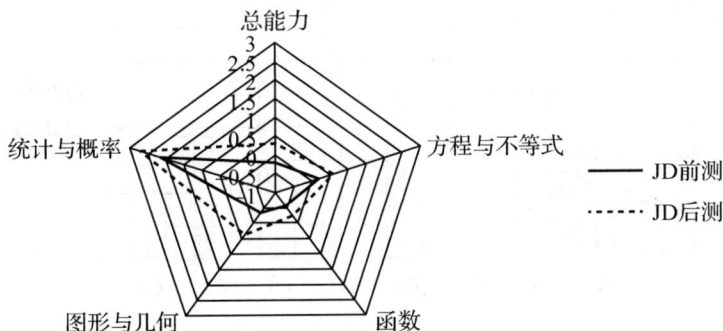

图 8-14　学校 JD 参与教学改进的八年级学生在内容维度上的表现

学校 JD 参与教学改进的两个班级在四个内容维度上的表现后测比前测都要好，其中提升最明显的是图形与几何维度，之后依次是统计与概率维度、方程与不等式维度和函数维度。

（2）在一级能力维度上的表现

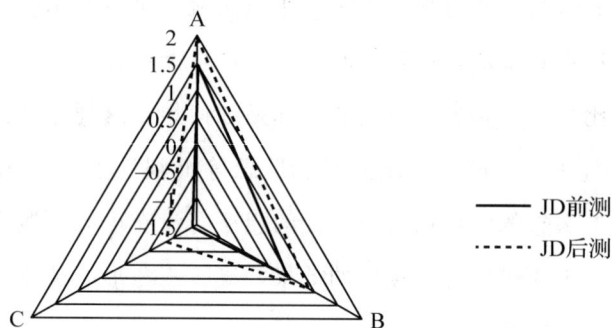

图 8-15　学校 JD 参与教学改进的八年级学生在能力维度上的表现

学校 JD 参与教学改进的两个班级学生的后测比前测在三个一级能力维度上都有提升，提升最大的是"C：创造迁移"，其次是"A：学习理解"，最后是"B：实践应用"。

（3）在二级能力维度上的表现

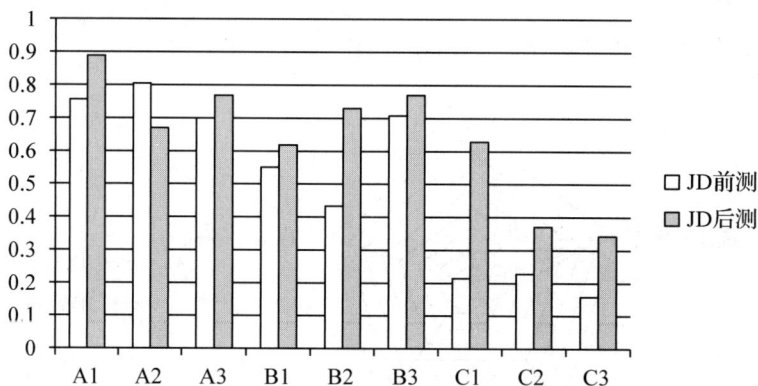

图 8-16　学校 JD 参与教学改进的八年级学生在二级能力维度上的表现

学校 JD 参与教学改进的两个班级学生在二级能力维度上表现是，在"A2：概括理解"维度上有所下降，但在其余的 8 个维度上都有所提升，其中提升较大的依次是"C1：综合问题解决""B2：推测解释""C3：发现创新""C2：猜想探究""A1：观察记忆"。

（4）典型试题分析

①在$\triangle ABC$中，$\angle B=80°$，$\angle C=30°$，$AD\perp BC$于点D，AE平分$\angle BAC$，则$\angle DAE=$_____，$\angle DAE$与$\angle B$，$\angle C$之间的关系为_____。

②在第①题中，若$\angle B$，$\angle C(\angle C>\angle B)$为锐角，其他条件不变，则$\angle DAE$与$\angle B$，$\angle C$之间的关系为_____。

③在第①题中，若$\angle B=100°$，其他条件不变，则$\angle DAE$与$\angle B$，$\angle C$之间的关系为_____。

④在第①题中，若$\angle B=m°$，$\angle C=n°$，其他条件不变，则$\angle DAE$与$\angle B$，$\angle C$之间的关系为_____。

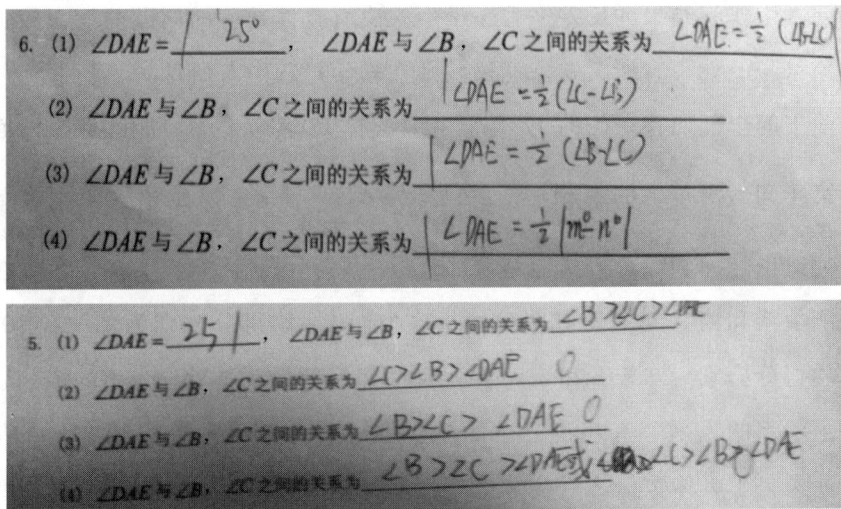

图 8-17　学生典型作答

本题重点考查学生的"B2：推测解释"和"C2：猜想探究"能力。

在后测中，第①问有 68.5% 的学生能够计算出$\angle DAE$具体的值25°。在随后确定"$\angle DAE$与$\angle B$，$\angle C$之间的关系"时，有 53.4% 的学生能够给出正确的等量关系：$\angle DAE=\dfrac{\angle B-\angle C}{2}$，占到了前者的 78.0%，相比于前测 32.5% 的学生得分有了显著的提高。而在作答的 53 名学生中，仅有 2 名给出了简单的大小关系，而在前测中有 6 名仅能给出简单的大小关系或两者之间的数量关系（如$\angle B=$

$2\angle C$)。这说明学生无论是在对"关系"理解的抽象水平上，还是对等量关系的推测解释上，在教学改进后都有相应的提高。

第②问从具体到抽象，仅给出$\angle B$，$\angle C(\angle C > \angle B)$为锐角，在第①问得到满分的学生中，仅有$48.7\%$能够给出正确的关系：$\angle DAE = \dfrac{\angle C - \angle B}{2}$。答错的学生认为，尽管条件变化了，但是$\angle DAE$与$\angle B$，$\angle C$之间的关系仍然是$\angle DAE = \dfrac{\angle B - \angle C}{2}$。而没有关注到$\angle C > \angle B$。事实上，答对第③问的学生为$47.9\%$，与第②问满分的$48.7\%$高度相关。一方面，这说明学生能够做出合理的猜想和推测，但是解释和论证猜想的能力有待加强；另一方面，从第①问与第②，③问学生作答结果的反差来看，学生解决有具体数值的问题的能力较强，而计算抽象符号的能力有所欠缺。建议教师在教学过程中有所针对。

在前三问全部回答正确的17名学生中，有12名(70.6%)能够综合前面的结论，对第④问做出正确的解答：$\angle DAE = \dfrac{|\angle C - \angle B|}{2}$。即这些学生具备了较好的分类讨论能力和综合概括能力。综合以上来看，对比前测结果，学生在第①问的推测关系和第③问上均有明显的提高(前测平均得分分别为0.325，0.182，后测平均得分分别为0.548和0.493)，说明经过教学改进后，学生的推测解释能力得到了一定的发展，有超过一半的学生能够较为准确地猜测结论，并有效论证。而在失去了具体数值之后，学生却表现不佳。教师应当加强学生在创造迁移水平上的能力，进一步培养学生的猜想探究能力。

(5)授课教师访谈与反思

在课后的访谈与反思中，授课教师WL谈道，"培养学生的能力还很长远，能力的培养不是一蹴而就的，尤其是老师的教学需要有一个转变，要逐步培养学生怎样提出问题，怎样做出猜测，怎样探究问题，怎样解决问题。而本次教学改进就为我们提供了这样一个机会，甚至是一种教学范式，课原来还可以这样上！经过教学改进研究，思想上更加成熟，从局限到开放，敢于尝试新的教学方法，不再害怕失败，课程设计由繁至简，更加关注学生猜想能力的发展，对知识的理解由零散的版块到结构化的整体，我的教学变得更加智慧和从容，学生更喜欢我的数学课。教学改进为我们打开了一扇窗，从原有的关注自身教学转变到关注学生怎样思考，我们的教学观念、思想境界得到了提升。"

教学改进研究不是着眼于一节课或几节课的研磨，而是基于几节课的分析，帮助教师从教学理念上能够从学生数学学科能力培养的角度思考教学内容与学生学习，从 WL 老师的访谈中可以看出，教学改进对她的最大改变是教学观念的改变，其次是教学方法或教学范式。从后续的教学跟踪发现，WL 老师在延续着教学改进研究的思路和策略。

二、"全等三角形的性质"教学改进研究

1."全等三角形的性质"教学内容与学情分析

全等三角形是描述两个三角形之间的关系，那么全等三角形的性质实际上是建立两个三角形基本要素(边和角)、相关要素(中线、高线和角平分线)和度量要素(周长、面积等)之间的关系，如何用数学语言刻画这种关系是这一部分内容的重点之一。既然是两个三角形的关系，那么两个三角形在一起相对位置就发生了变化，在平面几何中，最基本的三种变换是平移、旋转和轴对称，在这三种变化下，理解两个三角形基本要素之间的数量关系是理解全等三角形的性质的另外一个重点，也是难点。

学生在日常生活中积累了"完全一样""相互重合"等概念，这些日常概念和全等三角形的概念和性质还有一定的距离，教学中需要引导学生从日常概念走向数学概念，学生通过观察两个全等三角形，概括出全等三角形的定义，猜想全等三角形的性质，并进行探究和验证，进而探究在三个基本初等变换下，两个全等三角形具有怎样的关系，从边、角、图形变换三个角度概括全等三角形的性质以及用边角刻画两个三角形的全等关系，得到性质定理，学生提高了理解概括的能力，发展几何直观和合情推理的能力，学习研究图形的基本方法——图形的定义、性质、形状、图形之间的位置关系与数量关系，在研究全等三角形的过程中，学生能够有条理地思考与表达，提出自己的想法，与老师、同伴合作交流。

2. 教学设计改进

和等腰三角形的性质不一样的是，全等三角形研究的是两个三角形之间的关系，但关注的视角仍然是几何图形的基本要素。

(1)教学设计初稿

一、教学背景分析

1. 指导思想和理论依据

本教学设计围绕课标的基本理念，遵循学习是学习者主动构建知识过程的原则，赋予学生新的角色，使学生不再被动地接受和再现教师传授的知识，而是成为主动的探究者。

遵循新课标强调的"数学教学活动必须建立在学生认知发展水平和已有知识经验基础之上"的原则，向学生提供充分从事数学活动的机会，帮助他们在自主探索和合作交流的过程中真正理解和掌握基本的数学知识与技能、数学思想和方法，获得广泛的数学活动经验。

2. 教学内容分析

本节内容是在学生学习了三角形的相关概念及性质后引入的。在知识结构上，全等是证明线段相等、角相等的重要方法，是今后证明几何问题的重要工具；在能力培养上，无论是逻辑思维能力、推理论证能力，还是分析问题、解决问题的能力，都可在全等三角形教学中得以启迪和发展。因此，本小节的教学对全章乃至以后的学习都是至关重要的。

二、学情分析

本节课的教学对象是八年级学生，他们小学阶段已对三角形有了初步认识，一方面在日常生活中，见到大量含有三角形的物体；另一方面，在小学阶段已经学过三角形的基本知识且对图形变换(平移、翻折、旋转)也已有了感性的认识，并且学过了线段、角、相交线、平行线、三角形的有关知识以及一些简单的说理内容，已经具备了一定的推理能力、合作与交流能力。

但学生在图形识别能力上不足，对图形语言、文字语言和符号语言等三种语言的运用转化和对应概念的建立稍有欠缺且从运动的观点来研究问题的经验不足。

三、教学目标及重点、难点

1. 了解全等形及全等三角形的概念，理解全等三角形的性质；

2. 学生经历在平移、旋转、翻折的图形变换中识别全等三角形的对应点、对应边和对应角的过程，探索并发现全等三角形对应元素的确定方法；通过练习，学生熟悉全等三角形的基本图形，理解并应用全等三角形的性质；

3. 通过观察、猜想、实践等数学活动，培养学生的动态思维能力和创新能力，在相互启发中体验合作。

教学重点：全等三角形的概念及性质。

四、教学过程

教学环节	教师活动	学生活动	设计意图
（一）创设情境，引入新课	学生找出图中形状相同、大小相等的图形后教师提出问题1。 给出全等形定义：能够完全重合的两个图形叫做全等形。 剖析定义：教师指出全等形研究的是形状相同、大小相等的图形。	活动1　仔细观察，找出下列图形中形状相同、大小相等的图形。 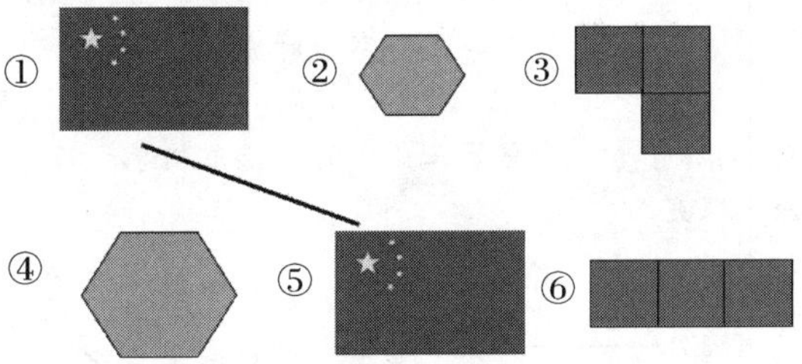 学生观察图形，完成活动1，并思考问题1. 问1：如何验证图形①和⑤形状相同，大小相等？ 问题1预设： 1. 用眼观察可得①和⑤形状相同，大小相等； 2. 把它们重叠在一起看能否完全重合。 活动2　你能再举一些生活中全等图形的例子吗？学生观察身边事物，完成活动2。	观察图片，引出全等形，学生感知从一般到特殊，概念的形成过程。 通过问题1和活动2，加深对全等形概念的理解。
（二）探索新知	1. 定义 教师利用手中三角形模型进行演示，能够完全重合，从而得出从全等	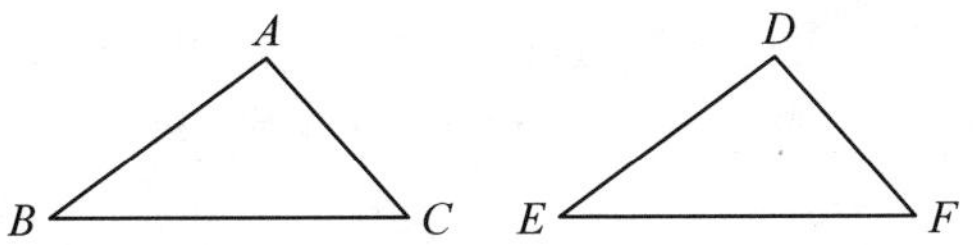 学生将手中的三角形模型重合，得出全等三角形的定义。	利用手中的三角形模型演示，类似全等形的概念得出全等三角形的概念。

教学环节	教师活动	学生活动	设计意图
	三角形的定义。板书：能够完全重合的两个三角形，叫做全等三角形。利用PPT动画演示，两个三角形重合时，三角形的元素也互相重合，利用举例的方法，给出对应元素的概念。	当两个三角形重合时，互相重合的顶点叫对应顶点；互相重合的边叫对应边；互相重合的角叫对应角。问2：其余对应元素分别是什么？独立思考后回答问题2。学生跟随教师共同书写，熟悉全等三角形的记法。强调：对应顶点的字母必须写在对应的位置上。问3：两个三角形全等时，对应边有什么数量关系？对应角呢？学生思考后得出全等三角形的性质。	通过对应元素的介绍，初步感知对应观念。用不同颜色来标明对应顶点，清晰地可以看出记法中的对应性。
(二)探索新知	2. 表示 板书：记作△ABC≌△DEF。为强调以上表示方法的对应性，教师此时用不同颜色标明对应顶点。 3. 性质 板书：全等三角形的对应边相等，全等三角形的对应角相等。 分析题设和结论，写出符号语言。	符号语言：$\because \triangle ABC \cong \triangle DEF$（已知）， $\therefore AB=DE$，$BC=EF$，$CA=FD$ （全等三角形的对应边相等）。 $\angle A=\angle D$，$\angle B=\angle E$，$\angle C=\angle F$ （全等三角形的对应角相等）。 探究1 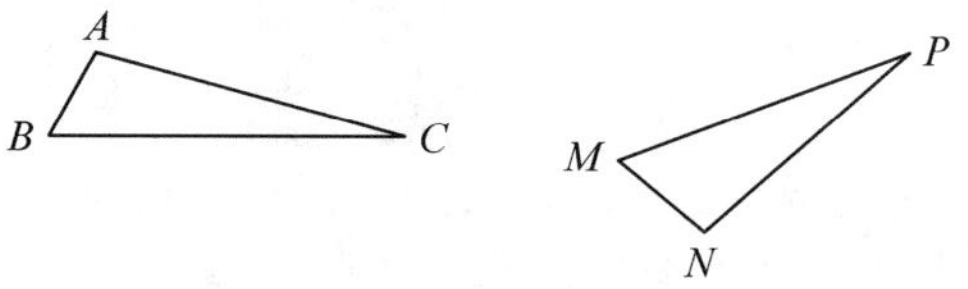 (1)已知上图中的两个三角形全等，指出图中的对应边； (2)已知上图中的两个三角形全等，指出图中的对应角。 学生观察图形，找出对应边，对应角。 师生共同解后反思，并总结。 探究2 1.如图，将△ABC平移至△DEF，那么△ABC ≌ _____ 。指出对应顶点、对应边和对应角。	图形语言、文字语言、符号语言三种语言表述全等三角形的性质，学生从中体会三种语言之间的相互转化。通过探究活动1，学生观察、归纳得出最直观的找出对应元素的方法。设计探究活动，学生经历在平移、旋转、翻折的图形变换中识别全等三角形的对应点、对应边和对应角的过程，探索并发现全等三角形对应元素的确定方法。

续表

教学环节	教师活动	学生活动	设计意图
（二）探索新知	4. 探究活动　询问学生找出的边是对应边的理由，找出的角是对应角的理由。进而师生共同总结规律：长（短）边对应长（短）边，大（小）角对应大（小）角。	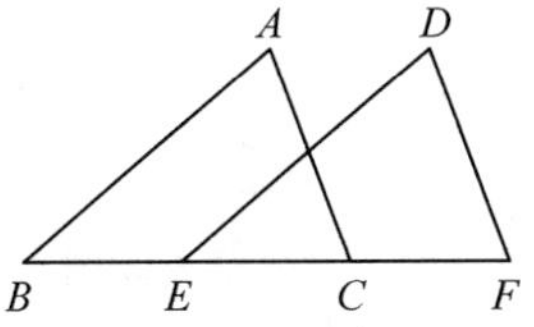 （第1题图） 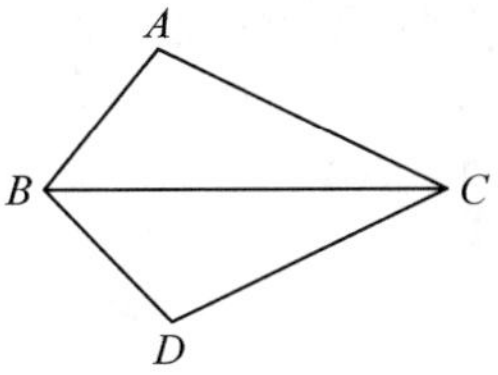　　（第2题图） 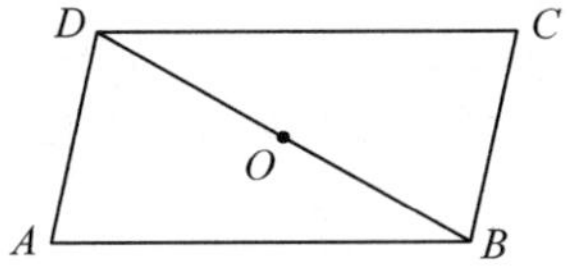 （第3题图） 2. 如图，将△ABC 沿 BC 翻折至△DBC，那么△ABC≌_____。指出对应顶点、对应边和对应角。 3. 如图，将△ABD 绕 BD 的中点 O 旋转至△CDB，那么△ABD≌_____。指出对应顶点、对应边和对应角。	经过独立思考后小组合作，共同完成图形变换及对应元素的确定。 分组观察，学生发言，教师规范用语，共同得出确定全等三角形的对应元素。
（三）巩固练习	当全等的两个三角形的相对位置发生改变时，所构成的图形也发生改变。 学生演示运动过程回答后，教师 PPT 中给出标准答案，强调对应边（角）的书写要体现对应，对应的顶点写在对应的位置上；当一个顶点处有多个角时，必须用三个字母表示。	学生动手操作，台前演示，找出对应元素。 巩固练习： 1. 如图，△ABC ≌△BAD，如果 AB＝6cm，BD＝5cm，AD＝4cm，那么 BC 的长是_____。如果∠D＝95°，∠DAB＝55°，∠DBA＝35°，那么∠CAB＝_____。 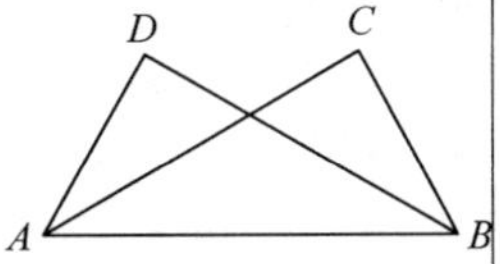 （第1题图） 2. 如图，图中的两个三角形全等，且∠A 和∠C 是对应角，则另两组对应角是_____，对应边是_____。 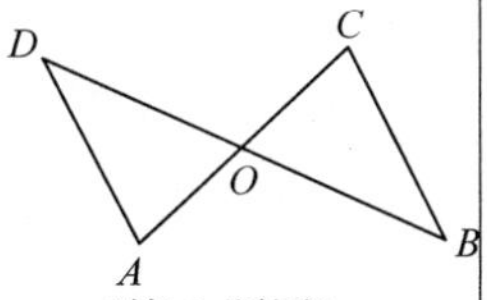 （第2题图） 3. 指出图中全等三角形的对应边和对应角，并用"＝"表示：△ABC ≌△DBE，对应边是 AB＝DB，_____。对应角是∠C＝∠E，_____。 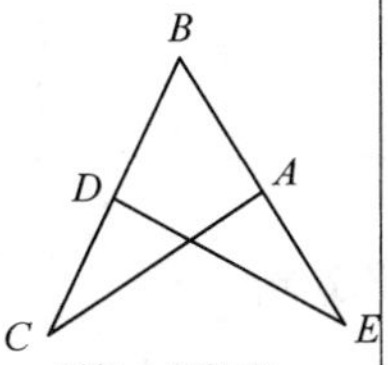 （第3题图）	拓展提升，巩固找出全等三角形的对应元素的方法，同时利用全等三角形的性质求线段的长度、角的度数。 第3小题训练综合应用几何知识的能力。

教学环节	教师活动	学生活动	设计意图
（三）巩固练习	教师组织学生演示图形变换，回答问题，规范做题。 师生共同解后反思，并总结。	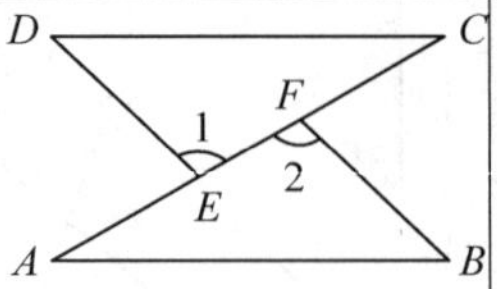 4.（1）如图，∵△ABF≌△CDE（已知）， ∴AF=＿＿＿＿ （＿＿＿＿＿＿＿＿）。 ∴＿＿＿－EF=＿＿＿－EF， 即：＿＿＿＿=＿＿＿＿。 又∵AE＝3cm，∴＿＿＿＿=3 cm。 （2）如图，∵△ABF≌△CDE（已知）， ∴∠A=＿＿＿＿，∠1＝＿＿＿＿ （＿＿＿＿＿＿＿＿）。 ∴＿＿＿＿//＿＿＿＿，＿＿＿＿//＿＿＿＿ （＿＿＿＿＿＿＿＿）。 （第4题图） 学生完成练习，体会图形演示有利于寻找对应元素。	练习4备用，若无时间可不练习。
（四）课堂小结	师生共同解后反思，并总结。 练习中教师引导学生反思总结：公共边是对应边，公共角是对应角，对顶角是对应角；图形变换（平移、翻折、旋转）前后两个图形全等。 教师提问：本节课你的收获有哪些？	学生发言进行小结： 1.知识点：了解全等形、全等三角形的有关概念，全等三角形的性质，会找全等三角形的对应元素； 2.思想方法：找出对应元素的方法、图形变换的思想（平移、旋转、翻折、拼图）。	引导学生自己小结本节课的知识要点及数学方法。

（2）改进思路分析

教学目标是教学的核心，教学目标需要具体化、可操作和可评价。在教学目标中需要突出对学生概括能力和猜想探究能力的培养。初稿中教学目标确定了培养学生猜想探究能力，但探究定位于确定全等三角形对应元素的方法上，不够准确，建议改为"学生猜想探究全等三角形的性质以及确定全等三角形对应元素的方法"。全等形及全等三角形的概念需要帮助学生从生活概念走向数学概念，培养学生抽象概括能力，因此，原教学目标"了解全等形及全等三角形的概念，理解全等三角形的性质"，建议改为"学生在对几何图形的分类与辨析中，概括归纳全等形和全等三角形概念，以及全等三角形的性质"。

教学活动设计需要落实概括能力的培养。原设计中的"活动 1 仔细观察，找出下列图形中形状相同、大小相等的图形"把全等形的核心特征"形状相同、大小相等"直接给学生，学生没有经历观察、辨识、归纳全等形的特征，概括全等形及全等三角形概念的过程。建议此活动改为：

问题 1：请观察并描述下列 6 组图形有什么特点？

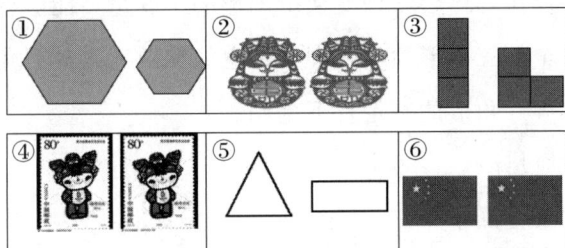

问题 2：如何验证图形"形状相同，大小相等"？

问题 3：你能尝试描述全等形的定义吗？

问题 4：类比"全等形"的定义，你能给出"全等三角形"的定义吗？

通过这样的活动设计，学生经历对几何图形的辨识、分类，归纳得出图形的核心特点，概括出图形的定义，发展了概括理解的能力。

教学活动设计需要落实猜想探究能力的培养。概括全等三角形的性质是本节课的另外一个核心教学目标，也是本节课的重点和难点。原活动 2"两个三角形全等时，对应边有什么数量关系？对应角呢?"没有给学生猜想探究的空间，直接把学生思维定位到"对应边和对应角的数量关系"上，太过于直白，不利于学生猜想探究能力的培养，建议改为"两个三角形全等时，通过仔细观察，你能发现它们具有哪些性质?"这样更为开放的问题，学生很可能会得到很多结论，比如，会从基本要素、相关要素和度量要素中得到全等三角形的性质，而非仅限于教材中给出的对应边和对应角的性质，猜想的过程应该发散思维，教师引导学生对结论进行梳理，这是聚焦的过程，这个过程能够培养和发展学生猜想探究的能力。

探究活动：已知图中的两个三角形全等，指出图中的对应边；已知图中的两个三角形全等，指出图中的对应角。该活动名为探究，而实则毫无探究之本。本活动期望学生通过平移、旋转和轴对称三种变换，理解三角形在三种基本初等变换下保持点与点之间的距离和线与线之间的角度不变，即变换前后是全等形。建议该活动改为：

"请利用手中的三角形，通过一次或几次平移、旋转、轴对称得到其全等三角形。请在作业本上画出你得到的两个全等三角形，指出其对应边和对应角。"

学生通过动手操作，体会三种变换下图形的不变量，能够变换出不同的全等三角形，深化了对全等三角形性质的理解，也能够熟悉全等三角形的一些基本图形，为后面学习全等三角形的判定打下基础。

(3)改进后教学设计

一、教学目标及重点难点

1. 学生在对几何图形的分类与辨析中，概括归纳全等形和全等三角形概念；

2. 学生通过观察，猜想全等三角形的性质，并进行验证；

3. 学生经历在平移、旋转、翻折的图形变换中识别全等三角形的对应点、对应边和对应角的过程，探究全等三角形对应元素的确定方法；通过练习，学生熟悉全等三角形的基本图形，理解并应用全等三角形的性质；

4. 通过观察、概括、猜想、探究等数学活动，培养概括理解和猜想探究能力，在独立思考和小组合作交流中培养质疑和反思等批判性思维以及数学表达能力。

教学重点：全等三角形的性质。

教学难点：在平移、旋转和轴对称的图形变换中确定全等三角形的对应元素。

二、教学过程

教学环节	教师活动	学生活动	设计意图
（一）创设情境，引入新课	教师请学生发言，引导学生从形状、大小两方面去描述，其中形状相同、大小相等的图形较为特殊，我们称之为全等形。 1. 概念 待学生回答问题3后PPT给出全等形定义：能够完全重合的两个图形叫做全等形。	① ② ③ ④ 80分 80分 ⑤ △ ▭ ⑥ 活动一　概括概念 问题1：请观察并描述上面6组图形有什么特点？ 问题2：如何验证图形"形状相同，大小相等"？	观察图片，认识全等形，学生感知从一般到特殊，概念的形成过程。通过问题1，学生概括全等形的定义，加深对全等形概念的理解。
（二）探索新知	剖析定义，教师指出"完全重合"是指图形的形状相同、大小相等。 板书：能够完全重合的两个三角形，叫做全等三角形。 利用教具演示，两个三角形重合时，三角形的元素也互相重合，利用举例的方法，给出对应元素的概念，并请学生指出其他对应元素。 2. 表示 教师解释全等符号"≌"的双重含义。 板书： 记作△ABC≌△DEF。 注意：对应顶点的字母必须写在对应的位置上。 为强调以上表示方法的对应性，教师此时用不同线型标记对应顶点。	问题2预设： 1. 测量的方法； 2. 把他们重叠在一起看能否完全重合。 像图②④⑥这样的两个图形被称为全等形 问题3：你能尝试描述全等形的定义吗？ 问题3预设：形状相同、大小相等的两个图形是全等形。 问题4：类比"全等形"的定义，你能给出"全等三角形"的定义吗？ 当两个三角形重合时，互相重合的顶点叫对应顶点，互相重合的边叫对应边，互相重合的角叫对应角。 学生跟随教师共同书写，熟悉全等三角形的记法。 强调：对应顶点的字母必须写在对应的位置上。 活动二　猜想性质 问题5：请思考两个三角形全等时有什么性质呢？先独立思考，然后在小组内交流一下，你们都发现了哪些性质？	通过问题4，学生进一步理解全等的含义。 通过对应元素的介绍，初步感知对应观念。 用不同线型标记对应顶点，加深学

教学环节	教师活动	学生活动	设计意图
（二）探索新知	3. 性质 板书：全等三角形的对应边相等，全等三角形的对应角相等。 分析题设和结论，标图的同时写出符号语言。 4. 思考 教师在对学生的回答评价明确正误后，先请学生谈谈感受，几何画板演示与学生动手操作相结合引导学生体会：一个图形经过平移、翻折、旋转后，位置变化了，但形状、大小都没有改变，即平移、翻折、旋转前后的图形全等。 探究中第 3 个图形，可在几何画板中展示旋转 360° 过程，其中旋转 180° 时是一个特殊位置，可带领学生认识这一图形。	预设：对应边相等，对应角相等，对应边上的高、中线和角平分线相等，面积相等，周长也相等。 全班分享发现。 学生在作业本上书写。 符号语言：∵△ABC≌△DEF（已知）， ∴AB=DE，BC=EF，CA=FD （全等三角形的对应边相等）。 ∠A=∠D，∠B=∠E，∠C=∠F （全等三角形的对应角相等）。 活动三 探究平移、旋转和轴对称图形变换下的三角形的不变性质 1. 请利用手中的三角形，通过一次或几次平移、旋转、轴对称得到其全等三角形； 2. 请在作业本上画出你得到的两个全等三角形，指出其对应边和对应角。 学生在黑板上展示其作品，并选择其他学生指出两个全等三角形的对应边和对应角。 问题 6：通过这个活动，你们有什么发现？ 图形经过平移、翻折、旋转后，形状、大小没有改变，但位置变化了，即平移、翻折、旋转前后的图形全等。	生对对应的理解。 图形语言、文字语言、符号语言三种语言表述全等三角形的性质，学生从中体会三种语言之间的相互转化。 设计探究活动，学生经历在平移、旋转、翻折的图形变换中识别全等三角形的对应顶点、对应边和对应角的过程，探索并发现全等三角形对应元素的确定方法。 经过独立思考后小组合作，共同完成图形变换及对应元素的确定。培养学生的动手操作能力、识图能力。

续表

教学环节	教师活动	学生活动	设计意图
（三）巩固练习	学生思考，上前展示教师对学生答案做出评价。	活动四 巩固练习 1. 如图，$\triangle ABC \cong \triangle BAD$，且 $AD=BC$，则 $DB=$ _____，$AB=$ _____，$\angle D=$ _____，$\angle DAB=$ _____，$\angle ABD=$ 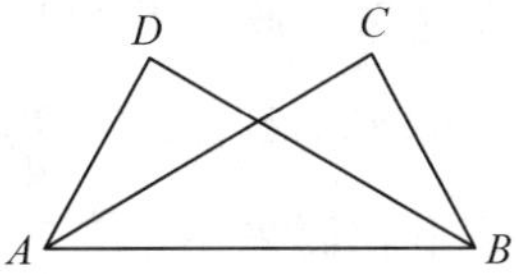 _____． （第1题图） 2. $\triangle ABC \cong \triangle DBE$，对应边是 $AB=DB$，对应角是 $\angle C=\angle E$。指出图中其他的对应边和对应角，并用"＝"表示。 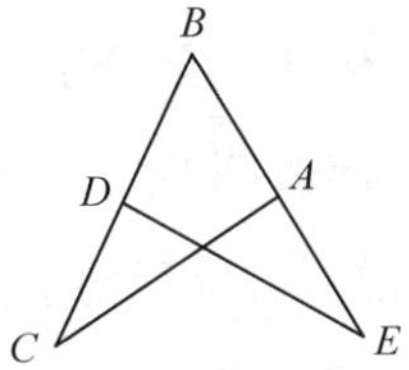 （第2题图） 3. 如图，$\triangle ABD \cong \triangle CDB$，且 $\angle A$ 和 $\angle C$ 是对应角，则另两组对应角和对应边是 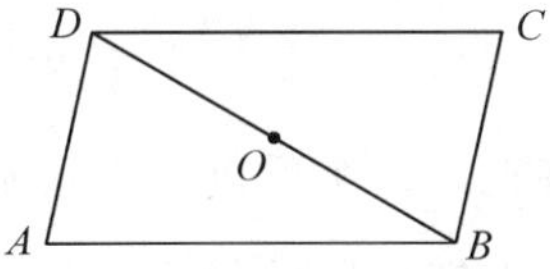 _____。 （第3题图）	巩固在图形变换中确定对应元素的方法，加深对图形变换的理解。
（四）课堂小结		问题7：如何准确并快速地找出全等三角形的对应元素？ 问题8：本节课你有哪些收获？ 学生发言进行小结： 1. 知识点：了解全等形、全等三角形的有关概念、全等三角形的性质，会找全等三角形的对应元素； 2. 思想方法：找出对应元素的方法，图形变换的思想（平移、旋转、翻折）。	安排这个环节让学生分享找对应元素的方法。引导学生自己小结本节课的知识要点及数学方法。

3. 课堂教学改进

在试讲时，主要存在如下需要改进的问题：（1）教师没有留给学生思考的时间，而是在提出问题后，直接提问学生；（2）没有让学生猜想全等三角形的性质，观察重合的两个三角形之后，直接问对应边和对应角有怎样的数量关系，明确指向"对应边相等，对应角相等"，学生没有获得深入思考的机会，实际上，全等三角形的性质比较简单，在这里开放一下，不会花费很多时间，却可以让学生学习从哪些方面研究一个几何图形的性质，以及如何研究；（3）当学生的回答出现问题时，没能够分析学生答案，而采用了忽略或者教师重新给出正确答案的方法，不利于学生思维的发展，比如，当教师提问，"如何验证这两个图形（全等的五星红旗）的形状相同、大小相等"时，一个学生回答，"测量他们的长和宽，然后计算面积和周长，看是否相等"，教师没有评价，直接又请另外一名学生回答"完全重合"。实际上，教师可以借此机会，分析面积和周长（度量要素）在验证"形状相同、大小相等"中的作用，而教师给出的图形中恰好有面积相等，但不能完全重合的图形，利用这样的图形，可以帮助学生进行概念的抽象，进而发展学生的思维。再比如，当教师问"你怎么看出来这两个角是对应角？"学生回答，"先找到对应点，再确定对应边，有两边相等的角就是对应角"，教师心中的答案是"长边对应长边，短边对应短边，大角对应大角，小角对应小角。"于是，教师在黑板上徒手画了两个并不全等的三角形，告诉学生这两边相等，中间的角并不相等，这样的做法有两个问题，首先，这个反例并不正确，讨论的前提是两个三角形是全等的，其次是学生并没有理解教师的例子。分析一下学生的回答，并没有问题，这是确定全等三角形对应元素的方法，只不过不是教师期望的答案。

因此，课堂教学改进主要有以下三个方面：（1）让学生概括全等形和全等三角形的概念；（2）猜想全等三角形的性质和运用三种基本初等变换探索图形的不变性质，这两个活动留给学生一定的猜想探究时间；（3）尊重学生的思维过程，注意倾听学生的回答，发现其回答中的闪光点，能够分析学生错误中的合理之处，而不是一味打断，强行引导到教师需要的答案上来。但第（3）方面的改进和教师的专业素养、教学经验等因素密切相关，对于一位教龄只有两年的年轻教师还是很有挑战的。

全等三角形的性质教学改进表现具体如下表所示。

主题	具体内容	具体表现	改进前表现	改进后表现
课堂教学	教师行为	教师是否能够向学生渗透和提炼猜想探究的方法	没有渗透猜想探究的方法	有渗透猜想探究的方法
		教师留给学生进行独立猜想探究的时间	在利用轴对称和旋转得到全等的两个三角形的时候，小组讨论 4 分钟，进行了全班展示	在探究运用三种基本初等变换探索图形的不变性质时给学生小组合作讨论的时间是 6 分钟，并做全班展示；在巩固练习时给学生独立思考时间 7 分钟
		教师如何尊重学生的思维	4 名学生出错，直接否定（1名），忽视（1名），纠正（2名）；学生回答正确（7名），未分析解释	2 名学生回答出现问题，教师进行纠正；学生回答正确（11位），追问怎么发现的或如何思考的
		教师的提问具有怎样的层次性（高层次与低层次提问）	79%的提问属于低层次认知问题（11/14），21%的提问属于高层次问题（3/14）	62%的提问属于低层次认知问题（8/13），38%属于高层次问题（5/13）
	学生行为	学生是否独立思考	教师在巩固练习时给学生独立思考的时间为 3 分钟	教师在图形变化探究时和巩固练习时给学生独立思考时间共 5 分钟
		学生在发表不同的见解时的表现	4 名学生分别展示两个全等三角形在平移、旋转和轴对称变换下的图形；3 名学生对其他同学的答案发表了不同看法（主要是教师促进了学生之间的评价，比如，"你的意见呢？""你对他的答案有什么看法？同意吗"）	4 名学生到讲台前展示自己的想法；没有学生对他人的想法进行回应（或许因为是区级公开课的缘故）
		学生在质疑、批判、反思及调整等高水平思维上的表现	从课堂观察中，前20分钟除了回答的学生，其余一直在静听和抄笔记，无明显表现，3名同学能够质疑他人观点，小组讨论的 4 分钟，学生在进行尝试，反思	只有小组探究图形变换和小组讨论的 1 分钟内能够观察到学生进行调整和反思
		学生小组合作交流的效果	小组交流 4 分钟	小组交流 13 分钟

4. 改进效果

(1)教学改进班级学生前后测在内容维度上的表现

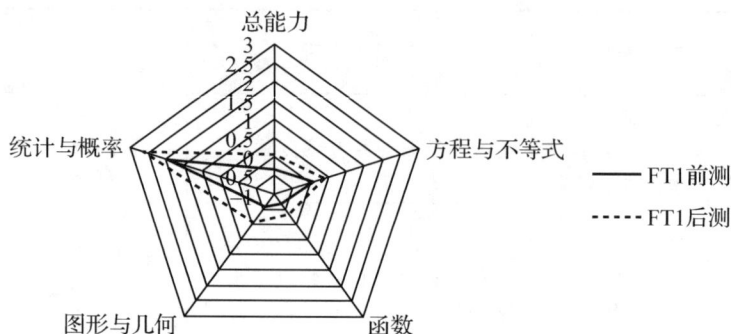

图 8-18　学校 FT1 参与教学改进的八年级学生在内容维度上前后测对比

从图 8-18 可以看出，学校 FT1 参与教学改进的八年级学生在内容维度上的表现是：提升最显著的是图形与几何，其次是函数，而统计与概率维度和方程与不等式两个维度变化较小。

(2)教学改进班级学生前后测在一级能力维度上的表现

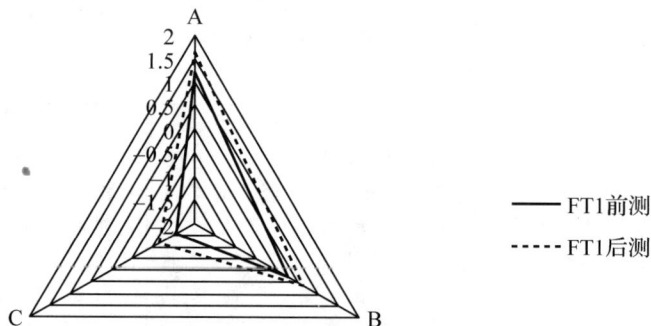

图 8-19　学校 FT1 参与教学改进的八年级学生在能力维度上前后测对比

从图 8-19 可以看出，学校 FT1 参与教学改进的八年级学生在能力维度提升最显著的是"A：学习理解"，其次是"C：创造迁移"，最后是"B：实践应用"，三者提升幅度基本相当。

（3）教学改进班级学生前后测在二级能力维度上的表现

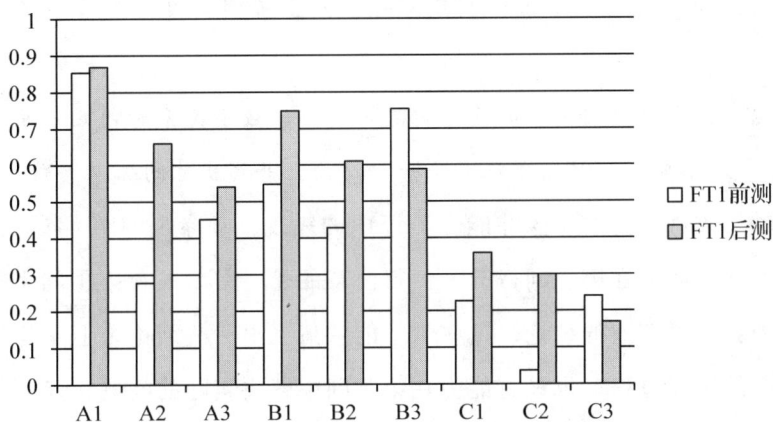

图 8-20 学校 FT1 参与教学改进的八年级学生在二级能力维度上前后测对比

从图 8-20 可以看出，学校 FT1 参与教学改进的八年级学生提升最显著的维度是"C2：猜想探究"和"A2：概括理解"，其次是"C1：综合问题解决"和"B1：分析计算"，而"B3：简单问题解决"和"C3：发现创新"有所下降。本次教学改进的能力点是"C2：猜想探究"和"A2：概括理解"，可以推测，参与测试班级教师在日常教学中关注到了在这两个能力维度上的培养，同时也提示，其余能力的培养不可忽视。

（4）典型题目分析

对某一个三角形给出如下定义：若过三角形一顶点的直线能将此三角形分割成两个等腰三角形，则称这样的三角形为"双等腰三角形"。

例：如图 8-21，在△ABC 中，∠BAC＝108°，∠ABC＝36°，过三角形顶点 A 作直线交 BC 于点 D，使∠BAD＝36°，则△ABC 可被分割成两个等腰三角形。

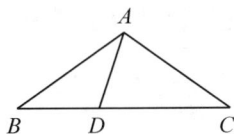

图 8-21

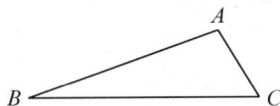

图 8-22

①如图 8-22，在△ABC 中，∠ABC＝20°，∠ACB＝60°，则△ABC 是双等腰三角形吗？如果是，请画出分割线，并在图上标明角度；如果不是，请说明理由。

②探究：当三角形内角中的两个角满足怎样的数量关系时，此三角形一定是双等腰三角形。（要求：只需要探究出一种结论，并写出你的探究思路。）

参与教学改进研究的学生在能力测评中的表现：在参加 B 卷测试的 36 名学生中，仅有 5 人能够在第①问得分。值得注意的是，有 5 人在第①问未得分，而在第②问中获得了有效的结论。这些学生能够猜测出一些结论，但是均不能合理地说明自己的探究过程，也没有能力在第①问中解决实际的问题。建议教师在教学中需要加强培养学生猜想探究能力的同时，也要注重学生的推理论证能力。

(5)授课教师访谈与反思

经过四轮磨课，授课教师 LM 在反思中写道："本节课我将始终关注学生能否在老师的引导下积极主动地按所给的条件进行探索，以问题链的形式引导学生学习，关注学生能否在活动中大胆尝试并表达自己的想法从而发现结论。设置问题链的形式，引导学生不断思考，经历观察、类比、归纳的过程，发展了学生的概括能力和猜想探究的能力。课题组的老师们的指导对这节课的最终呈现也起了很大作用，让我意识到更应该关注学生头脑中知识的生成，绝非是仅仅直接告之概念或是在解题中过多地、过早地总结技巧和规律，长期如此授课是非常不利于学生学习能力培养的。"从 LM 老师的反思中不难看出，教学改进研究给她带来的最深刻的变化是对教学信念的冲击与改变，这对教龄仅有两年的年轻教师是关键的要素，因为教学信念的转变能够促使教师在教学行为上做出最根本的变化；其次，在本次教学改进中，通过不断地磨课，LM 掌握了设置问题链引导学生猜想探究的教学方法，这保证了教学信念能够有效转化为课堂教学行为。

第九章

基于核心素养的
数学学科能力研究展望

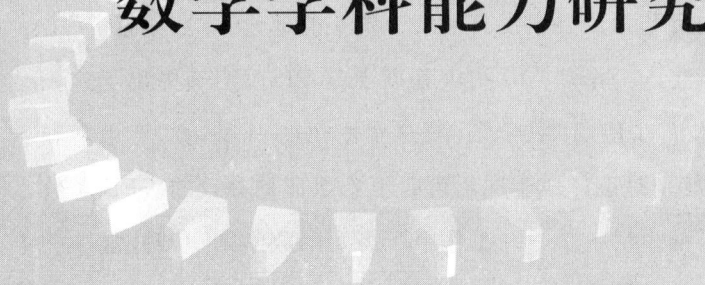

作为课程发展 DNA 的核心素养根植于知识、能力，但比知识、能力意蕴更为丰富，是知识、能力、态度的综合化形态，主要是指学生应具备的、能够适应终身发展和社会发展需要的必备品格和关键（核心）能力，是每一名学生获得成功生活、适应个人终生发展和社会发展都需要的、不可或缺的共同素养。核心素养具体体现在学校课程的不同学科核心素养之中。数学学科在培养学生数学思维水平和问题解决能力方面发挥了重要的作用。学生的数学素养的发展不仅关系到其个人的未来社会生活质量，还关系到未来国家的综合竞争力。因此，提高学生的数学核心素养一直是国际数学教育理论与实践研究的共同目标，培养学生学会科学地提出问题、分析问题和解决问题也是学校数学课程一直追求的目标。

对于数学核心素养的内涵与构成要素没有清晰、统一的定论。"数学素养"之所以会成为近年来数学教育中的一个热点，很大程度上是 PISA 明确提出了这一概念，并实施了测试。但人们在使用"数学素养"这个术语时所表达的意思，和 PISA 对数学素养的定义，特别是翻译成不同语言时很难保证是一致的。PISA 数学素养的含义是学生在今后的生活、学习和工作中所需要的数学知识与技能。一个学生具备了数学素养，意味着这个学生具备了在实践中应用数学知识的能力。数学素养很重要，对于大部分人而言，数学素养只是数学中最重要的一部分，而不是数学的全部。举一个例子，对于低年级的学生而言，数学素养所涵盖的内容可能就是他数学学习的全部，而对于高年级的学生而言，数学素养涵盖的内容可能只是他数学学习的一部分。因为，对于高年级学生而言，他们还要学习数学推理与数学证明，这些能力可能并不会在实际生活中十分明显地体现出来，因此都不是 PISA 数学素养测试的范畴。每个人的日常生活中都需要数学素养，但是很多人同时也需要其他方面的数学知识，如纯数学的知识、数学推理与数学证明。PISA 测试中没有考查数学证明，只涉及推理与说理（justification）。PISA 测试中所涉及的推理活动，都是依托于具体情境，而且这些推理在复杂程度上并不高，很像律师在进行辩护时所进行的推理活动。律师在辩护时，需要结合法律条文，进行推理，这些都是日常生活中的推理，而并非数学推理。在 PISA 试题中，所有的题目都是基于现实情境的，这就导致一些数学知识不能被涵盖进去。例如，数论中，数有一些很好的性质，值得学生去学习。但是如果想把这些内容涵盖在 PISA 试题中，就必须找到一个相对应的现实情境。举个例子，"完备数（perfect numbers）"，诸如 6，28 等，其对应的表达式为 $2^{n-1} \times (2^n - 1)$。但是对于完备数，很难找到一个相对应的现实情境。而学生在学校学习数学的过程中，可能会接触到这些内容，尤其是在学习"数与因数"等内容时。显然，PISA 没有办法考查这部分知识，所以这些知识并没有涵盖在 PISA 所定义的数学素养之内。

　　一个人能够激活使用的数学能力越多越强，那么他的数学素养水平就越高。20 世纪 90 年代，丹麦教育部委托 Mogens Niss 教授，考察丹麦数学课程标准。因为政府想了解一下，学生在学习数学的过程中，有了哪些改变和进步，中学阶段的数学学习与大学阶段的数学学习有什么相同点与不同点。在此基础上，Mogens Niss 教授及其团队就提出了一套理论框架，核心内容是数学能力（mathematical competencies）。他们还提出了八种数学能力，分别是数学思维能力（mathematical thinking competency）、问题处理能力（problem handling competency）、建模能力（modelling competency）、推理能力（reasoning competency）、表征能力（representation competency）、符号与形式化能力（symbols and formalism competency）、交流能力（communication competency）、运用工具与辅助的能力（tools and aids competency）。PISA 测试框架的研发过程中，采用了数学能力（mathematical competencies）作为数学素养的核心要素，所以这些 competencies 也是 PISA 测试框架的核心部分。

　　数学核心素养表现为某些核心（关键）数学能力，如运算能力、推理能力、数学直观、数据分析、数学建模等。围绕"数学核心素养"的课程与教学改革中，教师发掘隐藏在知识形态下的数学核心素养，并在教学中培养学生的数学素养和如何测量与评价学生的数学核心素养是两个重要方面。

第一节　基于数学核心素养的教学实践策略

数学核心素养是否能够落实，关键在于教师是否能够在教学中体现数学核心素养的培养。首先，教师需要分析教学内容所承载的数学核心素养的内涵，并进行相应的教学设计。不同的教学内容重点体现的数学核心素养也不同，如初中的有理数的运算、整式与分式的运算、高中的向量等是培养学生运算能力的重要载体，而勾股定理则更多地表现为培养学生的推理能力。注意不同学段培养数学核心素养的定位也不同。比如，初中的锐角三角函数利用对边、邻边与斜边定义，旨在用几何的方法解决三角形边角关系问题，而高中随着角的扩展，对于任意角的三角函数的研究角度与初中则显著不同，从几何法转向用坐标表示三角函数的解析法，旨在研究二角函数作为刻画周期性的一种数学模型。初中的锐角三角函数与高中的任意角三角函数在培养学生数学素养方面的要求不同，它不是简单的推广，而是研究数学问题方法的转变。教师需要深入研究数学教学内容，理解数学内容背后蕴含的数学思想方法，以及它对学生数学核心素养培养的作用。其次，在教学中，探索数学核心素养实施策略，比如，运算不同于计算，在教学中不能仅仅停留在强调学生"计算"的层面，需要在理解运算对象、掌握运算法则、探究运算方向、选择运算方法、设计运算程序、求得运算结果等多个层面帮助学生提高运算能力。体现数学素养的教学需要学生面对真实的问题情境，创造性地使用数学知识和工具解决问题。学生需要经历知识的形成过程，在知识再创造的过程中，发展观察、比较、分析、概括、推理与论证的能力。

数学素养有运算、推理、直观等不同的成分，这些成分也有不同的构成要素，比如，推理又分为合情推理和演绎推理。不同的推理方式需要不同的教学策略，需要进一步对数学素养的成分进行解构，研究其教学转化策略。需要注意的是数学素养不同的成分之间又有着紧密的联系，不可分割或孤立对待，比如，代数运算中也有推理的成分，推理也常常需要借助数学直观。

教学中落实数学核心素养，数学教师的数学素养及转化能力也是关键之一。在前期的教学改进研究中发现，不同教龄的教师对于课题组基于数学核心素养的建议接纳和转化为课堂教学行为的能力有着显著的差别，处于相同专业发展阶段的教师在理解数学核心学科能力并转化成教学实践也是有差别的。因此，需要进一步地深入研究处于不同专业发展阶段的教师对数学核心素养的理解水平以及主要影响因素，提炼教师在教学中转化成有效教学行为的方法策略，进一步地，需要探察教师对数学核心素养的理解和实践对学生数学核心素养的理解的关系。

从研究方法上，需要进一步开发测评教师考查数学核心素养的工具和方法，如试卷、问卷和情境访谈等方法，从质性和量化的角度考量教师教学行为中对数学核心素养的实践。为了进一步能够了解教师和学生在不同数学素养上的理解水平，需要细化不同数学核心素养的指标，并设计相应的测评工具。借助这些方法和研究，能够提炼出影响教师数学核心素养的因素，提炼教师转化数学核心素养的理论与实践，为教师专业化发展提供借鉴，为一线教师的数学教学提供支持和帮助，以促进学生数学核心素养的发展。

第二节　基于数学核心素养的测评

　　PISA 关于数学素养的评价带给我们很多的启示，它强调学生在真实的情境中运用数学知识和工具解决问题的能力，认为"超数学情境"能够有效测试学生的数学素养。数学素养强调过程、思想和经验，并不独立于知识、技能、思想、经验之外，它综合体现出学生对数学知识的理解、对数学技能方法的掌握、对数学思想的感悟及对数学活动经验的积累，所以凭借单次测试刻画学生的数学素养这一方式仍然有待改进。因此，基于数学核心素养的评价需要探索学生学习的"表现性评价"，或者"真实性评价"。所谓"真实性评价"是在某种特定的语脉中直接地评价运用种种知识、技能的人的行为举止与作品的一种方法①。真实性评价力图纠正标准化纸笔测验的弊端，通过复杂的、不良结构的现实任务，来检验学生适应未来生活和专业领域发展的能力②。

　　开发与现实情境或任务吻合的评价活动，运用观察、访谈等多元方法收集学生解决问题的过程性数据，采用多时间点的追踪测量、过程性综合评价数学素养，成为数学素养表现性评价的关键。计算机技术及互联网的发展为表现性评价提供了多种可能，如运用计算机自适应测试进行数学素养的评价。计算机自适应测试(Computerized Adaptive Testing)是以项目反应理论为基础、以计算机技术为手段发展起来的一种现代新型测试模式，可以不断根据试题参数抽取与受测试学生能力相适应的题目，以更加快捷和准确的方式估计学生的数学素养表现。该方式能够有效改善传统测试中"千人一卷"的不足以及随之可能产生的"天花板效应"或"地板效应"，从多角度、多时间点、多细节收集学生的测试结果数据。测

---

　　①　松下佳代. 真实性评价：评价儿童的思维与表达[M]. 东京：日本标准株式会社，2014：6.

　　②　钟启泉. 基于核心素养的课程发展：挑战与课题[J]. 全球教育展望，2016，45(1)：3-25.

量数据将包括学生在不同时段、不同内容主题、甚至是不同利害程度（采集学生在校期中、期末考试、区域统考的成绩和名次）的测试结果，同时也包括学生的错误作答、犹豫选项、作答时间等信息，用来刻画学生的数学素养及其发展模式。不仅如此，基于大数据的学生数学素养信息采集或许能够为厘清数学核心素养的构成要素提供帮助。基于数学素养的评价并不是关注学习的结果，而是关注学习过程，是一种从"过去取向的评价"转向"未来取向的评价"，更加关注学生在未来生活中应用数学解决问题的能力。

第三节　如何平衡考试成绩与素养发展之间的矛盾

尽管存在着多种不同形式的课堂教学模式，但追求有效、高效、高质量的课堂教学，取得好的"成绩"，长期以来一直是中国教师、学生、家长共同追求的首要目标。

随着新世纪以来推进的课程改革，我们国家的课堂教学改革与实践中已经出现了多种不同的教学模式。杜郎口中学"三、三、六"自主学习模式，以学生在课堂上的自主参与为特色，课堂的绝大部分时间留给学生，他们把这种特色叫做"10＋35"（教师讲解少于 10 分钟，学生活动大于 35 分钟），或者"0＋45"（教师基本不讲），以学生自学、讨论交流为主。这种教学，从形式上看更接近（甚至超过）西方课堂中学生的参与度。据介绍，取得了很好的教学效果。但更多的教师采用的是不同的教学方式，打着突出学生主体，先学后教的旗号，加班加点，"精讲精练"，同样也取得了很好的教学效果，取得了好的（考试）成绩。

能够取得好的考试成绩的教学是不是就等同于优秀的教学？2015 年 8 月，英国广播公司（BBC）一部名为《我们的孩子足够坚强吗？——中式学校》的纪录片引发人们对中英两国教育的热议。纪录片拍摄了 5 名中国顶尖中学教师赴英国教学一个班一个月的全程，为了真实展现学生在经历中国式教学时的反应，拍摄尽可能以不引人注意的方式完成。这是一个很大胆的实验项目，不但要考察中英两国在课程设置与教学方法上的不同之处，还要考察两国文化上的冲突。所表现的内容是一些引人深思的问题，在英国也引发了有关教学方法等多方面的争议。其中一个重要的事实：中国教师经过四星期的中式教学之后，英国学生的数学、普通话和科学测验成绩高出英国教师英式教学的 20％左右。数学、语文、科学三门课程的考试成绩如下表。

科　目 教育方式	数学	语文	科学
中式教学	67.76	46.88	58.33
英式教学	54.84	36.46	50

对于这一成绩，中国的任课老师则认为"没有想象中成功"，当然也表示"这次教学实践从英国学到了很多""很难说哪种教育方式更好……我们的教育方法可能太死板。我们教什么学生就学什么，那要是学生不适应这种教学方式怎么办？"中国教师总是站在讲台上讲课，让学生不停地记笔记，特别强调课堂纪律，要求严格，有时还会与英国学生产生矛盾和冲突。

其实，对于中国学生在考试中取得优秀的成绩已经不是什么新闻。现在又用中国式的教学方式在四周的时间内就产生了显著的教学效果（考试成绩）。但是，中国的教育（方式）真的独步天下？美国、英国的基础教育真的比我们差很多吗？如果是这样，为什么越来越多的中学生选择去美国、英国读书？这也是引起很多人进一步思考的问题。在 2013 年，有一批美国的教育专家和学者考察了中国的教学之后，觉得中国的教学是有很多值得美国学习的，但同时也提出呼吁，"不要让中国的教育误导了美国的教育"。国际上也有很多类似的说法，"中国的基础教育并不是最好的基础"，但"中国的学生是全球最优秀的考试者"。这其中是从不同的侧面说出"分数并不是教育追求的终极目标"这一简单的道理。

如果我们的教学不能锁定考试成绩这一目标，而且即使是成绩也不能和教学方式对应，那么我们的教学活动应该追求什么？

教师讲解、学生独立学习、与同桌相互讨论或是小组合作学习时，教师在巡视的过程中观察学生的学习过程，对学生的学习提出指导和建议，学生根据教师的建议与同伴交流或是与教师直接讨论，这种形式在许多国家的教学实践中得到认可，在新课程改革与实践中，也越来越受到关注。在实施过程中，具体如何运用，又如何处理好这些活动和教师的讲授之间的关系，在世界各地课堂上的应用却有不同。在中国，很多教师特别强调系统讲授，认为教师能够更好地理解和把握教学知识，教师能够高效地将知识准确地传授给学生。美国教师则认为在教学的过程中不建议教师立即向学生展示问题的解法，大部分时间用在提问上，或仅仅是盯着他们，要求学生再读一遍题。这样，学生容易记住并能学会这个知识点。对于同一种形式的教学活动，不同国家的教师对此有不同的看法，在具体的实施过程中也有不同的目的，课堂中的具体表现却差异很大。美国等西方国家的课堂上则主要是小组合作、学生展示报告，以及学生和老师个体之间交流。在我国，也有些学校实施的是类似的课堂教学模式，但这不是普遍现象。我国《标准（2011年版）》课程基本理念中提出："学生学习应当是一个生动活泼的过程。认真听讲、积极思考、动手实践、自主探索、合作交流等，都是学习数学的重要方式"。中国的优秀教师，在课堂教学中常常采用启发式教学，通过教师的有效提问、引导、启发，进行师生互动。[①] 教师和全班同学互动是课堂教学中师生互动的主要形式。[②]

　　学生参与、合作交流是需要在教学活动中长期关注、培养的基本素养。对数学教学的研究已经证实[③]，有效的数学教学活动必定会引发学生的数学交流，学生可以在交流的过程学习数学。学生的数学交流与表达能力被认为是一项教师在教学过程中必备的教学策略，同时，学生的数学交流与表达能力也被视作他们的一项学习成果。数学学习效率高的学生应当以非智力因素为学习的动力源泉，以较为完善的心理机制作为前提，以高水平的元认知作为监控系统，以有效的学习策略作为学习保障，以较高的数学学习素养作为学习过程中的思维品质的体现[④]。对于学生参与到课堂活动中去，是普遍受到重视的教学理念。通过对学生参与活动（如推理、解释以及做出有意义的评价）对于培养他们丰富的数学素养是必备的。

　　西方的教育文化认为，思考与交流之间有很密切的关系，学生需要在合作与交流的过程中开展学习，同时养成这种习惯。在我国的教育传统中比较重视独立思考，甚至认为学生的学习和思考与交流并没有实质性的关系。更为进一步地，

[①] 曹一鸣，李俊扬，David Clarke. 数学课堂中启发式教学行为分析——基于两位数学教师的课堂教学录像研究[J]. 中国电化教育，2011(10)：100-102.

[②] 曹一鸣，贺晨. 初中数学课堂师生互动行为主体类型研究——基于 LPS 项目课堂录像资料[J]. 数学教育学报，2009，18(5)：38-41.

[③] Silver, E. A. & Stein, M. K.. The QUASAR Project：The "Revolution of the Possible" in Mathematics Instructional Reform in Urban Middle Schools[J]. *Urban Education*，1996，30(4)，476-521.

[④] 王光明，佘文娟，宋金锦. 基于 NVivo10 质性分析的高效数学学习心理结构模型[J]. 心理与行为研究，2014，12(1)：74-79.

我们考试与评价从来没有，也无法去考查这一"指标"。只有通过纸笔考试、对独立的工作进行考核得出的"分数"才是被大家认可的"硬指标"。

自然地，当合作交流能力无法用"硬指标"去考评，却被强迫施行某些教学活动时，必然会出现问题。因此，就有不少的教师认为，教师对学科知识的理解要比学生深入得多，教师系统的讲解对学生的学习更为有效，而且能够取得更好的考试成绩。[①] 在对中美两国高质量数学课堂教学的比较研究中发现，美国的老师通常只设计 2～3 个问题让学生去充分地讨论、报告、展示，在合作交流的过程中解决这些问题，而中国的数学课堂中，一般需要解 8～10 道数学题，常常是通过教师讲解例题，学生巩固练习，以熟练掌握基本的数学概念和解题方法。[②] 数学课堂中的例习题的教学是数学教学中的一个基本的重要任务。[③] 而这些不同的做法，一方面受制于不同的评价导向，另一方面也造成评价结果方面的显著差异。

教学是非常复杂、多样化的，在一定程度上受到传统文化、教育理论、评价标准的影响和制约。追求能够取得好的学业(考试)成绩的课堂教学，常常成为一个显性的"硬指标"，但绝对不能成为终极目标。我们现行的课堂教学学业成就方面无疑已经取得了很好的成绩，这在一定层面上值得充分肯定。但在影响学生长远发展的实践、创新能力、核心素养的培养方面还存在很多问题。现有评价体制，目前社会氛围以及出于无奈的"公平"旗号下，便于简单操作"唯分数"的中高考录取方式，成为影响课程改革、课堂教学改革的瓶颈。我们不仅需要对课堂教学的形式进行改革，更要重视对知识过程教学。高效的课堂教学需要从考查是否高质量地完成了教学任务转向对学生实际上掌握到什么程度。更为进一步地，学生掌握的程度不能只考查学生通过纸笔测试所反映出来的成绩，而要重视学生在课堂中的具体表现和素养。

教学改革需要社会、家庭、学校共同推进，任重道远。

---

① 曹一鸣，郭衎. 中美教师数学教学知识比较研究[J]. 比较教育研究，2015，37(2)：108-112.

② 邵珍红. 中美课堂中数学任务特征的比较研究[J]. 比较教育研究，2015，37(2)：102-107.

③ 吴立宝，王富英，秦华. 数学教科书例题功能的分析[J]. 数学通报，2013，52(3)：18-20.

参考文献

[1]Anderson L W,Pellicer L O. *Teacher Peer Assistance and Review*:*A Practical Guide for Teachers and Administrators* [M]. California:Corwin Press, Inc,2001.

[2]Biggs J B,Kember J,Leung D Y P. The revised two-factor Study Process Questionnaire:R-SPQ-2F[J]. *BRITISH JOURNAL OF EDUCATIONAL PSYCHOLOGY*,2001(71):133-149.

[3]Butler R. Determinants of help seeking:Relations between perceived reasons for classroom help-avoidance and help-seeking behaviors in an experimental context [J]. *JOURNAL OF EDUCATIONAL PSYCHOLOGY*,1998(90): 630-643.

[4]ChiuMM,Xihua Z. Family and motivation effects on mathematics achievement:Analyses of students in 41 countries [J]. *Learning and Instruction*, 2008,18(4):321-336.

[5]Dantonio,M. &Beisenherz,P. C. *Learning to question,questioning to learn:a guide to developing effective teacher questioning practices*[M]. Needham-Heights,MA:Allyn&Bacon,2001:25-26.

[6]Deci E L,Ryan R M. Intrinsic and extrinsic motivations:Classic definitions and new directions [J]. *CONTEMPORARY EDUCATIONAL PSYCHOLOGY*,2000(25):54-67.

[7]Deci E L,Ryan R M. *Handbook of self-determination research*[M]. Rochester,NY:University of Rochester Press,2002.

[8]Elliott E S,Dweck C S. Goals:An approach to motivation and achievement

［J］. *JOURNAL OF PERSONALITY AND SOCIAL PSYCHOLOGY*, 1988, 54(1):5-12.

［9］Ford J K, Maccallum R C, Tait M. The application of exploratory factor analysis in applied psychology: A critical review and analysis［J］. *PERSONNEL PSYCHOLOGY*, 1986(39): 291-314.

［10］Gottfried A E, Fleming J S. Role of cognitively stimulating home environment in children's academic intrinsic motivation［J］. *CHILD DEVELOPMENT*, 1988, 69(5): 1448-1460.

［11］Grolnick W S, Ryan R M. Autonomy in children's learning: An experimental and individual difference investigation［J］. *JOURNAL OF PERSONALITY AND SOCIAL PSYCHOLOGY*, 1987(52): 890-898.

［12］Jinfa Cai. Mathematical Thinking Involved in U. S. and Chinese Students' Solving of Process-Constrained and Process-Open Problems. ［J］. *Mathematic Thinking and Learning*, 2000, 2(4):309-340.

［13］Lepper M R, Corpus J H, Iyengar S S. Instrinsic and extrinsic motivational orientations in the classroom: Age differences and academic correlates［J］. *JOURNAL OF EDUCATIONAL PSYCHOLOGY*, 2005, 97(2): 184-196.

［14］Meece J L, Blumenfeld P C, Hoyle R H. Student's goal orientations and cognitive engagement in classroom activities［J］. *JOURNAL OF EDUCATIONAL PSYCHOLOGY*, 1988(80): 514-523.

［15］Murayama K, Pekrun R, Lichtenfeld S, et al. Predicting Long-Term Growth in Students' Mathematics Achievement: The Unique Contributions of Motivation and Cognitive Strategies［J］. *Child Development*, 2013, 84 (4): 1475-1490.

［16］Ormrod, Ellis J. *Human learning*［M］. Upper Saddle River, N. J. : Pearson/Merrill/Prentice Hall, 2004.

［17］Pekrun R, Goetz T, Titz W, et al. Academic emotions in students' self-regulated learning and achievement: A program of quantitative and qualitative research［J］. *EDUCATIONAL PSYCHOLOGIST*, 2002, (37): 91-106.

［18］Pey-Yan L. Cross-National Comparisons of the Association Between Student

Motivation for Learning Mathematics and Achievement Linked with School Contexts: Results from TIMSS 2007[D]. University of Minnesota,2010.

[19]Pintrich P R,Schunk D H. *Motivation of education*[M]. Englewood Cliffs, NJ: Merrill,2002.

[20]Ramsden P. *Situational influences on learning strategies and learning styles* [M]. R. Scheck ed. New York: Plenum,1988.

[21]RichardF. Elmore. Accountable Leadership[J]. *Educational Forum*,2005,69 (2):134-142.

[22]Robbins S B,Lauver K,Le H,et al. Do psychosocial and study skill,factors predict college outcomes? A meta-analysis[J]. *Psychological Bulletin*,2004 (130): 261-288.

[23]Ryan R M,Connell J P. Perceived locus of causality and internalization: Examining reasons for acting in two domains[J]. *JOURNAL OF PERSON-ALITY AND SOCIAL PSYCHOLOGY*,1989(57): 749-761.

[24]Schwarzer,R. & Aristi B. Optimistic self-beliefs: Assessment of general perceived self-efficacy in Thirteen cultures[J]. *World Psychology*,1997,3 (1-2),177-190.

[25]Shulman L. Those Who Understand: Knowledge Growth in Teaching [J]. *Educational Researcher*,1986,15(2): 4-14.

[26]Shulman L. Knowledge and Teaching: Foundations of the New Reform [J]. *Harvard Educational Review*,1987,57(1):1-22.

[27]Urdan T,Midgley C. Academic self-handicapping: What we know,what more there is to learn[J]. *EDUCATIONAL PSYCHOLOGY REVIEW*, 2001(13): 115-138.

[28]Winne P H. Experiments Relating Teachers' Use of Higher Cognitive Questions to Student Achievement [J]. *Review of Educational Research*,1979 (49):13-50.

[29]Yang Y. How a Chinese Teacher Improved Classroom Teaching in a Teaching Research Group [J]. *ZDM*,2009(4): 279-296.

[30]奥苏泊尔,诺瓦克,汉内先等. 教育心理学:认知观点[M]. 北京:人民教育出

版社,1994.

[31]布鲁姆.教育过程[M].邵瑞珍,译.北京:文化教育出版社,1982.

[32]蔡金法.试论数学概括能力是数学能力的核心[J].数学通报,1988(2):3-6.

[33]蔡金法.关于学生数学概括能力发展差异的实验研究[J].数学通报,1988
(3):5-8.

[34]蔡金法.数学教育学概论[M].南京:江苏教育出版社,1989.

[35]曹培英.从学科核心素养与学科育人价值看数学基本思想[J].课程·教材·
教法,2015(9):40-43.

[36]曹一鸣,等.国际视野下的中国中学数学课堂微观分析[M].北京:北京师范
大学出版社,2011.

[37]陈蓓.我国数学素养研究现状及其反思[J].内蒙古师范大学学报(教育科学
版),2016(2):68-71.

[38]陈敏,吴宝莹.数学核心素养的培养——从教学过程的维度[J].教育研究与
评论(中学教育教学),2015(4):44-49.

[39]陈琦.教育心理学(第2版)[M].北京:高等教育出版社,2011.

[40]崔允漷.追问"核心素养"[J].全球教育展望,2016(5):3-10.

[41]甘诺,陈辉.中学生学习策略、学习动机与学业成就的相关研究[J].上海教
育科研,2006(7):36-38.

[42]郭衎,曹鹏,杨凡,等.基于课程标准的数学学科能力评价研究——以某学区
七年级测试工具开发及实施为例[J].数学教育学报,2015(2):17-21.

[43]胡典顺.数学素养研究综述[J].课程·教材·教法,2010,30(12):50-54.

[44]黄友初.我国数学素养研究分析[J].课程·教材·教法,2015,35(8):55-59.

[45]姜言霞.中学生化学学业成就影响因素的研究[D].北京:北京师范大
学,2014.

[46]孔凡哲.从结果评价走向核心素养评价究竟难在何处?[J].教育测量与评价
(理论版),2016(5):1.

[47]李伯黍.《中小学生数学能力心理学》评介[J].心理科学,1983(3):52-56.

[48]李明振.成就动机、数学学习态度与学生数学学业成绩的关系[J].贵州师范
大学学报(自然科学版),1994(2):45-51.

[49]李泽林.课堂研究方法:基本范式与路径嬗变[J].教育研究,2013(11):

99-103.

[50]林崇德．基础教育改革心理学研究 30 年[J]．教育研究,2009(4)：61-66.

[51]林崇德．从智力到学科能力[J]．课程·教材·教法,2015(1)：9-20.

[52]林少杰．中学生数学学习中抽象概括的思维障碍研究[J]．数学教育学报,2012(4):48-52.

[53]刘电芝．小学儿童数学学习策略的发展与加工机制研究[D]．重庆:西南师范大学,2003.

[54]刘加霞,辛涛．中学生学习动机、学习策略与学业成绩的关系研究[J]．教育理论与实践,2000(9),54-58.

[55]刘金华．不同学段学生数学学习动机比较研究[D]．大连：辽宁师范大学,2011.

[56]刘儒德．基于问题学习对教学改革的启示[J]．教育研究,2002(2):73-77.

[57]刘志华,郭占基．初中生的学业成就动机、学习策略与学业成绩关系研究[J]．心理科学,1993(4)：8-14.

[58]龙兴．课堂评价与教学改进研究新进展[J]．教育测量与评价,2015(1):6-8.

[59]罗润生,申继亮,王孟成．影响高中生数学学业成绩的主因素分析[J]．数学教育学报,2006(2)：57-60.

[60]马云鹏．关于数学核心素养的几个问题[J]．课程·教材·教法,2015(9)：36-39.

[61]马云鹏．小学数学核心素养的内涵与价值[J]．小学数学教育,2015(9)：3-5.

[62]梅俊雷．高中生数学学习动机的调查研究[D]．重庆：西南大学,2014.

[63]莫秀锋,刘电芝．初中生数学学习策略的个体差异研究[J]．数学教育学报,2007,16(4):56-58.

[64]钱明华．高中生自我效能感、学习动机对数学学习成绩的影响[D]．大连：辽宁师范大学,2012.

[65]秦立淼．高中生数学学习动机的比较研究[D]．武汉：华中师范大学,2014.

[66]邵朝友．基于学科能力的表现标准研究[D]．上海：华东师范大学,2014.

[67]斯海霞,叶立军．新老教师数学抽象概括教学差异的比较研究[J]．数学教育学报,2010,19(6):53-55.

[68]孙文华．中学生班级学业集体效能感及其学习动机、学业自我效能感、学业成

绩关系[D]. 上海：上海师范大学,2013.

[69]唐剑岚,黄丽玲."三课活动"让同课异构更加有效[J].教学与管理,2012(7)：
    34-35.

[70]涂荣豹,陈嫣. 数学学习中的概括[J].数学教育学报,2004,13(1)：17-22.

[71]王保进. 英文视窗版 SPSS 与行为科学研究[M]. 北京：北京大学出版
    社,2007.

[72]王春艳,韩雪. 数学学习态度、学习策略对学生数学成绩的影响研究[J]. 长
    春师范大学学报,2004,23(2)：87-90.

[73]王佳莹,郭俊杰. 视频自我分析:发展教师的教学决策能力[J].教育理论与实
    践,2012,32(5)：22-24.

[74]王尚志. 如何在数学教育中提升学生的数学核心素养[J]. 中国教师,2016
    (9)：33-38.

[75]王振宏,刘萍. 动机因素、学习策略、智力水平对学生学业成就的影响[J]. 心
    理学报,2000,32(1)：65-69.

[76]徐斌艳. 数学学科核心能力研究[J].全球教学展望,2013,42(6)：67-74.

[77]杨玉东. 运用关键性教学事件分析支撑中国式数学课例研究[J].数学教育学
    报,2015,24(3)：40-47.

[78]喻平,等. 数学实验教学:静态数学观和动态数学观的融通[J].数学教育学
    报,2015(1)：26-28.

[79]袁维新. 科学探究教学模式的反思与批判[J].教育学报,2006,2(4)：13-17.

[80]袁志玲,陆书环. 高认知水平数学教学任务的教学意义及启示[J].数学教育
    学报,2008,17(6)：37-40.

[81]约翰·哈蒂.可见的学习:对 800 多项关于学业成就的元分析的综合报告
    [M]. 彭正梅,邓莉,等,译.北京：教育科学出版社,2015.

[82]张春莉. 小学数学教师提问与学生回答之间的认知一致性研究[J].课程·教
    材·教法,2015,35(8)：80-85.

[83]张厚粲,徐建平. 现代心理与教育统计学[M]. 北京：北京师范大学出版
    社,2004.

[84]张华. 论核心素养的内涵[J]. 全球教育展望,2016,45(4)：10-24.

[85]张民选,黄华. 自信·自省·自觉——PISA 2012 数学测试与上海数学教育

特点[J].教育研究,2016(1):35-46.

[86]张学民,等．动机定向、成就归因、自我效能感与学业成就之间的关系研究综述[J].教育科学研究,2007(3),48-51.

[87]章建跃．数学核心素养如何落实在课堂[J].中小学数学(高中版),2016(3):66.

[88]王振宏．学习动机的认知理论与应用[M].北京:中国社会科学出版社,2009.

[89]郑毓信．关于"核心素养"的若干思考——"学科视角下的核心素养与整合课程"系列之一[J].小学数学教师,2016(1):4-7.

[90]郑毓信．从"整合数学"到"整合课程"——"学科视角下的核心素养与整合课程"系列之二[J].小学数学教师,2016(2):4-8.

[91]郑毓信．聚焦"数学核心素养"——"学科视角下的核心素养与整合课程"系列之三[J].小学数学教师,2016(3):8-11.

[92]郑毓信．多视角的数学教育研究——"学科视角下的核心素养与整合课程"系列之四[J].小学数学教师,2016(4):4-9.

[93]郑毓信．数学教育视角下的核心素养[J].数学教育学报,2016(25).

[94]中华人民共和国教育部．义务教育数学课程标(2011年版)[S].北京师范大学出版社,2012.

[95]朱立明．基于深化课程改革的数学核心素养体系构建[J].中国教育学刊,2016(5):76-80.

[96]朱智贤,林崇德．思维发展心理学[M].北京:北京师范大学出版社,2002.